惠阳三洲田革命首义中山纪念学校校徽

深圳市盐田区文化广电旅游体育局
"纪念庚子革命首义 120 周年"课题资助项目

四方風動

孙中山与庚子革命首义

孙霄 编著

人民出版社

本书编委会

顾　问　刘蜀永

主　任　董　秀

副主任　罗　毅

总策划　彭　洁

策　划　王智华

委　员　郝纪柳　段建仁　李文臣　田武军

| 孙中山先生像（1866—1925）

| 1842 年，中英代表在英国旗舰"皋华丽"号上签署《南京条约》时的情形

中日甲午战争，北洋水师在威海卫全军覆没

1887年秋，孙中山从广州博济医院肄业

1894 年，孙中山在檀香山成立了兴中会。图为会址

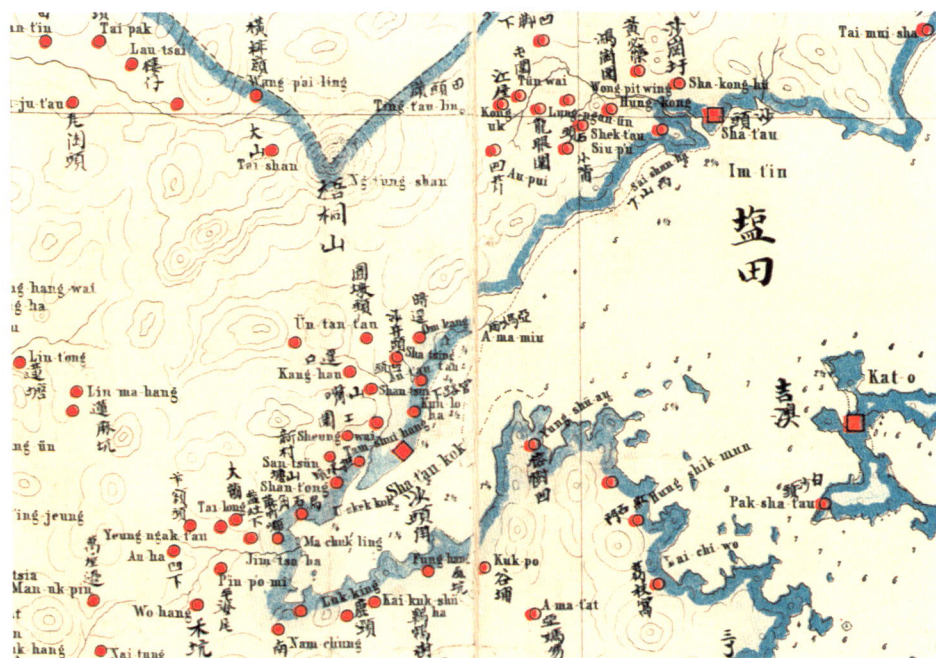

1866 年意大利传教士获朗他尼（Simeone Volonteri）绘制的《新安县全图》，此为局部图

| 庚子首义策源地三洲田

| 1999年采集于三洲田村落遗址
  的五系陶罐

| 2005年在盐田小三洲黄豆窝发
  现的革命志士义冢

1901 年孙中山回到檀岛看望母亲时与全家人的合影。站在杨太夫人前面的是孙婉，左边的是孙科，右边的是孙娫

左始庚子首义总司令郑士良、副总司令黄耀庭、统兵元帅黄福

深圳市坪山区马峦山罗氏大屋司令部旧址

| 2005 年深圳市盐田区改建的"庚子首义中山纪念学校"

| 2013 年清明节，冈井礼子女士（右一）从日本慕名来到孙中山庚子首义雕塑园，
在雕塑《海外急电》前凭吊舅公山田良政

冈井礼子女士不仅把雕塑园介绍给日本，还翻译了作者《孙氏家族一脉》一书，搭建了中日民间友好交流的桥梁

2010年，澳门著名教育家刘冰羡先生（左一）和陈璞瑜小姐与《同志仍须努力》群雕合影

2011年，庚子首义中山纪念学校和香港学生共同参加清明悼念烈士活动

2011年，作者受邀在庚子首义中山纪念学校举办讲座

目　录

序一

在庚子惠州起义 120 周年之际，收到了孙霄同志《四方风动——孙中山与庚子革命首义》一书初稿，颇感欣慰。

我与孙霄同志相识源于书缘。

犹忆辛亥革命百年到来时，关于孙中山及其领导的这场划时代的伟大民主革命的撰述纷纷问世。我有幸先睹孙霄同志所著《孙氏家族一脉——孙中山爱女孙婉人生探析》的稿本，给我留下了深刻的印象。该书以孙中山家族为主题，从多个角度和层面，着重展示了孙婉的生平及其三代内亲属的事迹，从不同视角和层面显现了孙中山的家庭生活和个人性格。同时，也折射出近代中国社会变迁及人世沧桑。我不揣浅陋为之作序，介绍那本颇具特色的好书。感谢作者抢救史料，拾遗补阙，并作了详细如实的评析。在后来的接触中，我还不止一次地表示希望他能继续研究，庚子惠州起义应是一个重大的、有待深化和拓展的课题。

毫无疑问，庚子惠州起义是孙中山踏上民主革命道路后的一次重要策划。1894 年兴中会的建立当是辛亥革命的起点；1895 年广州起义则是走向共和的发端。广州之役实际流产，它对当时社会的影响并不深广。初始形成的革命民主派对封建清王朝的首次重击当属庚子惠州起义。这场反清武装斗争得到了人民的积极拥护，义军东进惠州后发展到 2 万余人。孙中山为了接近战场，在台北设立了指挥部。然而，意外挫折不断，形势迅速逆转。在"政情突变，外援难期"的不利条件下，义军总指挥郑士良解散队伍。但庚子惠州起义的失败并没有贬低自身的政治影响。汇聚于三洲田的志士高举义帜，有不少香港人士曾到兴中会总机关祝贺；战斗结束后，"则鲜闻一般人之恶声相加，而有识之士，且多为吾人扼腕叹息，恨其事之不成矣"。令孙中山和他的战友们感到藉慰的主要是："知国人之迷梦已有渐醒之兆"。之所以如此，是因为革命党人在内忧外患和日益深重复杂的严峻情势下做出的正确抉择。坚持以革命的"强迫"手段推翻充当帝国主义列强走狗的封建清王朝，顺应了历史进程的规律，获致了民众的拥护和支持。孙中山再次流亡日本。美国《展望》杂志通讯员林奇（G. Lynch）到横滨访问他，发现寓所内的书架和桌子上摆满了有关战争和武器的著作，其中包括论及非洲布尔人抗英游击战的新书。孙中山正在总结起义的经验与教训，对中国变革和前途满怀信心。他断言"日本人需要 30 年才能完成的事业，中国人最多不会超过 15 年之久"。他没有诉说失去战友的悲怆。史坚如为策应起义在广州谋炸两广总督德寿牺牲，孙中山誉之为"为共和殉难之第二健将"；杨衢云被广州地方政府买凶刺杀于香港；郑士良也在一次宴会后"暴卒"。他只是含蓄地表示"其精灵之萦绕吾怀者，无日或间也"。

对于发生在 120 年前中国南粤社会舞台的这场悲壮的史剧，虽已载入史册，但专著和史料较少，素材有待补充审定，史实有待核实丰富，事件和人物的评价有待恰如其分。事实上，关于兴中会的地位和作用的研究都需要进一步深入、全面和科学化。可喜的是深圳的同志们以地方史研究为开篇，近年来成绩斐然。孙霄同志的新著，更是一部力作。他十分重视资料的广泛收集和史实的订正，颇显功力；对于史实的考证和评论极为认真。作者采用了比较、综合研究法，也是十分必要的。历史唯物主义是促使历史研究成为科学的基本理论、方法论，当是我们工作的导向和指针；但并不排斥其他具有积极作用的方法。鉴于历史科学涵盖的时空范围十分广阔，只要有利于深入、全面地把握历史，即可多领域、多层次和多角度进行探究。作者治史严谨、一丝不苟，锲而不舍、不辞劳瘁。唯愿作者常"在路上"，奋进不已，努力攀登，多作贡献；开拓创新精神，更需保持发扬。

我还要在这里重申自己近来在学习和工作中的深切感受，因为事关重大，为推进我们的历史研究，守正创新，提高学术水平，加强政治站位，我们必须认真学习领会习近平新时代中国特色社会主义思想，用以指导我们的工作。他对历史科学的地位和作用做了深刻、全面的精辟论述，指出历史是"人类最好的老师"、"最好的教科书"、"前人的'百科全书'"和"最好的清醒剂"。因为"历史、现实、未来是相通的。历史是过去的现实，现实是未来的历史"。同时还强调阐明"中国革命历史是最好的营养剂"。他确认"历史研究是一切社会科学的基础，承担着'穷无人之际，通古今之变'的使命"。显然，历史科学有助于提高历史思维能力，以史为鉴，知古鉴今；明白我们从哪里来，现在正做什么，将来到哪里去。善于用历史眼光认识社会发展规律，把握前进方向，提高指导现实的能力。此外，所谓"营养剂"的内涵，当是培育并提升人们的综合素质。他提出的"人类命运共同体"的重要理念，意义深远且直接指引我们反思世界和中国的近现代史。科学地认知这个复杂多变的历程，判明资本主义和社会主义的地位和作用。资本主义并未濒临灭亡，甚至还有变革和演进。但其本质和逻辑不变，基本矛盾不可克服。社会主义走过了近两百年的进程，并在20世纪的一些国家形成实体。但这个理想的新世界的诞生和发展并非"康庄大道"，而是面临着曲折和顿挫。社会主义的先进性、科学性以及由此产生的强大生命力是不可阻抑的。其自身则在不断发展中趋于完美和增强了实践性。今天，不同社会制度的国家共处于地球，应当而且可以走上和平发展的道路。所以，必须从实际出发，做出不苛求的论断。我过去写作的许多相关论著，对孙中山思想和实践的评价存在苛求的偏颇。过多地批评孙中山对资本主义认识的不够彻底和尖锐，对社会主义理解不够深刻和全面；未能顾及他只是在政治生涯的晚年，才与布尔什维克和中国共产党有所接触与合作。习近平新时代中国特色社会主义思想给了我很多启迪，让我更加意识到历史科学的重任，检查自己的研究工作。最近我已应约再写一部孙中山传记，切盼得到孙霄同志和大家的指点。本意在此，敬请谅解我的赘言。

不忘初心，牢记使命，永远"在路上"。愿与孙霄同志共勉！

广东省社会科学院原院长、研究员

张磊

2020 年 3 月于广州

序二
庚子革命首义 120 周年祭

　　庚子年春夏之交，一艘从日本横滨港启航的法国"印度"号客轮缓缓停靠在香港九龙码头。一位西装革履的中年人在船边环视后走下舷梯来到海边停泊的一条小舢板上，他目光炯炯有神地扫视着周边的变化。此人就是曾被清廷张榜缉拿的钦犯，已流亡海外多年的孙中山。对于时隔五年后重返香港，孙中山充满了期待和对往日的回忆。这是孙中山经过广州起义失败和"伦敦被难"后，首次以中国革命党领袖的身份来到香港。

　　孙中山萌发的救国之志始于中法战争。1923 年，他在《中国革命史》一书的开篇指出："余自乙酉中法战后，始有志于革命，乙未遂举事于广州，辛亥而民国告成。"但清朝的衰微始于嘉道，列强入侵是从鸦片战争开始的。

　　19 世纪中叶，中国遭到英国殖民主义的侵略。《南京条约》的签订，英国割占了香港，使中国沦为半殖民地半封建社会。早年英国殖民者在华推行"炮舰政策"，以武力侵略为其特征，香港是其重要的军事据点。同时，英国也把香港作为对华文化渗透的基地。当时，西方比较先进的政治、经济与自然科学知识通过西方人士在港兴办的文化教育事业得以传播，客观上对近代中国社会产生了积极影响。

从 1883 年到 1892 年，孙中山在香港（广州）7 年的读书生涯对他革命思想的形成产生了重要影响。其间，他深受何启、郑藻如、王韬等维新变法思想的启蒙和熏陶，经常在同学聚会时发表"维新兴国"的观点。但严酷的现实让他逐渐认识到"和平方法，无可复施"，"借医术为入世之谋"，"渐知非变法不足以图强，非革命不足以救国"。他愈发清醒地认识到，想要实现共和目标必须实现变法。

1895 年，中国在甲午战争中战败，中日签订了《马关条约》，日本割占了台湾，加剧了中国半殖民地的进程。1900 年，八国联军入侵中国，清政府与其联合镇压义和团运动。孙中山在"列强环伺，瓜分豆剖"的危局中大声疾呼："亟拯斯民于水火，切扶大厦之将倾。"他以革命家的远见卓识、气魄和胆略，决心引领中国革命顺应世界发展潮流。是年 12 月 24 日，革命导师列宁在德国创办的《火星报》创刊号上针对中国当时的形势，严厉谴责了八国联军侵华的血腥暴行。稍后，他以革命家敏锐的分析断言："20 世纪初期，中国人民的抗争必然将发展成为具有完全意义的资产阶级民主革命运动。"

1894 年是孙中山革命思想形成与转变的重要时期。他在《上李鸿章书》中写道："窃尝深维欧洲富强之本，不尽在于船坚炮利、垒固兵强，而在于人能尽其才，地能尽其利，物能尽其用，货能畅其流——此四事者，富强之大经，治国之大本也。""窃以中国之人民财力，而能步武泰西，参行新法，其实不过二十年，必能驾欧洲而上之，盖谓此也。"①

孙中山在《上李鸿章书》失败后彻底放弃了对清政府曾抱有的幻想。他在考察国内形势后毅然前往檀香山建立了中国第一个资产

---

① 《孙中山全集》第一卷，中华书局 2011 年版，第 8 页。

阶级革命小团体——兴中会。何宽、李昌、郑金、邓荫南等 20 余名华侨出席了成立大会。孙中山在起草的《兴中会章程》中痛陈"庸奴误国""列强环列"的危急形势，愤然指出：

> 中国积弱，非一日矣！上则因循苟且，粉饰虚张；下则蒙昧无知，鲜能远虑。剪藩压境，堂堂华夏不齿于邻邦，文物冠裳被轻于异族。有志之士，能无扶膺！夫以四百兆苍生之众，数万里土地之饶，固可发奋为雄，无敌于天下。①

以拯救民族危难为己任的孙中山此刻已无法抑制内心炽热的爱国情怀，"振兴中华"口号的提出，使关心国家前途和命运、长期处于迷茫状态中的国人看到了希望。他把"驱除鞑虏，恢复中华，创立合众政府"的誓言写进了《兴中会章程》，决定将推翻君主专制和建立共和国作为他一生奋斗的目标。此后，兴中会在革命纲领指导下，将革命理论与实践相结合，组织和发动了广州起义。遗憾的是，广州起义由于组织不严密而"胎死腹中"。

庚子革命首义的成功策划，有力地推动了辛亥革命运动向前发展。不容忽视的是，庚子革命首义实现了孙中山从改良中国进而通过武装革命去实现共和政体目标的一次伟大转折。同时，它标志着中国近代民主革命准备阶段的终结，从而为正规的民主革命浪潮的到来——中国同盟会的诞生奠定了坚实的政治基础和组织基础。

在新世纪到来后的这场庚子革命风暴中，深圳人民群起响应、义无反顾地投身民主革命，让这座位于岭南的边陲小镇有幸成为民主革命的策源地和载体。正如著名学者张磊研究员在《孙中山传》一书中所说："与农民阶级和维新派的纲领比较，孙中山的政治构

---

① 《孙中山全集》第一卷，第 19 页。

想更为圆满地回答了历史的课题：它承续了农民战争反对封建暴政的斗争精神，却摒弃了'皇权主义'的糟粕；它接受了维新志士仿效西方、重视社会变革的主张，却突破了'君主立宪'的局囿。"①

1895 年 10 月，乙未广州起义失败后孙中山开始流亡海外。他在欧美的考察见闻让他拓宽了革命视野，极大地丰富了民主革命理论，为三民主义的提出与完善奠定了基础。1897 年，孙中山在日本留居期间广泛结交日本朝野人士，鼓吹中国革命。他极为重视日本通过变革实现富国强军的成功经验且多次强调："中国要以日本为榜样，通过学习日本来学习欧美，并超越欧美。"日本某些政客曾提出"大亚洲主义"的命题让孙中山去演讲。但孙中山的理解和日本某些政客的诉求完全不同。他"始终希望中日两国平等合作，使亚洲摆脱欧美列强奴役，建立民族独立、国家富强的亚洲国家关系"。②

庚子革命首义与亚洲民族解放运动的呼应。孙中山为了宣传中国革命，争取团结一切可以团结的力量。他的足迹遍及菲律宾、新加坡、朝鲜、越南等国家和台湾、香港地区。他答应菲律宾革命党在日本购买武器的请求，并和日本友人一道支持菲律宾民族独立解放运动。在多次交往中，孙中山与菲律宾驻港代表彭西成为挚友。当菲律宾革命党了解到中国革命面临困难后即刻伸出援手，不仅捐助了 10 万日金（部分用于《中国日报》，部分购买起义所需枪械），还同意将存放在日本大仓的武器转用于庚子首义。这些交往与合作扩大了庚子革命首义的国际影响。

1900 年 5 月，华北地区爆发了义和团运动。孙中山在日本密切关注国内形势的发展和变化，认为时机已经来到了。1900 年 6 月 17 日，他偕中日同志从日本横滨港乘"印度"号返回香港。出

---

① 张磊、张苹：《孙中山传》，人民出版社 2011 年版，第 9 页。
② 李吉奎：《孙中山研究丛录》，中山大学出版社 2014 年版，第 213 页。

发前，他叮嘱中日同志"紧密注意情势，如清政府势力失坠，当奋力发动国内起义"。他强调一定要紧密观察中国形势，抓住一切机会在中国南方建立一个新的共和国。这既是中国革命的近期目标，也是他此行来香港筹划起义的使命。

庚子革命首义的准备工作较广州起义充分，影响更为深远。革命军在与清军进行的 12 场战斗中胜多负少。参加起义的仁人志士以坚定的爱国情怀和信念，振臂高呼"打倒列强""推翻满清""跟孙中山跟到底"的口号！他们在与敌人殊死的搏斗中经受了血与火的考验，这种唤醒民众、舍我其谁的献身精神得到了辛亥革命元老黄兴的赞扬："堂堂正正的革命者，首推惠州之役。"①

庚子革命首义是孙中山立志革命后，在广东策划的一次具有显著成效和重要影响的起义。当时，孙中山的革命思想正处于辛亥革命准备阶段向正规阶段转折的重要时间节点。兴中会虽然成立，但力量仍十分弱小，无论是在政治思想还是军事斗争的经验方面尚不成熟。

但值得注意的是，一批具有"共和意识"的知识分子开始成为革命的中坚力量。杨衢云、陈少白、郑士良、谢缵泰、邓荫南、李纪堂、史坚如等志士在庚子首义的发动、策划、组织和宣传等诸多方面施展了领导才干；尤其是一批三合会首领深受民主革命影响，他们不仅接受了兴中会革命纲领，而且在思想深处发生了蜕变，成为革命队伍的领导核心。由于他们的积极转变，争取并团结了会党、绿营和新生的农民力量。革命军在东进途中纪律严明，秋毫无犯，成为一支仁义之师。沿途乡民燃放爆竹，箪食壶浆慰劳革命军，大批客家农民子弟报名参军，革命队伍迅速发展壮大。

辛亥革命运动第一枪在深圳沙湾打响。1900 年 10 月 3 日，就在郑士良从九龙押运武器弹药返回沙鱼涌的当天，清军进驻深圳墟

---

① 　湖南省社会科学院编：《黄兴集》，中华书局 1981 年版，第 180 页。

并逼近三洲田。郑士良召开紧急会议决定提前起义。5 日举行祭旗宣誓，6 日向沙湾清军发起进攻。10 月 6 日清晨，统兵元帅黄福率领 80 名敢死队员成功袭击了驻守在沙湾兰花庙的清军，取得首战大捷。沙湾的枪声极具象征意义。它对于革命党人真是"久旱逢甘露"。之后，郑士良按照孙中山临时改变的挺进厦门的指令，经惠州前往厦门。革命军接连在秋长、麻溪、佛祖坳、永湖、马鞍墟、三角湖、平潭、崩冈墟、黄沙洋、三多祝沙洲尾和洋口等地与清军交绥，发生了 12 次战斗，革命军胜多负少。队伍迅速发展到 2 万多人。孙中山在台湾闻知革命军旗开得胜的消息后颇为兴奋，10 月 21 日写信给日本在野党领袖犬养毅：

> 自十月六日郑军起惠州……自起事以来，连获胜利，所向无敌，势如破竹。今已据有惠州，为进取之地。

孙中山写信给犬养毅的目的是希望他说服伊藤内阁向起义军提供一万支枪和十门野炮。但日本首相伊藤博文取代山县有朋内阁后，担心破坏与西方列强的协调外交。因此，禁止日本人参加中国革命，严禁向起义军提供武器，并阻止孙中山等人在台湾从事革命活动。由于革命军所面临的枪械、弹药和粮食未得到接济，革命形势由盛转衰。在台湾遥控指挥的孙中山并不清楚，22 日革命军已开始突围。

郑士良一直在等待孙中山接济武器弹药的消息未果。孙中山令宫崎寅藏将存放在日本大仓的枪械运抵惠州前线，由于负责采购枪械的中村弥六的贪腐行为，其枪械根本无法使用。这时，山田良政从海陆丰送来孙中山电文："政情突变，外援难期，即至厦门，亦无所得，军中之事，请司令自决进止。"于是，郑士良立即召集众将领开会，决定革命军就地解散，只保留 1000 人长枪队分水陆两路突围后重返三洲田山寨。当郑士良向众将士宣读了孙中山的来电后，呼声遍野，群情激昂，高呼口号，不愿解散！

数百壮士在突围中遇难，一批革命志士如杨发、何松、黄杨、刘运荣、廖庆发、蔡亚生、蔡牛、廖官秀、陈亚福、曾金养等人阵亡沙场。革命军总司令郑士良和杨衢云在香港惨遭清廷爪牙暗杀。

归善县和新安县数千无辜村民因涉嫌而遭到清军屠杀。据不完全统计：各地被捕起义骨干 500 多人先后遇难(归善县各村约 300 人，新安县各村约 200 人)。① 革命军在充满荆棘和枪林弹雨的征途中早已将生死置之度外。清军为了斩断革命之源，对三洲田山寨和马栏头罗生大屋等建筑多次进行"清剿"并放火焚烧。

沧海横流，方显英雄本色。一百多年前，徐锡麟写得了那首激荡人心的《出塞》："军歌应唱大刀环，誓灭胡奴出玉关。只解沙场为国死，何须马革裹尸还。"这首表现革命者英雄气概的诗在首义热血男儿身上得到了充分体现。在广州负责策应起义的史坚如听到起义失败的消息后，暗杀两广总督德寿未遂，清兵对他施以严刑拷打。清兵在审不出什么结果后就把他杀害了。史坚如牺牲后，孙中山称赞他是"为共和殉难之第二健将"和"命世之英才"。

日本志士山田良政于突围途中迷路被俘，清军将其与其他被俘义士一道押解至三多祝西墟门杀害。孙中山闻知后痛呼："惜哉！此为外国义士为中国共和牺牲之第一人也。"对于革命志士的牺牲，孙中山十分悲痛，但他是一个无比坚强的领袖，绝不会因为首义的失败而放弃。他指出：

> 经此惠州起义失败而后，回顾中国之人心，已觉与前有别矣。当初之失败也，举国舆论莫不目予辈为乱臣贼子，大逆不道，咒诅漫骂之声，不绝于耳。吾人足迹所到，凡认识者，几视为毒蛇猛兽，而莫敢与吾人交游也。

---

① 廖虹雷：《三洲田起义》，《深圳市盐田区志》，方志出版社 2011 年版，第 556 页。

惟庚子失败之后，则鲜闻一般人之恶声相加，而有识之士，且多为吾人扼腕叹惜，恨其事之不成矣。前后相较，差若天渊。吾人睹此情形，心中快慰，不可言状。知国人之迷梦已有渐醒之兆。加以八国联军之破北京，清帝后之出走，议和之赔款九万万两而后，则清廷之威信已扫地无余，而人民之生计从此日蹙，国势危急，岌岌不可终日。有志之士，多起救国之思，而革命风潮自此萌芽矣。①

"唤醒民众"是庚子革命首义对民主革命的贡献。这不仅是国民意识的觉醒，更是国人祈盼国家新生与变革的诉求。足以证明庚子革命首义所具有的历史地位和重要意义。起义虽然失败了，但孙中山及其革命党人的前进步伐没有停止，革命意志更加坚定。孙中山一生最伟大的历史功绩是辛亥革命。它以民主共和政体取代了君主专制。1912 年成为中华民国的开端，孙中山宣誓就任中华民国临时大总统。中国历史揭开了新的纪元。

孙中山在中华民国成立后，不忘在庚子革命首义中牺牲的烈士家属，派员携巨款前往三洲田慰问烈士家属，并修复被清兵放火焚毁的村庄，还建了一所三洲田小学。1914 年，孙中山将这所学校命名为"庚子革命首义中山纪念学校"。1925 年孙中山去世后，孙科亲自为三洲田小学题词："庚子革命首义中山纪念学校"。学校大门两侧挂着"革命尚未成功；同志仍须努力"的楹联。孙中山经过对起义失败的反思，将"振兴中华"的希望寄托在未来下一代的教育上，他指出："中国要成为富强之国，就必须多设学校，使天下无不学之人，无不学之地……"② 这是民国肇始，孙中山教育救国思想在深圳的首次实践。

---

① 孙中山：《建国方略》，中国长安出版社 2011 年版，第 70 页。
② 《孙中山全集》第一卷，第 2 页。

深圳是民主革命当之无愧的策源地。120 年前爆发于深圳三洲田的庚子革命首义是在"伟大的民族英雄、中国民主革命的伟大先驱"孙中山于辛亥革命运动准备阶段为推翻封建君主专制，实现共和政体，领导和发动的一次具有资产阶级革命性质的武装起义。革命党人将革命理论与武装起义实践相结合，打响了 20 世纪辛亥革命运动第一枪。

广东省社科院原院长张磊曾于 2011 年在深圳纪念辛亥革命 100 周年的演讲中指出："孙中山与郑士良策划了位于今天深圳盐田的三洲田起义，这是一次规模空前、影响颇大的起义。在第一次广州起义失败后，人们把孙中山看作海匪。也不知道革命为何物？而三洲田起义之后，情况完全不同了。很多人都通过这次起义了解了革命，了解了孙中山的思想，并且为革命失败深感惋惜。深圳毫无疑问是民主革命一个重要的策源地。"

然而，任何一项试图拯救中国命运的方略，如果没有革命理论的指导是无法想象的。1896 年 9 月 23 日，孙中山从纽约来到被誉为"议会之母"民主政治制度圣地的英国。他在英国 6 个半月的时间，堪称是一次对资本主义政治制度的"游学"。他每天准时来到大英博物馆图书室读书，试图找到一把适用于中国革命的"钥匙"。他在《建国方略》一书中写道：

> 伦敦脱险后，则暂留欧洲，以实行考察其政治风俗，并交结其朝野贤豪。两年之中，所见所闻，殊多心得。始知徒致国家富强，民权发达如欧洲列强者，犹未能登斯民于极乐之乡也；是以欧洲志士，犹有社会革命之运动也。予欲为一劳永逸之计，乃采取民生主义，以与民族、民权问题同时解决，此三民主义之主张所由完成也。[1]

---

[1]　陈锡祺主编：《孙中山年谱长编》（上册），中华书局 1991 年版，第 136 页。

伟人之所以伟大，在于他们胸怀大志，孜孜不倦地学习，确立为实现革命理想而奋斗的目标。大英博物馆，卡尔·马克思从1850年开始为撰写《资本论》在此博览群书长达20多年。孙中山虽来此时间不长，但却找到了"三民主义"。之后，他把这一理论与中国革命实践相结合，将"旧三民主义"发展成为"新三民主义"，获得了中国共产党的拥护与称颂。

中国共产党人是孙中山革命事业最忠实的继承者。"时代造就伟大人物，伟大人物深刻影响时代。"中国共产党人充分肯定孙中山的卓越功勋。1956年，毛泽东在纪念孙中山先生诞辰90周年大会上指出：

> 纪念伟大的革命先行者孙中山先生！纪念他在中国民主革命准备时期，以鲜明的中国革命民主派立场，同中国改良派作了尖锐的斗争。他在这一场斗争中是中国革命民主派的旗帜。纪念他在辛亥革命时期，领导人民推翻帝制、建立共和国的丰功伟绩。纪念他在第一次国共合作时期，把旧三民主义发展为新三民主义的丰功伟绩。他在政治思想方面留给我们许多有益的东西。现代中国人，除了一小撮反动分子以外，都是孙先生革命事业的继承者。①

2016年，习近平总书记在纪念孙中山先生诞辰150周年大会上的讲话中指出：

> 中国共产党人是孙中山先生革命事业最坚定的支持者、最忠诚的合作者、最忠实的继承者。……我们对孙

---

① 毛泽东：《纪念孙中山先生》，中共中央文献研究室编：《建国以来重要文献选编》第9册，中央文献出版社1994年版，第408页。

中山先生最好的纪念，就是学习和继承他的宝贵精神，团结一切可以团结的力量，调动一切可以调动的因素，为他梦寐以求的振兴中华而继续奋斗。……把孙中山先生等一切革命先辈为之奋斗的伟大事业继续推向前进！把近代以来一切仁人志士为之奋斗的伟大事业继续推向前进！把近代以来中国人民和中华民族为之奋斗的伟大事业继续推向前进！①

一百多年前，在中华民族面临生死存亡的关键时刻，孙中山提出的"振兴中华"与今天中国人民团结一心、砥砺前行、为之奋斗的"中国梦"一脉相承。这是中国共产党人继承孙中山未竟革命事业，为实现中华民族伟大复兴而确立的新的目标。

"四方风动，壮志未酬"。辛亥革命虽然未能剪除中国半殖民地半封建社会的毒瘤，但孙中山领导中国人民推翻封建帝制和建立共和国的历史功勋将彪炳史册。庚子革命首义留给后人许多宝贵的精神遗产，唯有不忘初心、牢记使命方是对革命先烈最好的缅怀与纪念。

愿逝者英魂永存！

是为序。

孙霄

2020 年 3 月 8 日于深圳大芬

---

① 习近平：《在纪念孙中山先生诞辰 150 周年大会上的讲话》，人民出版社 2016 年版，第 4、13 页。

第一章

庚子首义背景

中国之革命，发轫于甲午以后，盛于庚子，而成于辛亥，卒颠覆君政。

——孙中山

世纪之交，国势衰微；人为刀俎，我为鱼肉。这既是一个让国人充满迷茫的世纪，也是一个潜流涌动和充满变数的世纪。随着1894年兴中会的成立和1898年戊戌变法的失败，资产阶级革命派与维新改良派相继登上了中国政治舞台。它们犹如轨道上行驶的"两列火车"。一列驶向"君主立宪"，另一列直奔"民主共和"；"立宪派"和"革命派"同时在经受着历史的考验，并就不同的政治主张展开激烈的论争。"实际上，改良与革命不是对立的，而是辩证统一的。改良与革命是19世纪末20世纪初在救亡的前提下几乎同时出现的两种不同的救国主张。它们在要不要推翻清王朝的统治这一点上是有本质区别的，但两者之间又有许多相通之处，改良中包含着革命的因素，革命又涵盖了改良的内容……二者并不是绝对对立的。"① 这"两列火车"也有交会后引发的"火花"。

1900年，发起于华北的义和团反帝爱国运动遭到清朝政府与帝国主义的联合镇压。但民族矛盾与社会矛盾的激化必然会促进革命形势的发展。来自社会底层的抗捐抗税斗争此起彼伏。革命团体纷纷建立。慈禧太后偕光绪帝离宫西逃。此时，在日本密切关注国内局势发展变化的孙中山认为发难的时机已经来临。他不顾港英当局"五年不许登陆"的禁令，决定马上离开日本，前往香港发动起义。

① 朱育和：《关于辛亥革命史研究的几个问题》，《清华大学学报（哲学社会科学版）》2002年第1期。

面对残酷的中国时局，孙中山指出："当外国人劫掠了京城，亵渎了神明，皇权的威信扫地已尽，位于北京中心的神圣不可侵犯的皇宫遭到侵略者铁蹄蹂躏的时候，变革的时机就在成熟了。"① 孙中山曾在《由欧返日舟中致南洋同志函》中指出："今日时机已成熟，若再不发生，恐时不我待，则千古一时之令不再来矣！"至于当前的迫切任务，即是"召集同志，合成大团，以图早日发动"②。此后，郑士良等人频频往返于日本横滨，与孙中山密商起义大计。

庚子革命首义（以下简称"庚子首义"）是在国内外极其复杂的历史背景下筹划和促成的。戊戌变法失败后，康有为及其门徒在海外鼓噪保皇，梁启超骗取了孙中山的信任，前往檀岛笼络人心，组织保皇会，使当地许多华侨（包括孙眉）陷入圈套。港督卜力试图促使孙中山与李鸿章合作搞"两广独立"从中渔利。李鸿章派幕僚刘学询以优厚条件欲诱降孙中山。日本首相伊藤博文组阁，严禁为起义军提供武器弹药并反对日本人士参加中国革命。孙中山在对日本政府充满愤恨和失望的心情中离开了日本前往台湾，拟待时机成熟潜入内陆与义军会合。台湾总督儿玉源太郎为达到攫取厦门的阴谋，提醒"中国已陷入无政府状态"，并以"提供枪械支持"为诱饵。孙中山不知其中阴谋，令郑士良改变进军方略挺进厦门。

孙中山在早期的革命活动中虽然遇到许多困难，但他日益认识到必须清除保皇派这个障碍。于是，他加大革命宣传和鼓动，揭露保皇派的"为虎作伥"，赞颂革命为"世界之公理"。同时，并未放松"兴师之事"。从1895年乙未广州起义开始，他始终坚持"以广东为最善，因人地合宜也"。即使是在乙未年广州起义失败后，他"心仍不能舍广东"③。孙中山无法割舍广东并非出于对家乡的眷恋，

① 《孙中山全集》第一卷，第211页。

② 张永福：《南洋与创立民国》"卷首"，原件影印。

③ 广东省哲学社会科学研究所历史研究室等合编：《孙中山年谱》，中华书局1980年版，第37页。

深圳大鹏所城

而是他在对广东地域优势深入考察后得出的结论。当时，有朋友向他推荐了位于惠州归善县的三洲田，孙中山决定以此作为根据地发动起义。

深圳亦称鹏城，曾是广东省的边陲小镇。深圳在东晋咸和六年（331年）属东官郡宝安县管辖，郡治和县治皆在今深圳南头。唐肃宗至德二年（757年）改宝安为东莞县，县治从南头迁到涌。今深圳一带属岭南东道广州都督府东莞县辖地。明万历元年（1573年）始从东莞县分出新安县，建县治于南头（今深圳南山区南头古城）。取"革故鼎新，去危为安"之义。新安县管辖深圳和香港等地区。①

1900年，庚子首义策源地三洲田属惠州府归善县属地。1958年11月，惠阳县分出龙岗、坪山、大鹏等地划归宝安县。

1979年3月，撤宝安县建深圳市。1980年，深圳经济特区成立。如今，经过40年的发展，深圳已成为一座现代化的国际大都市。它以独特的区位优势，先后成为中国改革开放的"试验场""排

---

① 彭全民：《深圳掌故漫谈》，深圳报业集团出版社2015年版，第7页。

头兵"和"中国特色社会主义先行示范区"。

深圳的快速崛起吸引了全世界的目光。当人们惊羡深圳如"大鹏鸟"展翅翱翔时，却并不了解这座城市的历史积淀与丰富内涵。深圳的考古发现与研究揭开了深圳历史的面纱。人们惊讶地发现，原来深圳不仅有7000年的人类开拓史，还有1600年的郡县城市史和移民史，以及1200多年的海防史和600多年的卫所城堡史。①

深圳改革开放的历史虽然只有40年，但它却是深圳历史上任何一个时期都无法比拟的。深圳与宝安的这种"母子关系"早已是"你中有我""我中有你"了。它们在历史变迁中"血乳交融"、携手并进，共同铸就了深圳的辉煌。

新安、宝安、深圳的历史一脉相承。大量史料证实，深圳是一座具有悠久历史和光荣革命传统的城市。从16世纪开始，深圳作为中国广东沿海重要的军事要塞，成为反帝斗争的前哨阵地。一批爱国志士在这里保疆卫土，谱写了中华民族不畏强暴、抗击外来侵略的光辉篇章。

1521年，汪鋐奉命从深圳南头出师，在吴瑷、郑志锐等人的协助和支持下，招募了兵勇和海船，组成了一支近3000人的船队，日夜训练，采用"百桨轻舟"，并以"火舟"攻击，火借风势，"佛郎机"的"蜈蚣船"俱触火舟而无一

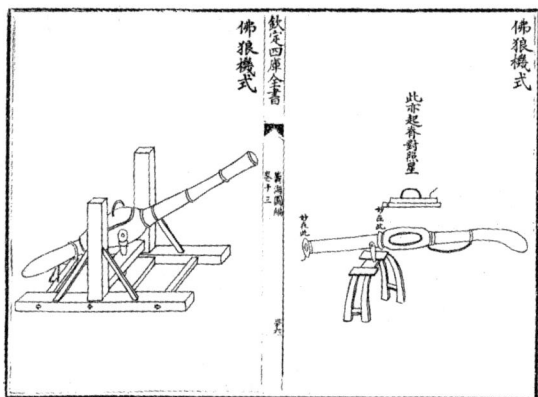

明胡宗宪《筹海图编》中的佛郎机铳图

---

① 《深圳百科全书》，海天出版社2010年版，第2页。

停泊在珠江口的英国"皇后"号汽船

清嘉庆《新安县志》舆图书影

漏网，水师全歼入侵之敌。① 这场驱逐葡萄牙入侵者的屯门之战，是中国军民反抗西方殖民主义者的第一场海战。

1839年，大鹏所城参将赖恩爵率领水师在九龙海面巡防时，遭遇英国驻华商务监督义律（C. Elliot）率领舰船的挑衅。赖恩爵下令水师开炮还击，从而获得鸦片战争前哨战"九龙海战"的胜利。

1898年12月15日，深圳龙华归国华侨钟水养（1864—1901）以"反清灭洋"为宗旨，在龙华墟牛地埔村的乌石岗组织会党和乡民发动了"乌石岗起义"。起义军曾伏击清军何长清部，俘敌百余人。

1900年，庚子革命首义的枪声就像是一道闪电划破了雾霾中的黑暗，它向世人宣告中国资产阶级革命爆发了。起义军开始集结于三洲田，后将司令部搬迁到马栏头，发展壮大于惠东县三多祝。"红头军"数千战士与清军在西枝江畔英勇厮杀，血流成河，成为孙中山及革命党人拯救危难中国的真实写照。

1901年春，孙中山和美国《展望》杂志记者林奇围绕庚子首义

① 彭全民：《深圳掌故漫谈》，深圳报业集团出版社2015年版，第190页。

有过一次交谈。林奇问道："除进行一次革命外，中国便没有实现改革的希望?"孙中山回答："清朝皇帝没有能力去有效地实行中国所需要的激烈改革"，必须"以共和政体代替帝政统治"。① 这是孙中山的愿望。由此看来，唯有变法图强方可为中国的近代化扫清道路。

从公元 1644 年清兵入关，至 1912 年亚洲第一个共和国——中华民国建立，清朝在经历了 268 年中国最后一个封建王朝的兴衰与嬗变后，终于在 1911 年在孙中山领导的辛亥革命运动持久与顽强的攻势下土崩瓦解。

辛亥革命运动是一次划时代的历史事件，人民大众经过革命洗礼已经开始觉醒，极大地推动了中华民族的发展，将中国近代化的进程向前大大推进了一步。但由于辛亥革命的不彻底性，以及它没有提出鲜明的反帝口号，未铲除半殖民地社会的毒瘤，留下了深刻的历史经验和教训。

辛亥革命有广义和狭义之分。广义的辛亥革命是指"辛亥革命运动"。它是指 1894 年孙中山在檀香山建立兴中会开始到 1912 年 4 月 1 日南京政府解散这段时间。这一天，孙中山正式解除临时大总统职务，南京临时政府结束。其间，它经历了 17 年的风雨历程。在辛亥革命运动的历史进程中，孙中山领导和发动了 10 次武装起义。狭义的辛亥革命是指 1911 年（辛亥）武昌起义。② 它经过短暂的 80 多天革命后把皇帝赶下了台。1912 年 2 月 12 日，清朝末代皇帝爱新觉罗·溥仪退位。这是一个沧桑巨变的时代，其重要标志是君主专制制度的终结和中华民国的建立，由此开辟了中国历史的新纪元。

---

① 《孙中山全集》第一卷，第 209 页。

② 林家有主编：《辛亥革命运动史》，中山大学出版社 1991 年版，第 9 页。

第一节 庚子首义历史背景

16世纪，西方对新航路的开辟连通了整个世界，促进了各国的往来。随着18世纪工业革命的兴起，科学技术和工业生产得到迅猛的发展，推动了资本主义世界体系的形成。由于欧美一些国家资产阶级革命接连获得胜利，促使封建壁垒迅速土崩瓦解，为资本主义制度的确立扫清了障碍。

19世纪初经黄埔进入广州贸易的欧洲商船

鸦片战争拉开了中国近代史的序幕。之前的中国是一个独立的、自给自足的农业社会，其经济结构在当时是无须外求的。因此，梁漱溟先生曾在五四运动前后指出，中国文明本是一个独立发展的系统，如果不是工业革命和大航路的开辟，中西方不会接头。那么，中国也不会被动地打开国门，与英国签订不平等条约。由此看来，"近代中国的诸多问题均是西方势力东来引发的"[1]。

西方势力东来的背景即产业革命中的产能和资本过剩，他们在世界范围内寻找市场，中国巨大的市场自然让他们垂涎三尺。由于清政府腐败，武器装备落后，无法抵御英军的军事进攻。道光皇帝

---

[1] 马勇：《重寻近代中国》，线装书局2014年版，第2页。

1842 年 8 月 29 日，中英代表在英舰"皋华丽"号上签订《南京条约》

决定妥协投降。1842 年 8 月 29 日，耆英、伊里布来到英国军舰"皋华丽"（Cornwallis）号，同璞鼎查签订了中国近代史上第一个不平等条约——《南京条约》，英国割占了香港岛。1860 年 10 月 24 日，英国全权特使额尔金乘坐华丽的轿子前往礼部大堂，进入礼堂时，乐队高奏英国歌曲《上帝保佑女王》。清朝代表奕䜣同额尔金签署了《北京条约》。英国凭借该条约割占了九龙半岛。1898 年 6 月 9 日，中英《展拓香港界址专条》在北京签字。中方代表是李鸿章，英方代表是窦纳乐。英国依据这一条约强租沙头角海至深圳湾最短距离以南，界限街以北的广大地区，租期 99 年，中国暂时丧失了土地却未得到补偿。新租面积约占广东省新安县面积的三分之二。英国殖民主义者通过三个不平等条约，从中国新安县攫取了整个香港地区。哪里有侵略，哪里就会有反抗。1899 年，当英国接管新界时，东莞和新安县 2000 多乡民掀起了声势浩大的反抗英国接管"新警察界"的斗争。怒不可遏的乡民在"大埔之战"

英国签约代表璞鼎查

中放火烧毁了英国警察为接管新界临时搭建的警棚。

　　鸦片战争后，西方列强对中国的侵略接踵而至。中法战争、中日甲午战争和八国联军入侵。清政府不仅软弱退让，还与帝国主义联合剿杀义和团运动，加剧了列强对中国的侵犯，中华民族深陷亡国灭种的危机之中。有一幅漫画杰作《时局全图》，表现了19世纪帝国主义瓜分中国领土的历史。最早记载《时局全图》的是冯自由所著《革命逸史》："戊戌6月缵泰感慨时事，特绘制《东亚时局形势图》，以警国人。其旁边题词曰'沉沉酣睡我中华，哪知爱国即爱家！国民知醒宜今醒，莫待土分裂似瓜'。"图中的熊代表俄国（占领东三省），犬代表英国（占领长江一带），青蛙代表法国，鹰代表美国，太阳代表日本（占领福建），香肠代表德国（占领山东）。它生动形象地展示了封建帝国已沦为半殖民地半封建国家的现实状况。中国人民不堪忍受西方列强和国内封建地主阶级的双重压迫，农民起义烽火连天。广西爆发的太平天国运动，华北爆发的义和团运动，国内民族矛盾与社会矛盾不断激化。

　　帝国主义对亚洲各国的侵略扩张，加速了亚洲各国人民的觉醒。孙中山正是在中华民族危机日趋深重的历史背景下，于1894年前往檀香山成立了兴中会，并首次提出推翻清朝封建君主专制、建立共和国的伟大目标。

　　乙未广州起义是在兴中会成立后，首次密谋发动的反清武装起义。当时，孙中山有"急于聚人，利于接济，快于进取"的策划思路。他决定将起义地点放在广州。但起义失败却是在"快于进取"上出了问题。俗话

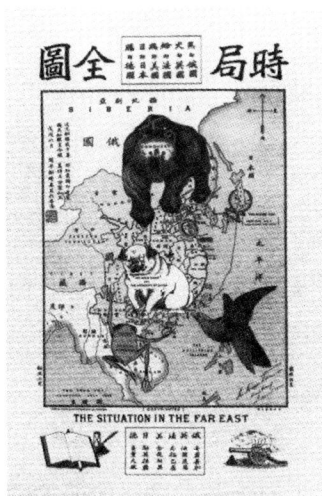

谢缵泰绘《时局全图》

说得好："欲速则不达"。尤其是在武装起义的准备工作上未考虑周全。正当革命党人准备在广州上演一出覆满"大戏"的时候，由于消息泄露，正在开启的起义大幕由于叛徒告密、清兵"围剿"而停止。随之而来的则是清廷对革命党人的搜捕与杀戮。起义失败后，孙中山偕陈少白、郑士良亡命日本。他在日本停留时间不长就转去了檀香山。之后，孙中山赴欧美国家考察，并于1897年前往日本留居了很长一段时间。从乙未广州起义失败到1925年因病去世，在他人生30年的革命生涯中，孙中山大约有三分之一的时间是在日本度过的。

孙中山从事的革命活动和他早期革命思想的形成有着密切关系。主要源于他早年在香港读书时的经历，以及对中国革命的思考、分析与判断。孙中山在香港读了7年书。他很了解香港特殊的环境和地位。1895年他在筹划广州起义时不仅把兴中会总机关设在香港，后来还把《中国日报》迁到香港。他在香港广泛联络革命志士，筹措饷械，召开军事会议等。毋庸置疑，香港不仅是孙中山革命思想的发源地，也是庚子首义策源地之一。

一、孙中山革命思想的形成

香港地区包括香港岛、九龙和新界，面积约一千平方公里。当西方开拓世界市场的狂风暴雨席卷而来时，香港是中国最早受到"西风"冲击的地区之一。从鸦片战争开始，中国近代史上有许多重大历史事件均与香港有关。19世纪中叶香港开埠后，港岛已逐渐成为近代民主思想的汇聚地和中西文化交汇与西学传播中心。内地和香港的华人社会精英曾在这里接受西学启蒙，萌生了改良主义的思想，如王韬、何启、胡礼垣、康有为等。

从1879年到1883年夏，孙中山曾先后在檀香山意奥兰尼和奥阿厚书院读书。是年11月，17岁的孙中山来到香港拔萃书室读

香港开埠后迁港的贫苦华人在港从事繁重的体力劳动

1884 年在中央书院就读的孙中山

书。1884 年 4 月转入中央书院。就读期间他曾前往檀香山半年。1886 年秋，他离港前往广州，到博济医院附设南华医科学校学习。1887 年秋，他返港进西医书院就读，1892 年 7 月毕业。孙中山的学生档案中是这样登记的，姓名：孙帝象；年龄：18 岁；注册学号：2746；住址：必列者士街 2 号。中央书院原来是中英文并重，孙中山入学时，在高年级课程中已取消了中文。该校课程中对西方历史，特别是英国历史的介绍比较深入。于是，他利用课外时间补习国学。他的好学与博识，很快使他在学校获得"通天晓"的绰号。从 1884 年至 1892 年，孙中山在香港接受了中西教育，包括中学 2 年，大学 5 年，从而为他革命思想的形成奠定

左图：1879 年孙
中山曾在夏威夷意
奥兰尼书院读书

右图：1894 年中
央书院改名为皇
仁书院。图为中
央书院旧址

了基础。①

　　中央书院创办于 1862 年 2 月，1889 年改名为维多利亚书院。1894 年改名为皇仁书院。中国近代史知名人物何启、胡礼垣、谢缵泰、王宠惠、陈锦涛等人都曾在这所学校读书。1886 年该校在参加剑桥大学初级和高级考试的试题中，要求学生说明处死查理一世是否正确、詹姆士二世为何丧失王位等问题。由此可以判断，中央书院的教材中包含了对英国资产阶级革命情况的介绍。此内容对孙中山资产阶级民主思想的形成产生了积极影响。

　　数年后，他选择了实现自己革命理想的道路。孙中山频繁往来于日本和香港，自香港兴中会成立后，在香港广泛开展了联络会员、召开秘密会议、宣传革命和筹备枪械等活动。

　　孙中山在香港读书期间，正值中法战争爆发（1883—1885）。这是一场备受争议的战争。当时香港的中文报纸《华字日报》《循环日报》《香港中外新报》《维新日报》等一致谴责法国的侵略行径。对战争不断有详细的报道。中法战争加深了民族危机，进一步暴露了清政府的腐败。孙中山得知中国军队在越南战场捷报频传的情况下，又耳闻目睹香港工人拒修法国军舰、拒卸法国货物的爱国行动，思想上产生了极大震动，尤其对清政府在打胜仗后仍对侵略者卑微求和甚感悲愤。他说："要战胜法国并非难事，只靠民众力量。"

　　孙中山从中央书院肄业后曾考虑学习军事，这可能和中法战争

① 《刘蜀永香港史文集》，（香港）中华书局 2010 年版，第 70 页。

的影响有关。但由于国内马尾船政学堂被毁等原因未能如愿。1886年秋，经传教士嘉理牧师介绍，孙中山离港前往广州博济医院附设的南华医科学校学习。他在这所学校结识了同学郑士良和算学馆的学生尤列，他们经常聚在一起议论"维新兴国"的有关问题。但孙中山在南华医科学校学习了一年就返回香港，进入西医书院学习。他曾回忆说："予在广州学医甫一年，闻香港有英文医校开设，予以其学课较优，而地较自由，可以鼓吹革命，故投香港学校肄业。"①

孙中山认为"医亦救人之术"，因而选择了学医。这所英文医校即著名的香港西医书院，系五年制医学院。1882年（清光绪八年），何启从英国回来不久帮助组织了一个委员会，倡议创办一座为中国病人免费治疗的医院。他在英国籍妻子去世后决定实现这个计划。为纪念他的妻子，这座医院被任命为"雅丽氏医院"。当时，除了医院外，何启还提议为中国学生办一所附属医校。这所医校就是孙中山就读的香港西医书院。

1887年（清光绪十三年）10月1日，该院由孟生博士（Dr. Patrick-Manson）等一批外籍医生在何启参与下创办，目的在于培养华人医生、护士，在中国传播医学。香港西医书院的课程设置与英国各医科学校相似。西医书院的教师大部分是在香港的外籍医生，他们获得过博士或者硕士学位。有丰富的理论知识和临床经验。当时，何启发表了不少鼓吹改良主义的论文，汇编成《新

近代启蒙思想家何启

① 《孙中山全集》第六卷，中华书局2011年版，第229页。

政真诠》一书，在维新思想方面孙中山最早受到何启的影响和熏陶。

孙中山在香港西医书院的首批学生之列，他学习勤奋，成绩优异。在1887年同时入学的12人当中，能够坚持到1892年毕业的同学仅剩下孙中山、江英华两人。孙中山的成绩大大超过了江英华。他在12门功课中，"H"（即优良成绩）10门，"P"（即合格成绩）2门，而江英华的成绩为"H"6门，"P"6门。孙中山在医学、产科、卫生与公共健康学等课程的考试中皆名列第一。孙中山的求知范围广泛，除了课本知识，他很早就开始注意救国利民方面的知识。

他在西医书院的同学关心焉回忆说："总理（孙中山）在院习医科五年，专心致意于学业，勤恳非常。彼于日间习读医学，夜则研究中文，时见其半夜起床燃灯诵读。但他最爱读之书乃《法国革命史》（蓝皮译本）及达尔文之进化论，后乃知其思想受此二书之影响为不少也。"孙中山"知难行易"的进步哲学思想，与其在西医书院受到的严格的科学知识教育不无关系。他在论证其"知难行易"学说时，曾举十例为证，而在"以饮食为证"时，涉及生理学、医药学、卫生学、物理学、化学等，皆为他在西医书院认真讨论过的学科。

孙中山在西医书院读书时，平时和同学交流总是充满革命言论。同学关心焉的母亲黎氏在雅丽氏医院任英文翻译，平时善待孙中山，常邀其到家中与儿辈同游共食。关母见孙中山言辞激烈，曾问道："你志高言大，想做什么官——广东制台吗？"孙中山回答道："不！""想做钦差吗？"又答"不！""然想做皇帝吗？"孙中山则回答道："皆不然！我只想推翻清朝政府，还我汉族河山，那事业比做皇帝更高更大了。"①

孙中山与陈少白、尤列、杨鹤龄3人当时被称为"四大寇"。孙中山在回忆大学生活时说："数年之间，每于学课余暇，皆致力

———————
① 《刘蜀永香港史文集》，第71页。

于鼓吹革命，常往来于香港、澳门之间，大放厥词，无所忌讳。时闻而附和者，在香港只陈少白、尤列、杨鹤龄3人，而上海归客则陆皓东而已。若其他之交游，闻吾言者，不以为大逆不道而避之，则以为中风病况相视也。予与陈、尤、杨常住香港，昕夕往还，所谈者莫不为革命之言论，所怀者莫不为革命之思想，所研究者莫不为革命之问题。四人相依甚密，非谈革命则无以为欢，数年如一日。故港澳间之戚友交游，皆呼予等为'四大寇'。"①

　　陈少白（1869—1934），广东新会人。本名闻韶，字葵石，后因服膺家乡先辈、明代著名哲学家陈白沙，易名白，别名少白。他是广州格致书院（岭南大学前身）第一期学生。一次偶然的机会，陈少白因事去香港，经区凤墀介绍与孙中山结识。两人一见如故，

孙中山（左二）、杨鹤龄（左一）、陈少白（左三）、尤列（左四）"四大寇"合影，后站立者是同学关景良

---

①　《刘蜀永香港史文集》，第71页。

谈时局，谈革命，意气相投。后来孙中山劝陈少白学医，并介绍他进入香港西医书院读书。他俩在校拜盟为兄弟。孙中山对同志称"吾弟"的，只陈少白一人。

尤列（1864—1936），广东顺德人，别字少纨。出身于书香世家，其祖、父著述甚丰。尤列早年曾加入洪门会堂。在广州算学馆毕业后，历任广东舆图局测绘生、香港华民政务司署中文秘书等职。一日尤列前往杨耀记商号访杨鹤龄，遇孙中山等友人在该处。孙中山高谈时事，意气激昂。尤列指着孙中山说："如果各位未见过洪秀全，此人的头脑与洪秀全一样啊。"孙中山则指着尤列说："你是'游开智'。"游开智当时为广东巡抚，尤、游同音，孙中山故出此谑言。次日孙中山路遇尤列，邀至威灵顿街杏燕楼西菜馆小叙。孙中山说："昨日之言，幸暂守秘密。我前在檀香山教人造反，因民智尚未开通，无从着手，今幸相遇，便是同志，彼此次第斟酌进行可也。"尤列说："既如此，我只望成事，谁居其功不计也。"

杨鹤龄（1867—1934），广东香山县翠亨村人，生于澳门。家世豪富，性情豪放不羁，喜戏谑。因与孙中山同村，两人结识最早。杨家在香港歌赋街8号开有杨耀记商号。杨鹤龄曾在店内独辟一楼，为友朋聚集谈话的场所。孙中山亦曾下榻其间。杨耀记商号实际上已成为"四大寇"等革命青年聚会的政治俱乐部。当时，与"四大寇"一起谈论国事的还有陆皓东、郑士良、王孟琴、何隆简、杨乃安等人。

陆皓东（1867—1895），广东香山县翠亨村人，孙中山少年时代同学。后在上海任电报翻译生，但每次由沪返粤途经香港总要与"四大寇"聚谈。

郑士良（1863—1901），广东归善淡水人，字弼臣。少年时代从家乡父老练习拳技，与绿林豪侠及洪门会党相往来，渐具反清复汉思想。在广州博济医院附设南华医科学校与孙中山同窗，两人谈论革命，十分投缘。郑士良曾向孙中山表示，他曾投入会党，如他日有事，可为孙中山罗致会党以听指挥。孙中山赴香港西医书院就读后，两人来往仍很密切。孙中山曾说，郑士良"时来加入四大寇之列，及交愈稔，始悉彼为三合会头目之一。于是赖以得知中国向来秘密结社者之内容，大得为予实行参考之资料。然予由谈论时代入于实行时代之动机，则受郑君所赐者多也"。由于孙郑二人十分投缘，在庚子革命首义爆发前夕，孙中山任命郑士良为革命军总司令。

1892 年秋，孙中山以优异成绩从香港西医书院毕业。他的考试成绩名列第一。在十二门课程中获优等十门。总成绩"最优异"。23 日校方举行了毕业典礼，他接受了康德黎（J. Cantline）颁发的毕业执照。执照称其到本院肄业五年各门医学历经考验，内外妇婴诸科，俱皆通晓。其实，孙中山始终认为：学习医术救人是非

1886 年孙中山在广州博济医院附设南华医科学校就读。图为学校旧址

常有限的。中国人民的艰苦是不良政治造成的，如果想救国救人必须推翻恶劣政府才行。

孙中山从香港西医书院毕业后，作为澳门第一位华人西医开始在澳门镜湖医院悬壶。开诊是义务性质，有人为他刊登行医告白："大国手孙逸仙先生，我华人而业西医者也……"年底，他向镜湖医院借到本银两千元在澳门开设了一家"中西药局"，且"不惜重金购储极品，以待士商惠顾"。他的医德和医术颇受赞扬。但由于葡国医生的排挤，他于翌年前往广州，在省城设立中西药局。到广州很短时间就出现了"病家趋之若鹜"的现象。

由于孙中山越来越热衷于政治活动，"行医日只一两时，而从

1892 年秋，孙中山被澳门镜湖医院聘为西医师。图为镜湖医院原貌

1892 年，杨衢云等人在香港上环百子里成立了辅仁文社，这是成立时部分成员的合影

事革命者实七八时"。每月近千元的收入也被大量挪用。他经常和许多志士一起聚会，探索救国救民的途径和方法。诸如接纳会党、联络防营、策划建立革命团体，参加的革命活动非常多。此时，孙中山已经不像是医生，倒更像是一个政治家。

1892 年 3 月 13 日，杨衢云、谢缵泰、周超岳等人在香港成立了辅仁文社（亦称"辅仁书报社"）。它是爱国进步团体。该社的英文名称是 Chinese Patriotic Mutual Improvement Association（中华爱国互助改进会）。总部选址于香港结志街百子里 1 号二楼。文社推杨衢云为社长，以"开通民智"为宗旨。有研究者提出，香港有两个进步团体，一个是经常聚会谈论革命的"四大寇"，另一个就是辅仁文社。

　　辅仁文社制定了 6 条纲领："1. 磨砺人格、臻于至善；2. 不得沉溺于当世之恶习；3. 为未来中国青年作表率；4. 以多途增进中外文、武两种学识；5. 精通西学；6. 以爱国者自励，努力扫除吾国出现之乖误。"①辅仁文社创办时仅有社员 7 人，即杨衢云、谢缵泰、陈芬、周超岳、黄国瑜、罗文玉和刘燕宾，后来逐渐发展到 16 人。杨衢云和谢缵泰是该社主要人物。

　　孙中山在香港 7 年的读书生涯，既是他认识中国近代社会弊端之肇始，也是他革命思想形成的开端。在此后 8 年的革命实践中，孙中山的革命思想不断深化、转变和升华，这一过程所凝聚的力量在庚子革命中爆发，从而，将革命活动向前推进了一大步。

二、从改良走向革命

　　孙中山早年在香港读书时，曾接受维新改良思想并积极参与建言。维新改良思想在当时是一种进步的思潮。后来当孙中山发现中国存在的诸多问题非改良所能解决后，他决意走革命道路。1894 年兴中会的成立是他思想改变的"分水岭"。乙未广州起义虽然是他决心走武装起义道路的开端，但由于消息泄露，起义"胎死腹中"。孙中山流亡海外的数年中，在日本筹划了庚子首义，这次起义则成为他坚定走武装革命道路的象征与转折。

　　近代中国在发展中先后形成了两大政治派系。一是 1894 年兴中会成立后，形成了以孙中山为代表的资产阶级革命派。他们以《民报》为阵地，力图采取自下而上的革命，决心以暴力手段推翻清政府，以实现共和理想。二是 1898 年维新变法后产生的资产阶级改良派，代表人物是康有为和梁启超。他们以《新民丛报》为阵

---

① 《刘蜀永香港史文集》，第 76 页。

左图：资产阶级
改良派代表人物
康有为

右图：资产阶级
改良派代表人物
梁启超

地，试图通过温和的改良变法实现君主立宪制度，改良派是从维新派演化发展而来。

　　孙中山在香港读书时，除了经常约好友聚会发表革命言论外，在与同学交谈中，时常会透出他的维新思想。美国学者史扶邻（Harold Zvi-Schifferin）在《孙中山与中国革命的起源》一书中写道："香港报界的王韬，也可能通过他的《循环日报》把改良主义的思想灌进孙中山的脑子。王韬虽不反满，但也是旧制度改革的鼓吹者，这种主张比自强所宣传的纯军事技术方案更切合中国的实际需要。"①开始，孙中山也曾盼望由权贵倡导的"温和的改良"，他给两个进步的官吏提出了改良建议。其中一位是香山县濠头乡病休在家的清廷洋务官僚郑藻如，孙中山在信中谈了他对改良治国的想法。

　　郑藻如（1824—1894），香山县濠头乡濠头村人。字志翔，号豫轩，又名玉轩。清末著名外交家。1880 年郑在天津任海关道时曾是李鸿章的下属。孙中山在信中写道："某留心经济之学十有余

---

　　① ［美］史扶邻：《孙中山与中国革命的起源》，中国社会科学出版社 1981 年版，第 24 页。

年矣，远至欧洲时局之变迁，上至历朝制度之沿革，大则两间之天道人事，小则泰西之格致语言，多有旁及。"[1]1890年，孙中山认为郑藻如"一邑物望所归，闻于乡间，无善不举"。他在信中感叹："呜呼！今天下农桑之不振，鸦片之为害，亦已甚矣，远着无论矣，试论吾邑东南一带之山，秃然不毛，本可植果以收利，蓄木以为薪，而无人兴之。"[2]

孙中山提出效法西方进行改良："兴农桑叶、禁绝鸦片、普及教育三项建议"。建议先在香山倡行，然后向各地推广。有报刊认为这是孙中山最早的政治作品。他还主张清政府派员出洋考察，学西方"讲求树艺农桑，养蚕牧畜，机器耕种、化瘠为腴一切善法"[3]。他在一篇发展农业的文章中指出："以农为经，以商为纬，本末备具，巨细毕赅，是即强兵富国之先声，治国平天下之枢纽也。"[4]

孙中山迁到广州后继续开设药店和诊所。由于他的医德和医术为人称道，其外科手术闻名遐迩，不少治疗是免费的，因此，药店和诊所开张后盛况空前。陈少白在《兴中会革命史要》一书中回忆："孙先生一面行医，一面还是要开药房，他开始先在澳门开了一家，后在广州继续开一家，又在石岐也开一家。我没有办法阻止他，就帮他的

清末著名外交家
郑藻如

① 《孙中山全集》第一卷，第1—2页。
② 《孙中山全集》第一卷，第1—2页。
③ 《孙中山全集》第一卷，第1—2页。
④ 《孙中山全集》第一卷，第1—2页。

忙"①。1894 年 1 月底，陈少白突然接到药店来信说"孙先生失踪了"。由于药店的合作股东们搞不清楚店主的去向，只好询问陈少白。数天后，孙中山才风尘仆仆地拿着文稿赶回广州药店后连连向少白道歉，陈少白方知他返回翠亨村家中给李鸿章写信去了。如果不是陈少白接到药店告知"店主不知去向……现金即将告罄"的来函，匆忙去广州照看药店，药店真的就没人打理。陈少白说："从此以后，孙中山对医务工作不再感兴趣了。"②

1893 年冬，在广州城南广雅书局南园内之抗风轩，孙中山与其同志秘密聚谈，有程耀宸、程奎光、程璧光、魏友琴、陆皓东、郑士良、尤列等出席。孙中山提议宜先成立团体，以驱逐鞑虏、恢复华夏为宗旨，众人皆表赞成，但未制定会名。次日尤列返港向杨衢云谈起此事，杨亦表示赞同。③但成立团体之事，当时并未实际进行。

是年前后，孙中山写稿投港、沪各报刊，鼓吹改造中国政治。其间他结交了香山籍商人改良主义者郑观应。

郑观应（1842—1921），广东省广州府香山县（今中山市）三乡镇雍陌村人。本名官应，字正翔，号陶斋。中国最早具有完整维新思想的理论家，启蒙思想家。1858 年(清咸丰八年)，他到上海学商，先后在英商宝顺洋行、太古轮船公司任买办。曾隐居澳门 6 年，著有《盛世危言》一书。这本书是以富强救国为核心的变法大典，问世后反响很大，曾影响了康有为、孙中山等人。郑观应曾给盛宣怀去函介绍孙中山：

清末维新思想理论家郑观应

① 陈少白：《兴中会革命史要》，中国文化服务社(重庆)1941 年版，第 10 页。
② 陈少白：《兴中会革命史要》，第 10 页。
③ 《刘蜀永香港史文集》，第 78 页。

敝邑有孙逸仙者，少年英俊，曩在香港考取英国医士，留心西学，有志农桑生植之要术。欲游历法国讲求养蚕之法，及游西北省履勘荒旷之区，招人开垦，免致华工受困于外洋。其志不可谓不高，其说亦颇接近，而非若狂士之大言欺世者比。①

春夏之交，孙中山和陆皓东赴沪请郑观应帮忙疏通关系。经港友介绍，他们二人分别访问了郑观应、王韬诸人。"总理出示上书稿，韬深为赞许，仅代修订数语，并为函介于直督幕友罗丰禄、徐秋畦等。"② 是年夏日，孙中山和陆皓东一起来到天津，住在法国租界佛满楼客栈。罗、徐均允相机协助把《上李鸿章书》递交傅相。谁知李鸿章以军务繁忙为由而推辞了。踌躇满志的孙中山在《上李鸿章书》一文中向傅相大人陈述了"治国之大经，强国之大本"。他提出的"富国强兵"理念在很大程度上希望中国能够学习日本进而赶超日本。面对严酷现实，他对清廷的腐败十分痛恨，对民族危机的到来感到极为紧迫，对仍在昏睡中的国民万分焦虑。"近者日本命将遣师，侵入吾土，除宅居战地人民外，罕有知中日开衅之举者。"③ 孙中山遇到困难是绝不会后退的，上书失败反而促使他丢弃幻想，激励他勇往直前。"知和平之法无可复施。然望治之心愈坚，要求之念愈切，积渐而知和平之手段不得不稍易以强迫。"④

历史的警示作用不容忽视。从 1894 年 7 月中日甲午战争爆发，到 11 月孙中山在檀香山成立兴中会，前后 5 个月的时间里，孙中山对日本的侵华罪行极为愤怒。他在《兴中会章程》中写道：

---

① 陈锡祺主编：《孙中山年谱长编》（上册），第 72、73 页。
② 陈锡祺主编：《孙中山年谱长编》（上册），第 71 页。
③ 《孙中山全集》第一卷，第 52 页。
④ 《孙中山全集》第一卷，第 8 页。

左图：1894 年 初
孙中山在翠亨村
家中起草《上李鸿
章书》。图为孙中
山书房

右图：孙中山上书
失败后，他的《上
李鸿章书》登载在
《万国公报》上

　　　方今强邻环列，虎视鹰瞵，久垂涎于中华五金之富，
物产之饶。蚕食鲸吞，已效尤于接踵；瓜分豆剖，实堪虑
于目前。①

　　孙中山发现日本侵华的野心后奋力疾呼："亟拯斯民于水火，
切扶大厦之将倾。"著名学者俞辛焞认为："孙中山基于对日本及欧
美列强侵华的明确认识，创建了兴中会，走上了革命道路。从这个
意义上来说，兴中会是中日甲午战争的产物。"②对此，孙中山在英
文著作《伦敦被难记》中写道："中国睡梦之深，至于此极。以维
新之机苟非发之自上，殆无可望。此兴中会之所由设也。"③
　　孙中山在上书失败后和陆皓东一道考察了京津和武汉地区的形
势，进一步加深了对清廷腐败的认识，革命意志更加坚定了。
　　1894 年（清光绪二十年）11 月 24 日，孙中山在檀香山创立了中
国近代民主革命派第一个资产阶级革命小团体兴中会。在檀香山召开
的成立大会上，约有 20 位会员通过了孙中山起草的《兴中会章程》。

---

　　①　《孙中山全集》第一卷，第 19 页。
　　②　俞辛焞：《孙中山与日本关系研究》，人民出版社 1996 年版，第 13 页。
　　③　《孙中山全集》第一卷，第 52 页。

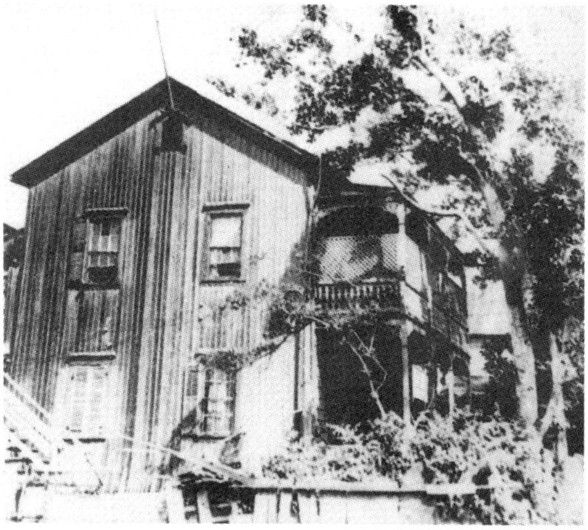

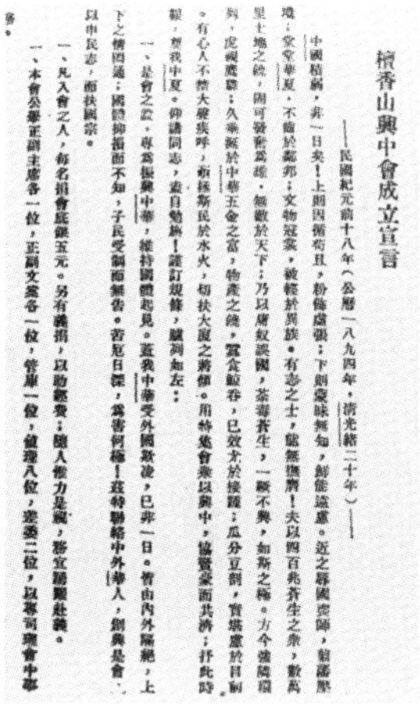

左图：1894 年孙中山在檀香山创办兴中会会址

右图：《檀香山兴中会成立宣言》

孙中山在章程中强烈谴责了清政府的罪行。"上则因循苟且，粉饰虚张；下则蒙昧无知，鲜能远虑。近之辱国丧师，蹙藩压境，堂堂华夏不齿于邻邦，文物冠裳被轻于异族。有志之士，能无抚膺！"[①]

兴中会的创立是旧民主主义革命的里程碑事件。它是资产阶级民主革命派为实现独立、民主和富强的目标最早设立的组织建构。兴中会制定了"驱除鞑虏，恢复中国，创立合众政府"的革命纲领和"振兴中华，维持国体"的宗旨，是当时民主革命派提出的最先进的思想理念。虽然一百多年过去了，但每当思考兴中会成立的重大意义和作用，觉得过去对兴中会的研究还不够深入，尤其是对其评价偏低。下面提出一些粗浅认识：

表 1-1　兴中会与分会一览表

创会时间	所在国家、地区	联络或创办人	会员
1894 年 11 月 24 日	檀香山—火奴鲁鲁	孙中山	刘箱、何宽、郑金等
1895 年 2 月 21 日	兴中会总机关位于香港中环士丹顿街十三号	孙中山、杨衢云等	杨衢云、谢缵泰等
1895 年 11 月	日本横滨分会	冯镜如	冯镜如、冯紫珊等

① 《孙中山全集》第一卷，第 19 页。

创会时间	所在国家、地区	联络或创办人	会员
1897 年	南非—约翰内斯堡分会	杨衢云	不详
1897 年 12 月	台湾分会	陈少白	杨心如、吴文秀等
1902 年 12 月 4 日	越南河内保罗巴托街 20 号	孙中山	黄隆生、杨寿彭等
1904 年 4 月 6 日	美国旧金山分会	孙中山	不详

参阅香港历史博物馆编的《孙中山与香港》展览图录等资料。

第一，兴中会是旧民主主义从准备阶段转入正规阶段之初级阶段、民主革命派在中国建立的第一个资产阶级革命小团体。它发端于辛亥革命，结束于"二次护法"运动的失败。兴中会不仅制定了革命纲领，而且从政治、思想和组织上为中国同盟会的诞生做了积极的准备。另外，兴中会的革命活动范围和影响既不限于广东地区，也不限于华侨范畴，它在亚洲、非洲和北美洲均设有分会和发展会员。

第二，"团结壮大"和"发动革命"是兴中会成立初期的显著特点。兴中会成立后积极联络全省革命同志，不断加强组织建设；1895 年 2 月，孙中山促成了香港进步团体辅仁文社与兴中会的合并，成立了兴中会总机关。修订后的《兴中会章程》内容更加丰富；它猛烈地抨击了清政府"政治不修，纲维败坏"之风。伴随着发展，兴中会成为立足香港、联络全国、辐射亚洲的跨越国家和地区的革命团体。广州起义虽然失败了，但它却开启了共和大幕，陆续入会者达数百人，先后建立的秘密机关有数

1895 年 2 月，香港兴中会总机关是以"乾亨行"为掩护的。图为"乾亨行"旧址

十处。

第三，兴中会是在国内和国际形势十分复杂的背景下，坚持武装革命不动摇，先后策划了乙未广州起义和首发的庚子革命首义。20世纪初，以孙中山为首的革命党人以崭新的形象登上了中国政治舞台；革命军在东进中挺进厦门，准备在南方建立共和国，再扩大胜利成果。虽然起义最终未达到既定目标，但革命党人逆流而上，誓死捍卫共和的精神情怀无不令人钦佩；尤其是首义在政治影响方面获得的巨大成功不容忽视。其中，孙中山革命思想的嬗变即摒弃改良、通过武装革命实践去拯救危难中国的思想，是其推动兴中会成立和发展的强大思想动力。

第四，庚子革命首义不仅高举"覆满"大旗，革命军在祭旗宣誓中还高呼"打倒列强""跟孙中山跟到底"的口号，彰显了兴中会鲜明的反帝反封建性质。它完全不同于中国历史上任何一次农民起义。在先进的革命纲领指引下，一批有志于共和理想的会党首领和抱有不同"兴亚"意识的日本友人被发展入会。据统计，大约有50多位中日人士在庚子年到来之前（含庚子年）入会。其中新安籍志士16人，加上惠州、河源、博罗的会员约有30人；入会的还有20名日本友人。郑士良、黄福和黄耀庭等一批会党首领深受革命影响，并在起义中担负重任，成为革命军骨干。他们在惠州前线身先士卒，英勇杀敌，用鲜血和生命践行了自己的誓言。

三、海外华人捐助首义第一人——李纪堂

从1895年乙未广州起义开始，孙中山为解决革命经费多与华侨和外国友人建立联系。他在流亡海外的五年依然如此。据史料记载：在中华民国成立前，他12次到日本，9次到马来亚，8次到新加坡，6次到檀香山，5次赴越南，4次到美国和欧洲，3次至加拿

大，2次莅暹罗。①1895 年，兴中会开
始接受华侨捐助。香港商界的华人、华
侨给予了很大支持。计有黄咏商、余育
之、李煜堂、李自重、李纪堂、林植勉
等。在香港商界中，唯独被冯自由称为
"清季革命党捐助历次起义军饷最巨者，
以李纪堂为第一"②。

香港革命富商
李纪堂

1900 年，当兴中会开始筹划庚子首
义时，给予庚子首义最多捐助的是海外华人李纪堂。李纪堂除捐助
庚子首义之外，还支持《中国日报》的运营，热心社会公益建设等。
由于李纪堂对辛亥革命的无私奉献和捐助，而被誉为"革命富人"
和"共和元勋"。

李纪堂（1874—1943），广东新会人。名柏，学名宝伦，号纪
堂。香港富商李升第三子。他儿时"活泼好动，凡骑马、练枪、击
球、操舟、射猎诸术，皆优为之。绝无富家子骄情习气。弱冠任香
港日本邮船分公司买办"。1854 年（清咸丰四年），李氏家人为避
战乱从新会迁居到香港。其父李升开始在港创业。当时李升主要从
事金钱兑换业务。先开设了礼兴号金山庄，后来又将业务扩展至
土地买卖、船舶租赁及供应船只物品等。在 1876 年全港 20 名纳税
大户中，李升排名第 12，至 1900 年李升去世之际，他的资产已有
600 万元，远超当时香港政府同年财政收入 180 万元，被誉为"商
业奇才"，堪称香港首富。③

李纪堂的财富主要来源于继承家父的遗产。1900 年父亲去世
之后，李纪堂除分到遗产 100 余万元外，还继承了一个名为"益隆

---

①　任贵祥：《华侨与中国民族民主革命》，中央编译出版社 2006 年版，第
36 页。
②　冯自由：《革命逸史》（上），新星出版社 2009 年版，第 76 页。
③　王杰等：《孙中山革命与华侨精英》，暨南大学出版社 2018 年版，第 72 页。

银号"的店铺……据冯自由记载，李纪堂大概继承了父亲财产的1/4。他坚定地选择了资助革命这条曲折的道路。

1895 年 10 月，广州起义失败后，孙中山、陈少白、郑士良拟从香港搭乘日本货船"广岛丸"赴日本，当孙中山在香港上海汇丰银行取款时，李纪堂看到了"尚留辫发，身着白夏布长衫"的孙中山。这是李纪堂对孙中山的首次印象。当时清廷正在缉捕孙中山，碍于形势，李纪堂并未主动和孙打招呼。两天后，孙中山派人到日本轮船公司购买船票时，李纪堂"以总理为奇人，亲登轮拜访"。他向孙中山表达了自己的仰慕之情。孙中山很欣赏这个朝气蓬勃的年轻人，到日本后还给李纪堂写了信，动员他参加革命。当时，李纪堂对孙中山的崇拜只是一种仰慕英雄的动机，自己还没有远大的革命理想。他在接到孙中山从日本发来的信后，对孙中山的革命思想有了更多了解。之后，他开始与兴中会谢缵泰密切往来，从谢缵泰那里得到更多有关孙中山革命活动的信息。

1900 年春天，由谢缵泰和杨衢云介绍，李纪堂加入了兴中会，成为革命团体中的一员。李纪堂入会的时间适逢兴中会开始筹划庚子革命首义，天降大任于斯。广州起义失败后，香港各界对兴中会的革命前途并不看好，几乎没有人愿意出钱资助革命，此情形一直到 1900 年李纪堂加入兴中会方得以改变。冯自由称赞李纪堂是在革命最艰苦的时期加入革命党，"实不啻为兴中会添一最强大之生力军也"①。

数月后，孙中山自新加坡乘船返回日本时在香港停留一夜。杨衢云、陈少白偕李纪堂登舟相见，孙中山很高兴，马上给李 2 万元，让李纪堂担任驻港会计主任。当时，总理正在筹备惠州军事，在船上召集骨干开会，商议决定乘北方混乱之际，在南方发动起义。李纪堂的加盟给兴中会增添了信心。李纪堂入会后遇到的首次

---

① 冯自由：《革命逸史》（中），新星出版社 2009 年版，第 495 页。

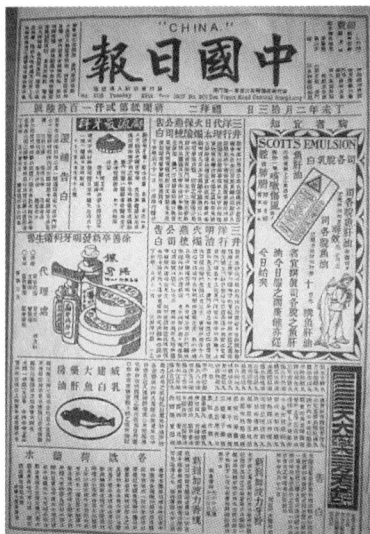

左图:《中国日报》创刊人陈少白

右图:1900 年,兴中会机关报《中国日报》正式出版

捐助即庚子首义,那么,他给首义义捐了多少经费呢?冯自由在《革命逸史》一书中写道:"惠州三洲田之革命军败挫,纪堂于是役前后所耗不资,益以香港《中国日报》经常费之供给,亦逾巨万。总理自惠州失败后,得以漫游欧、美,无后顾之忧。纪堂之力为多焉。"①

庚子首义从 1900 年 6 月开始筹备,无论招募人手还是购买枪械,耗资甚多,2 万元根本不够用,李纪堂捐出 3 万元。起义在坚持了月余后,因后援不继失败。"革命党人的给养补充和遣散抚恤死伤的费用,大部分由李纪堂负责,据说为数甚巨,多达十八九万元,所耗不赀。事后,评定三洲田起义一共耗银 20 万元左右的代价。"②

由此可知,李纪堂给庚子首义的捐助额度很大。同时,他投在《中国日报》的费用也很多。虽然李纪堂在庚子首义支出了高额费用,但据史料载:"纪堂自惠州失败,仍雄心勃勃。"

1902 年(清光绪二十八年),李纪堂又参与谢缵泰父亲日昌与

---

① 冯自由:《革命逸史》(中),第 495 页。
② 冯自由:《革命逸史》(中),第 495 页。

太平天王洪秀全族侄洪全福准备在广州发难这件事。李纪堂和洪全福见面后，洪全福提议筹饷 50 万元。对此"纪堂均无异议，且允独立兼任军饷全额"①。由于起义消息走漏，李纪堂的 50 万元全打了水漂。经过庚子首义后，李纪堂家道中落，渐呈竭蹶之兆。1904 年（清光绪三十年），由于"《中国日报》维持困难，亟图改组，乃由容星桥介绍与文裕堂印务公司合并。除《中国日报》及文裕堂两基本作合资资本若干外，余由纪堂拨款 5 万元助成其事"②。李纪堂在资助起义的同时，几乎包揽了《中国日报》所有的日常开支。后任社长冯自由回忆，从 1900 年到 1906 年，维持报纸发行的全部费用几乎均来自李纪堂一人的资助。

李纪堂除了捐助革命外，还重视发展科学教育和利用文艺形式的社会教育。乙未年，纪堂对于科学教育及社会教育有两大贡献。一为纪念其亡父之"李升格致学堂"。李父逝世后，其昆仲 6 人皆拥厚资，对于国家社会毫无裨益，纪堂深以为耻。特斥资 10 万元创建格致学堂。以父亲李升命名。既纪念了先父，也提倡科学教育。所聘教授为兴中会会员邝华汰博士，美国加省大学知名教授也。此校创立半载，即因邝校长逝世停办。二为"采南歌剧团"。是团为程子仪、陈少白所发起，纪堂醵款 2 万元以助成之。其目的在改良粤剧，及宣传种族观念于通俗社会，收功颇巨，潜移默化地宣传爱国思想，开创了粤省革命新剧之先声。

中华民国成立后，在属于民国党籍的人员中，以李纪堂功高望重。"先后委以交通司长、琼崖公路局长、某某县长、民产保证局等职。然纪堂出身富家子，幼年不甚读书，对于政治毫无经验。每次从政皆以用人不当去职……民二十七年冬，日寇进陷广州，纪堂迁寓九龙何文田一小楼，潦倒万状。民二十九年冬，中央驻港某机

① 冯自由：《革命逸史》（中），第 495 页。
② 冯自由：《革命逸史》（中），第 495 页。

关知其窘状，乃月给港币 200 元以济之，而生计随之稍苏。"①1943
年 10 月 6 日，李纪堂因患心脏病逝世。享寿 70 岁。为纪念李纪堂，
冯自由赋诗一首刊登在《革命逸史》一书中。李纪堂虽出身香港豪
门，是一个地道的富家公子，但他为中国革命从不计个人得失，毁
家纾难的情怀至今仍为人们所传颂。

四、追随孙中山民主革命的新安籍志士

18—19 世纪，新安县和归善县沿海贫苦渔民和盐民饱受战火
摧残、自然灾害和地主豪绅的剥削压迫，生活十分艰辛。有不少乡
民为寻找生路外出谋生。据《惠东县志》记载："清乾隆六十年（1795
年），归善县大饥荒，饿殍遍野，沿海农民、渔民纷纷逃到南洋谋
生。""到 19 世纪末，归善县被拐骗当'猪仔'的有 17000 多人。"②
由于生活艰辛，不少人死在了异国他乡。

鸦片战争爆发后，香港、九龙、新界陆续被英国割占与强租。
不少新安籍人士为谋生前往香港打工。也有一些人成为海员后常年
在外国轮船做工，并陆续前往英国、荷兰、比利时、尼日利亚、莫桑
比克定居。1845 年之后，新安籍居民陆续向美洲等地移居。1879 年（清
光绪五年），孙中山在就读于火奴鲁鲁英基督教监理会主办的意奥兰
尼学校时，曾与年龄略长于他的郑金同住一房，郑金当时是半工半读
的学生，二人在艰苦的学生时代互相帮助，结下了深情厚谊，最后成
为同窗好友。之后，孙中山又在郑家认识了 9 岁的郑照。③

（一）参加兴中会的新安籍人士

1894 年 10 月，孙中山第三次返回檀香山后，在华侨中广为宣传

---

① 冯自由：《革命逸史》（中），第 76 页。

② 《惠东县志》，中华书局 2003 年版，第 696 页。

③ 参见彭全民：《深圳掌故漫谈》，第 280 页。

反清革命，首先得到郑金、郑照兄弟二人的积极响应。11 月 24 日，孙中山在火奴鲁鲁召集旧友和华侨 20 多人在何宽家中举行兴中会成立大会。郑金和郑照成为新安籍华侨中投身孙中山反清革命最早的一批会员。郑金等 8 人当时被选为值理。郑照和刘祥专门负责招揽会员及筹募义捐等工作。[①] 根据冯自由《革命逸史》，当时在檀香山做工的新安籍人士何旱、骆烬、胡廷、戴贵、李林也参加了兴中会。当年入会会员总数达 126 人。庚子年，孙中山筹划庚子首义时，又集中发展了一批新安籍人士入会。他们是黄福、黄耀庭、江恭喜、黄阁官等人。

表 1-2　参加兴中会的新安籍人士一览表

姓名	职务
郑金	檀香山海关译员（总理拜盟兄弟）
郑照	中央银行经济研究处委员（总理拜盟兄弟）
何旱	檀香县工人
骆烬	同上
胡廷	同上
戴贵	商人
李林	同上
黄远香（黄福）	会党
黄耀庭	同上
黄江喜（江恭喜）	同上
黄阁官	绿营首领
蔡牛	会党
江维善	学生
蔡尧	工人
何崇飘（何松）	会党
卢灶娘	同上

　　参考冯自由：《革命逸史》；黄福是新安县龙华禾坑村人；"早期"即《革命逸史》一书中所指的"前半期"。

---

① 　[美] 史扶邻：《孙中山与中国革命的起源》，第 282 页。

（二）新安县龙华"乌石岗起义"

新安人民素有反帝反封建的革命传统。县境内的阳台山和惠州
稔山一带为会党聚集活动区域。庚子首义爆发之前，"乌石岗起义"
就发生在阳台山脚下。"阳台山，在新安县东北三十里，横亘五十
里，山顶平衍，形若几案。有龙潭，下有乌石岩……"①

钟水养（1864—1901），字国柱，据说他是南宋镇蛮大将军钟
天柱第 24 世孙。广东新安县龙华乡横朗村人，早年到檀香山谋生，
后加入三合会，与孙中山在旧金山相识。1898 年（清光绪二十四
年），他怀着对家乡的热爱之情，偕夫人潘氏从檀香山返乡，团结
当地反清的洪门三合会首领黄福、何松、陈伟成等人组织反清起
义。他们组织当地民众，拿起了武器，表现出不畏强暴、不怕牺牲
的抗争精神。关于"乌石岗起义"在深圳有两种不同说法。一是彭
全民在《深圳掌故漫谈》一书中谈到的"组织了一支 60 人的队伍"；
二是何博儒在《阳台烽火》中写的组织了一支"3000 人的队伍"（何

清朝军队官兵
服饰装备图

---

① 《嘉庆新安县志校注》，中国大百科全书出版社 2006 年版，第 260 页。

博儒是宝安观澜人，他在撰写《鹏城旧事》和《三洲田首义》之前曾作过一些调查）。

钟水养回到家乡即被推举为洪门会首领（所谓洪门会党，即天地会，又称作三合会。洪门只是通俗的说法）。他立即组织了一支60人的队伍，这支队伍有三门火炮和各种式样的大刀长矛。夏天到来时，钟水养领导的起义在龙华牛地埔村乌石岗爆发。起义军群情激愤，毫不畏惧，他们提出了"反清灭洋"的口号。广东水师何长清带清军1000多人赴龙华，联合地主武装攻打义军，钟水养率领起义部队与清军展开激战，但因寡不敌众，钟水养率众突围。最后，钟水养突围出来后，经香港返回檀香山。笔者认为，此说60人的队伍力量太弱，只一个回合起义就失败了。

1895年，孙中山谋划广州起义，派人在新安、深圳、盐田、沙头各地募集会党二百多人，作为先锋队，集中于香港，拟在起义前潜入广州。① 《光绪实录》对"乌石岗起义"有记载，《申报》也有转载和报道。据何博儒《三洲田首义》记录：《中国日报》还详细报道了这一起义。

是年10月30日，《申报》转载《循环日报》文："广东新安县属，三合会党聚众联盟，蠢然欲动，省宪闻报，急调勇剿办，目下会渠魁钟某，易洋人装束出没于乌石、棠下（塘厦）等墟，自称大元帅，每出乘马，高擎黄伞，其党羽最悍者陈、李、郑、邓四匪，或称

记录"客匪"钟水养7月前往归善交界白芒花遭官府追捕的史料

---

① 陈锡祺主编：《孙中山年谱长编》（上册），第72、73页。

军师，或号先锋，屡向附近殷户打单，勒索万金，或数千金不等。而东莞土匪华观等，亦啸聚同类，生息相通，声称本月某日起事，并闻博罗、归善等县，亦有无赖煽惑愚民，预谋不轨，似起云集响应，办理若稍延缓，必致滋蔓难图，杞人之忧何能已乎?"①《申报》透出的信息，反映了新安县三合会党在当时的反清活动十分活跃，且已联合起来结为同盟了。

据《光绪实录》记载:"谕军机大臣等。电寄谭钟麟，电悉。钟水养煽乱潜逃，业经悬赏购缉，着即饬催严拿，务获惩办。"② 钟水养在返回檀香山后，在华侨中进行反清宣传活动。1903 年（清光绪二十九年），钟水养介绍孙中山加入檀香山洪门致公党。

何博儒在《阳台烽火》一书中对"乌石岗起义"有更为具体的描述。他写道:钟水养是"乌石岗起义"的发起人和将军，黄福、何松是副将，陈伟成是参谋长。当时，众人在阳台山祇园庵开会议定起义队伍的建制问题。"各村寨愿意投军起义者已有 3000 人，暂编作三个大队，均按龙华、乌石、观澜三地人员编成。第一大队是

深圳龙华大浪街道坳头山的钟水养夫妇合葬墓

---

① 刘中国:《打响世纪第一枪——三洲田庚子首义纪略》，香港公元出版社 2001 年版，第 160 页。

② 冯自由:《革命逸史》（中），第 495 页。

观澜大队，共有1300余人，大队长何松，副大队长曾乐、周天生，下设四个中队；第二大队是龙华大队，共960余人，大队长邓检，副大队长谢有、詹德；第三大队是乌石岗大队，共850余人，大队长迟末，副大队长钟先、林青。第二第三大队下暂设三个中队。"[1]钟水养离开家乡时，吩咐黄福潜伏下来等待时机。黄福是新安县龙华早禾坑村人。1900年，黄福从山打根返回三洲田后，号召三合会党参加庚子首义，一呼百应。

何博儒在《阳台烽火》一书中记录了"乌石岗起义"获得的一次胜利。这场伏击打援"共歼清水师2000余众，俘获生公（俘虏）200余人，收缴洋枪2000杆有奇，弹丸30000余颗，毙军马12匹，捉获5匹，烟枪300余杆，烟土20余两，饷银1000余两。义军战死80余人，伤60余人。这次胜仗让义军威名大震，传到广东各地。官府有报：新安阳台山钟水养纠集客匪作反，势甚猖獗；水师提督何长清奉令征剿，不日当可夷平"[2]。阳台山的消息也传到香港，香港兴中会总部派郑士良亲自来到阳台山联络，还带来了孙大统领和陈少白的口信，邀请钟水养带队伍参加三洲田起义。三洲田起义爆发前，曾参加"乌石岗起义"的部分志士赴三洲田参加了庚子首义。尚有一说："钟水养挑选最精锐的800人马，随时准备听候孙中山的调遣。"

"乌石岗起义"爆发于深圳龙华阳台山，"三洲田起义"爆发于三洲田和马栏头。两个起义一前一后，均为反清性质。孙中山虽未参加"乌石岗起义"的策划，但庚子首义的主要将领黄福、何松均为"乌石岗起义"的领导人。郑士良还前往阳台山邀请队伍参加庚子首义。首义爆发前，"黄福会同何松等人，挑选精壮和愿行诸人，随同香港兴中会总部及我洪门总龙头陈少白特使，

---

[1]　何博儒：《阳台烽火》，海天出版社1994年版，第108页。
[2]　冯自由：《革命逸史》（中），第208页。

惠州革命军司令郑士良，前往三洲田筹备兴中会组织的革命首义；所有东进人员均带新式步枪一支、弹药百发"①。1900年，当地的洪门组织参加"乌石岗起义"的部分义士参加庚子首义。何博儒在《阳台烽火》一书中撰写了"百花洞打援获全胜，洪门客转战三洲田"一章，追溯了历史上"乌石岗起义"和"三洲田起义"具有共同反清的性质。笔者以为，可以将深圳"乌石岗起义"看作是庚子首义的一次预演。何博儒在《阳台烽火》一书中有感而发：

> 南天千里青葱，云缭天险无天际，初岑眦目，抛愁犹恨，凤凰婆髻。烟雨阳台，哀鸿声里，农民聚义。把军师请了，将军驰驱，造反兮，归帆意。当年水师狗种，问东风胡虏降未？擒龙缚虎，誓建中华，共和国体。北望龙城，汉朝飞将，勇猛如斯。看五色旌旗，英雄啸处，苍龙投首！

（三）参加庚子首义的新安志士

庚子首义是爆发于深圳三洲田和马峦山的一次重要起义，它是新安近代历史中光辉的一页。1900年10月，当革命风潮即将来到时，一大批新安人追随孙中山的共和理想，其中有不少人成为庚子起义首领，他们是：黄福（黄远香）、黄耀庭（黄恭喜）、何崇飘（何松）、黄江喜（江恭喜）。三洲田和碧岭皆为廖氏，众多乡民参加首义。廖庆发和罗生皆任总管。廖官秀、黄贵、廖受仔、廖亚就、廖昌球、廖秀、邓二等人被封为"五虎将""亚马""草鞋""白扇""打手"。起义失败后，三洲田和马峦山遭到清军"清剿"，村落房屋被清兵放火烧毁。新安县各村大约有200多人遭到清兵杀害。廖尊

① 冯自由：《革命逸史》（中），第495页。

新安县城，今深圳南头古城南门

楼、唐梦尧、何松、廖金姐等8人当场遇难；廖凤、廖德福、廖纪秀等5人被捕至横岗，受尽酷刑，虽然被后人担保释放，但由于伤势过重，均不幸身亡。廖庆发、吴亚发、廖毓坤、廖三、廖官娇等人在首义中牺牲。

表1-3　参加庚子首义新安籍志士一览表

姓名	籍贯	职务
黄耀庭（黄恭喜）	沙头下沙村	先锋官
黄福（黄远香）	龙华早禾坑村	统兵大元帅
黄江喜（江恭喜）	沙井镇步涌村	中路统兵司令
*何崇飘（何松）	盐田梅沙	元帅、副统领
*廖庆发	盐田三洲田	先锋、总管
*李跛谭	不详	右先锋
*黄阁官	同上	绿林会党首领
*廖元秀	同上	校尉
*廖毓坤（廖二发）	同上	同上
*廖金姐	同上	同上
廖建坤	同上	同上

续表

姓名	籍贯	职务
廖萼楼（亚水）	同上	军医
*罗蕴光（罗生、罗三）	马栏头新民村	总管
*廖官娇	盐田三洲田人	校尉
*廖三	同上	同上
廖仁玉	同上	不详
蔡尧	新安人	曾受李纪堂派遣赴省城捡回史坚如尸体藏之
卢灶娘	新安人	不详
廖五	同上	同上
*廖官秀	同上	校尉
廖受仔	同上	"五虎将"
廖亚就	同上	同上
廖昌球	同上	同上
*廖秀	同上	同上
张炳光	不详	同上
胡炳章	同上	军师
*唐皮（唐梦尧）	归善县	书记（专职文书）
邓二	同上	同上
杨李保	同上	同上
*吴亚发	盐田人	不详
罗迪先	龙岗人	同上

　　参阅刘中国：《打响世纪第一枪——三洲田庚子首义纪略》"廖庆发口供"；何博儒：《三洲田首义》。

　　*为已知起义被俘及阵亡人员。表上所列举的新安人只是参加庚子首义的部分领导和成员。起义爆发时三洲田和马峦山均属归善县，在冯自由《革命逸史》书中兴中会的名单中，把黄福、罗生的籍贯均写成归善县符合当时的历史情况。

　　1911 年 10 月 10 日，武昌起义取得胜利。当民国成立的消息传到新安县后，当地人民积极响应。龙华人民在卓凤康、何玉山、吴兆祥的率领下，向新安县城发起进攻。据说当时卓凤康手里拎着一包作为干粮的熟鸭蛋，县官误以为是炸弹，赶忙向卓凤康作揖求饶说："请先生不要丢炸弹！"卓凤康等人一举消灭了新安城内守备署的官兵。起义军冲进县衙，县衙的官员全部投降，新安县宣布"光复"。"光复"后由何玉山代任县长一职。新安县从此结束了清王朝265年封建统治的历史。

第二节　庚子首义与日本

从1899年2月开始，孙中山与自两湖归来的平山周会晤，确定湘、鄂、粤同时大举。由于未准备妥当而放弃。但孙中山却加快了起义的筹备工作。9—10月，他派陈少白返回香港筹办《中国日报》，并在香港设立联络会党的机关，与广东三合会取得了联系，又命毕永年、史坚如入长江流域发动。11月，兴中会邀请哥老会、兴中会首领来到香港，成立了兴汉会，孙中山被公推为总会长。

1895年10月，广州起义失败后，孙中山接受了达尼思顾问"离开香港"的建议，偕陈少白、郑士良登上开往日本的"广岛丸"前往日本神户。11月9日"广岛丸"抵达神户。12日三人续乘"广岛丸"来到了横滨。日本横滨从此成为辛亥革命中国革命志士的避风港。但孙中山此行在横滨滞留的时间不长，11月下旬，孙中山"断发改装"后前往檀香山。

1896年3月4日，港英当

1895年10月，广州起义失败后，孙中山偕陈少白和郑士良流亡日本

局借口孙中山在港活动妨害香港地方治安与秩序，依据 1882 年第八号驱逐条例规定，颁布了对孙中山的驱逐令。自驱逐令发布之日起，五年内禁止其在香港居留。①

对于广州起义的失败，孙中山并没有气馁，拟待时机成熟后伺机再举。孙中山离开横滨前让郑士良返回香港"收拾余众，以谋卷土重来"。1897 年 8 月 16 日，孙中山完成欧洲考察后再次来到横滨，他决定留居日本开展革命活动，从此，兴中会横滨分会成为庚子首义的联络站。孙中山选择日本的原因大致是：第一，中日同属亚洲，具有"同文同种"的文化渊源关系；第二，向日本学习并借鉴明治维新发展变革的经验；第三，从方便开展革命活动的角度考虑，中日地理位置近，来往方便；第四，寻求日本对中国革命的支持，伺机发动新的起义。

从 1897 年 8 月 16 日由欧洲来到日本横滨，至 1900 年 9 月 28 日离开日本前往台湾基隆，在三年的时间里，孙中山的革命活动主要是在日本进行的。从 1898 年初杨衢云到横滨与孙中山会晤开始，郑士良等人来日本横滨与孙中山筹划起义的会晤从未中断。从 1899 年 11 月开始，以联合长江会党成立兴汉会为标志，革命党人加快了起义筹划工作。

一、横滨成为首义联络站

横滨是日本一座美丽的港口城市。1895 年 11 月 12 日，被清政府通缉的孙中山偕陈少白、郑士良流亡日本避难。作为革命家，来到横滨开展的第一件事就是为兴中会"筑巢"——横滨分会成立了。横滨从此成为中国革命党人的海外基地和联络站。当时，孙中山选择在横滨建会是考虑横滨是华侨的聚居地。据统计，1893 年

---

① 陈锡祺主编：《孙中山年谱长编》（上册），第 106 页。

横滨约有华侨 3325 人。

孙中山有选择在港口城市工作和生活的习惯。1897 年 8 月 12 日，当他完成欧美考察来到日本横滨后，就决定把这里作为他长期居留的城市。他刚来到时，犬养毅曾安排他住在东京。由于侨商多集中在横滨，为了方便工作，是月 29 日，孙中山和陈少白返回横滨，仍住回陈少白在横滨外国人租借地第一百二十一番住所。回到横滨后，孙中山一直住在外国人租借地，并在这里接见客人、会见革命同事和筹划庚子首义。横滨因此成为中国革命党人的联络站。

（一）兴中会横滨分会成立

1895 年 1 月，孙中山忽然接到友人宋耀如从国内来信，被告知国内形势大有发展，促其回国。孙中山在回国途中，船在横滨停留，他结识了华侨商贩陈清。孙交给陈清《兴中会章程》等文件，嘱其与当地侨商照章设立分会。陈回到岸上后告诉其他华侨。当时，有洋服店主谭发前来会见，从此孙中山认识了谭发。这是孙中山与旅日华侨交往之始。[①] 是年 11 月，孙中山一行三人来到横滨后，即通过谭发的介绍访问了冯镜如位于外国人居留地五十番的文经印刷店，冯安排他们三人下榻店中二楼。他们准备在横滨建立兴中会横滨分会。据陈少白记述："乙未年秋天，广州事情失败，我和孙先生、郑士良三个人到了日本横滨，不上一个星期，孙先生就断发改装去美国了，只留我一个人在那里住下。"[②]

冯镜如（？—1913），祖籍广东南海县盐步高村人，出生于香港。是清末资产阶级民主革命者冯自由之父。他在香港经商时因交结"红头贼"（太平军士兵）被捕入狱。后东逃日本，在横滨山下町开设文经商店，专营外国文具和印刷。

① 参见李吉奎：《孙中山与日本》，广东人民出版社 1996 年版，第 2 页。
② 陈少白：《兴中会革命史要》，第 44 页。

冯镜如听说孙中山来到横滨的消息后，除了马上安排食宿外，并马上告知冯紫珊、谭发、梁达卿、黎炳垣、赵明乐、赵峰琴、温玉贵等十余人拟于近日会商建立兴中会横滨分会的事情。众人推举冯镜如为会长，赵明乐为管库，赵峰琴为书记。冯紫珊、谭发、黎炳垣等为干事。约半个月后，冯镜如把会所搬到外国人居留地一百七十五番。搬迁新址后，又有温

兴中会横滨分会
会长冯镜如

炳臣、郑晓初、陈才、陈和、黄绰文等十余人参加。当时，在旅日华侨中，大多数人视革命"排满"为大逆不道，对入会多有戒心，故参加者不够踊跃。孙中山把带来的宣传品《扬州十日记》《原君》等三种资料交给冯镜如由文经印刷店印刷万卷，作为"反满"宣传品分送海外各部。① 当时，孙中山因急于赴美洲考察，向横滨同志商借500元旅费，由于多数人有心无力，后由冯镜如兄弟提供。孙中山给陈少白100元作为断发改装的费用，另外给郑士良100元，"使回港联络余众，以图大举"。一切安排妥当后，孙便乘船去了檀香山。②

1897年8月16日，孙中山从加拿大来到日本，甫抵横滨即遇"贵人相助"。此"贵人"正是经陈少白介绍，后与孙中山成为患难之交的宫崎寅藏。孙中山初到横滨的翌日清晨，宫崎到访，宫崎来自日本没落的旧武士阶层，渴望改变亚洲的"旧秩序"，具有一番豪情壮志。他主动询问孙中山对亚洲和中国革命的想法。孙中山说："拯救中国亿万苍生，雪除东亚人的耻辱，恢复和维护世界的

---

① 冯自由：《中国革命运动二十六年组织史》，上海三联书店2014年版，第24页。

② 李吉奎：《孙中山与日本》，第10页。

和平和人道，关键只有在我国革命的成功。如果中国革命成功，其他问题而可迎刃而解。"① 二人推心置腹，交谈甚欢，宫崎又返回叫来了平山周一起聆听和交流。他们三人在交谈中讲到：宫崎愿全力支持中国革命，希望"中国志士与日本国提携"。

宫崎寅藏（1871—1922），又名宫崎滔天。1871 年出生于日本九州熊本县。1897 年，孙中山甫抵横滨先认识了宫崎，并通过他的介绍结交了一批日本朝野人士。宫崎和孙中山交谈后非常钦佩并鼎力支持孙中山的革命事业。1900 年宫崎参加了庚子首义筹划，并于 1902 年以自传体回忆撰写了《三十三年落花梦》。1905 年加入了中国同盟会。1911 年随孙中山北上返沪，见证了孙中山就任中华民国临时大总统。1922 年 12 月 6 日因病去世。

孙中山在日本打开局面得益于宫崎的帮助。宫崎除介绍日本进步党领袖犬养毅之外，还介绍了福冈的大陆浪人内田良平，内田又介绍了福本诚加盟。孙中山在日本的朋友像"滚雪球"似的迅速增加，很快形成了追随他的"日本团队"。由于他们熟悉日本情况，若遇战事，随时可以拉出一支队伍赴中国参战，这正是孙中山当时的想法。

宫崎不同于其他多数日本侪辈，一旦投身中国革命，即成为孙中山的追随者。他不仅是"日本团队"的核心成员，也是庚子首义的主要策划者之一。庚子首义失败后，宫崎以自传体回忆并撰写了《三十三年落花梦》一书，这是在他经济拮

支持孙中山革命最得力的日本友人宫崎寅藏

① 段云章编著：《孙文与日本史事编年》（增订本），广东人民出版社 2011 年版，第 26 页。

据和悲愤的心情中完成的。他在书中
专门写了"惠州事件"。详细叙述了起
义的全过程,对起义的失败感到极为
遗憾。此书不仅记录了他和孙中山的
友谊,也记录了中日关系和中国民主
革命在日本的历史。

(二)杨衢云归来横滨

　　1897 年 12 月 25 日,杨衢云离开
南非,于翌年 3 月 21 日来到日本横滨,
孙中山、陈少白和杨衢云三人在修竹
寄庐会晤。这次会晤不仅是兴中会核
心成员对广州起义的回顾和总结,也

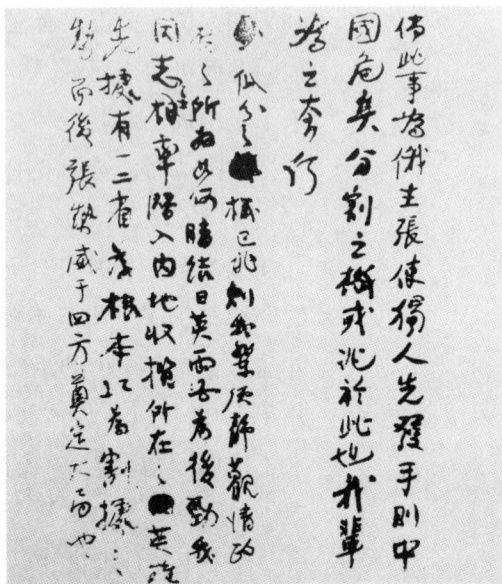

1897 年孙中山与
宫崎寅藏笔谈录

是孙中山对杨衢云自广州起义失败后,在起义中失职行为的一次严
肃问责。据陈少白记录,先生说:"我当时真恨极了,我责问他当
日的事情。我说:'你要做总统,我就让你做总统;你说最后要到广
州,我就让你最后到广州。为什么到了时间你不来?那还罢了,随
后我打电话不来,隔一日,你又不多不少派了六百人来,把事情搞
糟了,消息泄露,人又被杀了。你得到消息,便一个人拼命跑掉,
这算是什么把戏?你好好把你的理由说出来,不然,我是不能放过
你的!'杨衢云俯首无词,最后他便说:'以前的事是我一人之错,
现在闻你筹得大款,从新再起,故此赶来,请你恕我前过,容我再
来效力。'我听了,又好笑,又好气,见他如此认真讨饶,又如此
愚昧可怜,只好作罢,放了他出来。"①

　　1898 年,关于"惠州起事"的酝酿就已经开始了。在香港筹
备起义的郑士良、杨衢云、李纪堂、史坚如等人先后来到横滨与孙

---

　　①　陈锡祺主编:《孙中山年谱长编》(上册),第 156 页。

中山商议起义事宜。长江三合会首领毕永年和唐才常，菲律宾革命家彭西等人也来到横滨拜会孙中山。横滨已渐成庚子首义联络站。

戊戌年夏秋之交，中国维新变法运动开始，日本外务省已经掌握了这一情报："中国新旧两党不能相容，预料会起政变。"犬养毅告知宫崎和平山周"闻海外风云，将起政变"。孙中山也向二人谈到国内广东惠、潮、嘉三府人民的强悍，以及十居八九已加入反清复明之会的情形。

是年10月，孙中山来到横滨，和毕永年、唐才常等人谋划长江中游发动起义事。二人主张孙、康两党联合进行之议。孙回答：只要康能皈依革命真理，放弃保皇成见，不仅两党可以联合救国，我更可以使各同志奉为首领。大家深为孙的意气所感动。此时，李纪堂以商务之名，也从香港来到横滨与孙中山商议在粤举事事宜。孙中山告诉他："又想二次起义，布置好即可回国，请你担任财政方面的事。"11月10日，菲律宾革命家彭西携带梅屋庄吉的手书来到横滨拜会孙中山。

1897年8月，孙中山来到日本。1898年他与宫崎寅藏等人合影。前排左起：安永东之助、杨衢云、平山周、末永节、内田良平；后排左起：可儿长一、小山雄太郎、宫崎寅藏、孙中山、清藤幸七郎、大原义刚

　　1900 年前后，郑士良从香港往返日本横滨不少于 5 次。他每次来日本，住在哪里，和谁在一起，日本外务省档案中均有记录。1899 年初（戊戌年十二月初四日），据日本外务省档案记录，郑士良"昨日乘英国轮船'卡普克兹库号'由香港到横滨，在居留地第一百二十一番清国流亡者孙逸仙住处留宿……据说此次因洽谈事务而来，数日后即返香港"①。杨衢云、陈少白、郑士良、李纪堂等人先后也来到横滨，商议发动起义事宜。"年底，孙中山在横滨会见史坚如、张尧卿。陈少白托张尧卿偕往两湖，再东渡见先生。""坚如抵汉埠后，游览形势，晤各会党豪客，并湘鄂间志士，周旋之下，莫不倾结……在横滨访晤先生，倾吐胸臆，指划大计，经谈经旬，日夜不厌……先生乃命其入长江，以联络会党。遂离日归国，深入华中。"②

　　1900 年（清光绪二十六年）开春，郑士良再次从香港乘船来到日本横滨会晤孙中山，密商惠州举事事宜。日本外务省档案有明确记录："清国流亡者郑弼臣为与孙逸仙联络事务，于昨 13 日乘'日本丸'由香港来滨，住在孙中山寓所。"③郑士良是孙中山最亲密的同学与挚友。关于郑士良赴日与孙中山商议的内容，谁也不清楚。但可以分析，此次密谈事关庚子首义的筹划。是年 4 月 26 日，"杨衢云乘'栗丸'轮前往日本与孙逸仙博士协商"。春夏间，孙中山决意把握时机，加紧策划广东起义。

　　是年 3 月，毕永年于兴汉会成立 2 月后，偕杨鸿钧、李云彪等会党首领赴日本，向孙中山请示方略。孙接见并分别派遣回国，候命进止。6 月，杨衢云和郑士良再次来到日本横滨，但二人来日本的日期不详，却只有离开日本赴香港的时间。6 月 5 日（五月初九日），孙中山偕杨衢云、郑士良赴东京向犬养毅告别。告诉犬养

① 陈锡祺主编：《孙中山年谱长编》（上册），第 171 页。
② 陈锡祺主编：《孙中山年谱长编》（上册），第 197 页。
③ 陈锡祺主编：《孙中山年谱长编》（上册），第 199 页。

拟返回香港发动庚子起义。6日，犬养毅等在红叶馆设宴为孙中山饯行。"为在清国流亡者孙逸仙、杨飞鸿、郑弼臣三人此次赴香港。"[①]8日，"孙文与杨衢云、郑士良、陈清、宫崎寅藏、清藤幸七郎乘法国轮船'印度号'(S. S. Indus)离开横滨赴香港"。之后，是年6—7月在香港召开的数次起义筹备会议，郑士良一直参加，并被孙中山委以重任。

表1-4　革命党人赴横滨联络筹划及汇报起义一览表

日期	会晤内容	来访者
1898 年 3 月	筹划起义	杨衢云
1899 年 1 月 15 日	同上	郑士良
1899 年 12 月	同上	史坚如
1900 年 1 月 15 日	同上	杨衢云
1 月 13 日	同上	郑士良
3 月	同上	毕永年、杨鸿钧等
4 月 26 日	同上	杨衢云
6 月 5 日	同上	郑士良
11 月 15—16 日	汇报起义 *	同上

　　*1900 年 11 月 10 日孙中山离开台湾后返回日本，15 日返回日本门司，郑士良赴日本见孙中山的时间应该是在 15 日或 16 日。[②]

　　兴中会的同志前往日本横滨与孙中山的联络多集中在 1900 年 1 月至 7 月。前来横滨与孙中山商议庚子首义的党员主要有郑士良、陈少白、杨衢云、宫崎寅藏、李纪堂、史坚如等人。除此之外，合并后的兴汉会代表、菲律宾革命家彭西也来横滨与孙中山会晤。7 月 17 日和 18 日，孙中山在海边的小舟和轮船上分别召开了紧急会议。会后各自按照会议人员分工返回各地开展活动。郑士良返回三

---

　　①　陈锡祺主编：《孙中山年谱长编》（上册），第 209 页。
　　②　段云章编著：《孙文与日本史事编年》（增订本），第 101 页。需要注意的是，孙中山偕陈清由基隆乘"横滨丸"返回日本是在 10 月 14 日。

洲田山寨发动起义。

横滨除了是兴中会分会所在地外，在庚子首义前后的时间里，逐渐形成了一条联络路线，即从惠州三洲田到香港，再从香港到日本横滨。往返奔波于此路线接受孙中山指令的革命军将领有郑士良、黄耀庭、黄福等人。横滨分会在接待、联络、协调和指导军事方略上，有效地推进了起义筹备工作的进展，发挥了重要作用。

二、广为结交日本朝野人士

在中日关系历史上，孙中山与日本关系是其中特殊的篇章。他前往日本的动机是明确的，除了鼓吹中国革命外，主要寻求日本朝野对中国革命的理解和支持。当然，孙中山还有一项重要计划，关于实施这项计划的想法在广州起义失败后就已经萌发了，即伺机发动第二次武装起义。庚子年前后，革命党人在惠州举义的筹备工作已经加快，成为孙中山在日本筹划的一项重要活动。著名学者俞辛焞在《孙中山与日本关系研究》一书中指出："惠州起义是孙中山领导的十余次起义中与日本关系最为密切的一次起义。"[1]他还把孙中山"在日本交结的日本人分为四种类型：一是宫崎寅藏等主张自由、民主和民权的民权派人士；二是头山满和内田良平等玄洋社、黑龙会系统的大陆浪人；三是犬养毅和尾崎行雄等主张立宪政治的政界人士；四是平冈浩太郎等财界人士"[2]。

关于孙中山与日本的关系，台湾学者彭泽周在《近代中国之革命与日本》一文中指出："纵观中山自 1894 年 10 月首次路过日本时，至 1924 年 11 月 30 日最后一次离日为止，前后三十年中，中山断续的滞留期间，合计起来约有十年。换言之，中山致力于革命

---

① 俞辛焞：《孙中山与日本关系研究》，第 55 页。
② 俞辛焞：《孙中山与日本关系研究》，第 55 页。

凡四十年，与日本的关系凡三十年，居住日本凡十年，但从这个统计数字上看来，近代中国之革命与日本关系之深切，不言已自明了。"①

在孙中山与日本关系的史料中，与其交往关系密切，给予孙中山鼎力相助的日本人是宫崎寅藏。孙中山在日本期间，宫崎与孙中山形影不离。筹划庚子首义时，宫崎也全力投入。宫崎还把孙中山介绍给日本前首相犬养毅。当他们二人来到犬养家里时，孙中山在许多重大问题上与犬养深入交谈，二人对亚洲和中国革命的看法极为相近。不久，犬养又把孙中山介绍给日本大隈重信、大石正巳、尾崎行雄等日本政要。继而又交结日本在野人士头山满、平冈浩太郎、内田良平、山田良政、萱野长知、秋山定辅等人。孙中山后来回忆道："时日本民党初握政权，大隈为外相，犬养为之运筹，能左右之。后由犬养介绍，孙又见到。此为予与政界人物交往之始也。随而识副岛种臣及其在野志士如头山、平冈、秋山、中野、铃木等，后又识安川、犬冢、久源等。各志士之对于中国革命事业，先后多有资助。尤以久源、犬冢为最。其为革命奔走始终不懈者，则有山田兄弟、菊池、萱野等。其为革命尽力者，则有副岛、寺尾两博士。此就其直接于予者而略记之，以致不亡耳。"②

由于犬养帮助孙中山认识了日本政界上层人士，他很快和犬养成为好友，二人无话不谈。尤其是犬养和大隈外相的特殊关系。后来，孙中山常去犬养家中做客。如果没有犬养的协调，一些问题是无法解决的。即使在生活方面也是如此。"孙文常到犬养家，犬养夫人待之甚厚，为之备浴水，飨以鲜鱼，孙颇以为喜。"③犬养毅对孙中山能够成为革命领袖的原因有以下几点分析：一是他是一位诚实不说谎、言行一致的人物。二是他笃信自己的学说，提倡共和主

---

① 彭泽周：《近代中国之革命与日本》，（台湾）商务印书馆1989年版，第2页。

② 段云章编著：《孙文与日本史事编年》（增订本），第28页。

③ 段云章编著：《孙文与日本史事编年》（增订本），第61页。

义，树立平等的旗帜，这是谁也动摇不了他的，也是亿万黄金不能买他的。他的这种人格可能是由宗教信仰上而得来的，以这种伟大的人格有笼盖无数人心的威力。三是清廉节俭，不爱金钱。①

犬养毅（1855—1932），号木堂，统称仙次郎，绰号鬼狐。日本进步党领袖，曾任日本第29任首相；曾连续18年被选为议会议员，是日本明治、大正、昭和时期三朝元老。1881年后得大隈重信知遇开始步入政坛。明治时代，犬养毅对中国革命极为关切。孙中山来到日本后，犬养不仅给予庇护，还积极支持他的革命活动。1932年5月15日，海军少壮军人政变者闯入官邸，犬养遭到枪杀身亡。

1889年7月，孙中山在东京结识了山田良政。据《山田良政传》记载："1899年国父中山先生亡命日本，与先生晤谒于东京神田三崎町旅馆，有感于国父对世界对人类之崇高理念，遂誓为东亚

左图：日本进步党领袖犬养毅

右图：1897年山田良政和他的两个弟弟山田纯三郎、四郎在家乡弘前合影

————————————

① 李吉奎：《孙中山与日本》，第22页。

前途而奋斗焉。"据其弟山田纯三郎记述："有一天，家兄突然对我说：明天下午两点，有位中国的大人物要来，所以，那时不要悲愤慷慨，兴奋过度。"

2017 年，孙文纪念馆编辑出版了《孙中山与日本关系人名录》一书，该书披露了孙中山在日本"朋友圈"的人数十分惊人。该馆馆长安井三吉在"绪言"中谈到孙中山的重要支持者萱野长知在他的著作《中华民国革命秘籍》中有写道："以前，胡汉民曾经希望调查中山在日本知己的名字，为载入本书，再次调查，其人数近三百人。抑或另有余等尚未知晓之人，其数亦不在少数，故此次未予记载。"安井解释：萱野所说的"近三百人"成为与孙文有关的日本人人数的一个概数，一直流传至今。[①] 就此数据而言，对于多数中国读者来说是鲜为人知的。

（一）从"浪人"到同志的转变

从 1899 年开始，孙中山开始从横滨、长崎、神户、马关等地吸收一些华侨和中国留学生参加兴中会。庚子年初春，孙中山加快筹划起义，并从日本友人中发展了一批兴中会会员。其中有追随他的数位日本浪人被发展入会，入会后彼此间的关系应该成为同志关系了。其实，孙中山对入会的日本友人并非全部了解，虽以同志相称，却良莠不齐，并非能够真正助力孙中山的革命活动。"日本浪人"（亦称"大陆浪人"）通常是指日本明治时期，西南战争后四处流浪且居无定所的落魄武士，是近代日本特有的社会现象。其实，宫崎寅藏、平山周和内田良平等人均是浪人出身。明治维新后，有部分浪人为日本军部所用。

冯自由在《革命逸史》兴中会前半期的同志名单中列有犬养毅，

---

① 孙文纪念馆编：《孙中山与日本关系人名录》，蒋海波译，中国社会科学出版社 2017 年版，第 5 页。

并写有："吾国革命党人历年在日本活动，大得其助。"除犬养毅于丁酉年入会外，绝大部分日本人是在庚子年入会的。发展日本人入会，反映了孙中山壮大革命力量，感谢日本同志对中国革命的帮助等想法。这些做法在当时收到了一定的效果，促使日本同志和孙中山一起，共同为庚子首义出谋划策。

冯自由在《革命逸史》一书中，对早晚期入会的会员进行了详细编排，可见发展日本友人入会多在庚子年。它证实孙中山在筹备庚子首义期间，加强与日本各界交流，希望通过沟通，建立友谊，从而得到日本朝野的支持。最早给予孙中山帮助的有犬养毅、宫崎寅藏、平山周等人；其中，宫崎寅藏、萱野长知、内田良平等人在

表 1-5　日本人士参加兴中会一览表

姓名	籍贯	职业	入会时间
犬养毅（木堂）	今冈山县市川	政治家	丁酉
福本诚（日南）	不详	报人	庚子
高桥谦	不详	学者	同上
宫崎寅藏	熊本	同上	丙申
末永节	不详	退职军人	庚子
远藤隆夫	同上	同上	同上
山下稻	同上	同上	同上
清藤幸七郎（吞宇）	同上	同上	同上
岛田经一	同上	同上	同上
山田良政	青森县弘前	同上	同上
山田纯一郎	同上	商人	同上
原口闻一	不详	学者	同上
伊东正基	同上	退职军人	同上
头山满	福冈县	玄洋社	同上
内田良平（硬石）	同上	同上	同上
萱野长知	高知县	退职军人	同上
秋山定辅	冈山县	《二六新报》	壬寅

参阅冯自由：《革命逸史》（中），部分日本人的"号"与"玄洋社"为作者添加。

1905 年还在东京加入了中国同盟会。而这次重要会议则是在内田良平家中召开的。

（二）孙中山的"日本团队"

孙中山于 1897 年来到日本后，遇到一些关心亚洲和中国革命，且志同道合的日本友人。他们追随孙中山，自发形成的一支"日本团队"。这些日本友人十分钦佩孙中山的革命思想，自愿投其麾下听其指挥。孙中山除利用他们熟悉日本环境和人事的优越条件外，还请他们协助联络日本朋友，并通过这些日本朋友宣传中国革命，或是通过日本企业家或富商给予中国革命以支持和捐助。另外协助他在日本开展革命活动，如：参加庚子首义的策划等。

当然，由于"日本团队"人员的成分比较复杂，良莠不齐，多有"相互利用"心态。而当时孙中山寄人篱下，无法对其一一考察，从而给孙中山在日本开展革命活动留下了隐患。在这个团队中，也有孙中山信任的骨干人员，他们是孙中山到日本最初给他帮助的宫崎寅藏、平山周、末永节、清藤幸七郎、平冈浩太郎、内田良平等人。"日本团队"中的主要成员宫崎、平山和清藤等人几乎参加了孙中山在日本期间的所有革命活动。尤其像"兴汉会"的成立，"赴港筹划起义"和"两广独立"等活动，日本同志的积极配合对孙中山革命活动的开展多有助益。

1.兴汉会成立

20 世纪初，华南地区和长江流域的会党势力有了很大发展。兴中会在确定争取和依靠三合会的同时，也很关注长江流域哥老会的发展。孙中山派遣日本同志平山周和毕永年专门前往湖南考察哥老会。返回日本后，平山周向孙中山汇报了情况，他认为哥老会各龙头"沉毅可用"。宫崎寅藏和平山周与中国同志的紧密配合和参与促成了三会的联合。宫崎记载了他们见面的情况：

既入（指会党头目进入会场），风貌有古色，实与读
书辩论之士异趣。曰："世运大开，国情异昔，岂吾党独
守故态耶？吾徒之来，正所以乞诸君之教也。"语次，略
述将三合、兴中、哥老会合而为一，即举孙君为统领之
意。且曰：当今之世，不通外情，而漫欲揭杆者，恐贻不
测之祸于百年之后。而吾徒之中，能通外情，仍深属望于
孙君。①

孙中山早有联合长江流域会党力量的想法，听到陈少白的汇报
后非常高兴。

1899 年 10 月 11 日，兴中会邀请哥老会、三合会各位首领聚
会于香港。其中有：哥老会胜龙山主李云彪，金龙山主杨鸿钧、山
主辜仁杰，以及该会骨干李堃山、张尧卿等；三合会首领曾捷夫、
郑士良；兴中会领导人陈少白、杨衢云、毕永年、王质甫，还有宫
崎寅藏和平山周等。由毕永年提出与兴中、三合、哥老大团体公
推孙中山为总会长。三会各代表均无异议。参加这次会议的人歃
血立誓，定名为忠和堂兴汉会。以兴中会的"驱除鞑虏，恢复中
华，创立合众政府"的纲领作为政纲。当晚，为庆祝三会联合，宫
崎在香港的日本饭馆设宴招待众人。好客的宫崎按照日本武士出征
时的礼仪，为每人摆上一尾生鲤鱼。宴会的气氛非常融洽。陈少
白、毕永年等各位会党首领，纷纷在宫崎的短外衣上题词、赋诗，
以示留念。21 日，宫崎放弃了进入广东的计划，和陈少白一道离
开香港返回日本。宫崎在返回日本时还将总会长的印章带给了孙中
山。1900 年 1 月 24 日，在孙中山把自己已经成为兴汉会总会长的
消息告诉杨衢云时，杨衢云主动辞去了兴中会会长一职，由孙中山
继任。

---

① 黄中黄：《大革命家孙逸仙》，（台北）文星书店 1962 年影印版，第 24 页。

1900 年孙中山与
"日本团队"的
部分人员在东京
合影。左起：末
永节、内田良平、
宫崎寅藏、小山
雄太郎、清藤幸
七郎、孙中山

兴汉会的成立，本是革命派加强联合两湖会党的重要成果，但由于会党首领的思想境界不高，目光短浅，看重钱财，不久，李云彪等以兴中会供给不周，逢康有为 11 月初从美洲经日本返香港。康有为想用李云彪，"赠李等各百金"。毕永年晓以大义但李不听，竟投浙江普陀，削发为僧。

1900 年 1 月，孙中山派遣宫崎寅藏赴香港说服急于起事（指庚子起义）的广东地区革命派。孙中山与宫崎寅藏、末永节、内田良平、清藤幸七郎等人在东京对阳馆会晤时告诉大家说：现在广东省的革命主要由哥老会、三合会、兴中会三股力量组成。三会在香港开会同意余为会长，不日将举兵起义，先占领广东并作为革命根据地，需要请各位给予协助。内田良平问："举兵的资金和兵器的准备如何？"孙文答："没有。但因为广东人仇恨英人占领九龙，非常愤慨，各地富豪拥有民兵，购有枪械弹药，其数量吾党党员已有调查，此种兵力及武器大可作起义之用。现望君等援助，共策进行。"① 内田表示赞同，向煤矿业资本家中野德次郎借 5 万日元以资助广东起义，从其亲戚儿岛哲太郎处亦筹得 3 千日元。

2.赴港筹划起义

1900 年 6—7 月，杨衢云和郑士良来到日本和孙中山商议庚子首义起义计划。从 6 月 8 日至 7 月 18 日，孙中山偕杨衢云、郑士良等中日同志 4 次从日本乘"印度"号轮船往返香港。前两次他在离日前发表的讲话内容大致相同：一是紧密注意情势，一旦清政府"失坠"当奋起发动国内起义；二是表明自己移居新加坡的想法；三是告诉大家"日本支持中国革命"；四是最终目的是在南方建一新的共和国。

6 月 17 日（庚子年五月二十一日），孙中山偕杨衢云、郑士良和日本友人陈清、宫崎寅藏、清藤幸七郎在海边的舢板上开了约一个小时的会。议定：由郑士良偕黄福、黄耀庭、黄江喜（江恭喜）、

孙中山庚子首义雕塑园主题雕塑：《激浪滔天》。左起：郑士良、陈少白、孙中山、宫崎寅藏、杨衢云、黄耀庭。表现了 1900 年 6 月 17 日，孙中山偕革命党人来到香港在舢板上筹划起义的情景

① ［日］内田良平：《日本的亚洲中国革命》，见《近代史资料》（总 66 号），中国社会科学出版社 1987 年版，节录。

廖庆发等人赴惠州准备；史坚如、邓荫南赴广州，组织起义及暗杀机关，以资策应；杨衢云、陈少白、李纪堂在香港担任接济饷械事务。诸位日本友人则留港协助杨、陈、李办事。此为孙中山专为起义问题召开的第一次会议。

7月17日（六月二十一日），孙中山一行再次抵达香港，由于香港警官宣布宫崎和清藤五年放逐令，并重复孙文不得登陆。于是众人在小舟召开紧急会议。孙中山提议：香港的筹备工作，由福本诚全权负责，平山周等人辅佐；准备工作告一段落后，再以郑士良代为领导。18日，众人在"佐渡丸"船上继续商议起义方略。关于举兵问题，最终确定以郑士良为庚子首义主将，福本诚等日本友人留港准备。

3."两广独立"事件

清朝军队在中日战争失败后，1899年12月19日，李鸿章官贬两广总督。翌年1月18日，李鸿章抵粤履职。新到广州履任的李鸿章担心孙、康联合乘机举事，便命刘学询致电孙中山，劝孙回国，说此时回来正合适。孙中山也想利用这一形势，回复说："拟先派代表赴广东，然后考虑亲自返粤问题。"何启与香港总督卜力私下商量，策划广东自主，由陈少白以此致电孙中山，孙得电大喜，立复电表示赞成。同时，刘学询经李鸿章同意，致书孙中山，请孙速来粤商量广东独立。孙中山不太相信李鸿章有此魄力，心想，不妨试一试吧。于是，孙决定返港就近处理。实际上，6月17日，在孙中山偕中日同志一道来港之前，孙已接受陈少白和刘学询函电相邀，拟与李鸿章商谈组建"广东独立政府"事宜。当"印度"号抵港时，李鸿章派来的炮艇已在码头迎候。孙中山从安全计并未赴约，而是派"日本团队"中三位享有外交豁免权的宫崎寅藏、清藤幸七郎和内田良平代表他去广州和刘学询谈判。

宫崎一行抵穗后被引入刘学询宅邸。刘学询问："孙中山是什么条件？"宫崎答复：一、对孙中山所定罪名应予特赦，并保护他的生命安全；二、要求提供 10 万元贷款。刘答应向李鸿章报告；但贷款的事学询可以办理。明天即可在香港面交 10 万元，其余部分容后送上。①翌日，刘让其子送来 5 万元（宫崎提出余款送到新加坡，刘学询答应了）。他们三人此行受到设宴招待。当宴会结束时，一位军官带回了李鸿章的回音，声称："对于孙中山的生命保障我不仅要向三位日本人保障，而且要奏请西太后予以特赦。"②这次行动是孙中山的"日本团队"首次代表他去和李鸿章代表谈判，并且拿到了 10 万元贷款，对此，孙中山非常满意。宫崎等人拿到贷款后前往新加坡拜访康有为撮合与孙合作事宜，却被康诬蔑"暗杀"，内田提前离开，宫崎和清藤被捕入狱。即所谓"新加坡刺康案"。孙中山得知后即刻赶赴新加坡营救。在孙中山和日本领事的交涉与协助下，他们二人获释，并一起和孙中山赴香港参加筹划庚子首义的紧急会议。20 日，孙中山和宫崎返回日本。

政情瞬息万变。是年 7 月 8 日，清廷调李鸿章为直隶总督兼北洋大臣。17 日李鸿章离开广州北上过港时，港督卜力劝李留在南方实行"两广独立"计划，并安排好了孙中山和李鸿章二人见面时间，李拒绝说："视时局趋势徐徐解决。"又表示："慈禧太后无疑是中国最具有能力的统治者"。港督卜力试图促成的广东独立计划落空了。

为了扩大兴中会在日本的影响。孙中山先后邀请犬养毅、平冈浩太郎、宫崎寅藏、平山周、内田良平、福本诚、头山满等人加入兴中会。那么，这支"日本团队"共有多少人呢？根据 1900 年 10 月 2 日，日本外务省发布的"通告取缔参与中国革命嫌疑之日人名单"③，在日本政府公布的名单中共有 45 人。他们都是与孙中山交往过的日本朋友。但平时和孙中山密切往来的人并不多。

---

① 参见陈锡祺主编：《孙中山年谱长编》（上册），第 247 页。
② 段云章编著：《孙文与日本史事编年》（增订本），第 95 页。
③ 段云章编著：《孙文与日本史事编年》（增订本），第 95 页。

根据史料，孙中山在筹备庚子首义时，"曾与日本友人商议，共同筹集资金；并授权给内田良平和福本诚等人，着手组建三百余人的义勇军，到时驰往中国，支援起义"。孙中山在开展革命活动，往来日本、香港和新加坡时，均会偕宫崎寅藏、平山周、清藤幸七郎、内田良平等人一同前行。陪同的日本同志既是参谋，又是保镖或充当他的谈判代表。"内田曾提议，由他挑选敢死队四十人前往上海、南京、武昌谋杀李鸿章、刘绅一、张之洞，认为清帝、后既出亡，三人中一人或二人被杀，长江流域必起大乱。"① 但内田的提议却遭到孙中山的坚决反对，认为"此主张千万不可行"。宫崎寅藏回忆："硬石（内田）决定率部下同志四十余人去投郑军，其中甚至有人已经离开东京先去九州。"

"日本团队"形成后，客观上配合了孙中山在日本期间开展革命活动所需要的支持。孙中山曾有意让宫崎担任"日本团队"首领。但宫崎推荐福本诚任首领、内田任监军，开始孙中山坚决反对。但在宫崎一再坚持下，孙中山接受了宫崎的意见。一批日本浪人为实现所谓"大亚细亚主义"及"大和民族主义"理想，以头山满等为首的日本浪人创建了日本民间首个政治势力集团玄洋社（即黑龙会的前身）。内田良平也是该社的创办人之一。虽为民间机构，却在日本极具影响。孙中山自认识头山满和内田良平后，也有借力的想法。在参加"华南独立"活动的浪人中，许多人来自福冈，其中内田良平是核心人物。头山满和内田良平曾给予孙中山以帮助。当时，玄洋社在"驱除鞑虏"方面和中国革命党有共同目标。这也是他们双方能够密切交往的原因。

继香港军事会议后，一件意想不到的事情突然发生了。一种"反对立即起义"的思潮在"日本团队"中迅速蔓延。九州《日出新闻》的铃木天眼认为现在起事对日本不利，他不仅反对，而且阻

① 陈锡祺主编：《孙中山年谱长编》（上册），第 234 页。

扰日本同志渡华，并向其他各地同志发出"现在起事非其时也"的电报。① 有此倾向的人还有宫崎等人，元祯、福本和清藤突然退出了起义工作，他们解散后返回东京。刚被孙中山任命为民政总裁的福本诚等人在东京大肆挥霍，导致起义经费匮乏，他还泄露了孙中山的机密，为起义计划的实施造成很大障碍。除了福本诚外，也有一些浪人留恋于青楼，无端耗费了不少起义经费。宫崎也浪费了不少。这件事发生后令孙中山大失所望，他开始反思依靠日本人实现革命理想的可行性。据福冈县报告："据进一步侦查，原来福本诚并非同志。因在华南起事，接近英国领土境内，怕伤害英国感情，尽量注意不扰乱其领土。"②

孙中山开除了福本诚，深感在华南起义的时机渺茫，决定偕平山周和内田良平去上海。他在上海虽然只停留了两天，但却获得两条重要消息：一是自立军起义失败，唐才常等 20 多人遇难；二是在上海偶遇山田良政，山田建议孙中山争取台湾总督儿玉源太郎的帮助。孙中山开始考虑山田的建议。当孙中山返回日本后，发现原来跟随他的"日本团队"已经解散了。他去拜访了犬养毅和平冈浩太郎寻求帮助无果，在这种情况下他决定去台湾寻找机会。

（三）捐助庚子首义的日本友人

由于孙中山在日本留居期间广交朋友，而且通过朋友关系不断宣传中国革命，加深了日本友人对孙中山处境和中国革命的理解。一些日本朋友和孙中山成为挚友。宫崎寅藏是其中最坚定者。宫崎平时紧跟在孙中山身后，像是一位守护主人的忠诚卫士。只要有他在身边，孙中山就很放心。

---

① 陈锡祺主编：《孙中山年谱长编》（上册），第 226 页。
② 陈锡祺主编：《孙中山年谱长编》（上册），第 228 页。

　　孙中山诞辰 140 周年时，中山大学组织学者前往日本熊本县寻访孙中山在日本的足迹，意外发现了一段在国内鲜为人知的史实："为支持中国民主革命，日本一个大地主倾尽家财变成了穷光蛋。"其主要内容即"宫崎寅藏倾尽家财襄助中国革命"。宫崎家族兄弟资料馆馆长安田信彦声情并茂地向访客介绍这所故居与孙中山当年在日本开展革命活动的故事时说，当年宫崎和孙中山笔谈的手稿有 500 多张，除大部分毁掉后，还剩下 37 张手稿珍藏在宫崎寅藏家族后人手中。

　　孙中山在日本经历了许多事情，是宫崎帮助他一次次化解危机。有一次宫崎夫人同宫崎商量家中的经济问题，他说："我有可用于革命的钱，但是没有养活妻儿的钞票。"为了帮孙中山"筹措经费"，他把夫人从娘家带来的古董也卖掉了。

　　1895 年 1 月，孙中山在香港通过他的老师康德黎介绍认识了梅屋庄吉，二人很快成为结盟兄弟。梅屋和孙中山首次见面是在香港中环梅屋开的照相馆阁楼上。他们谈得很好。孙中山提出："梅屋先生，能不能对我们革命进行帮助？"梅屋回答说："君若举兵，我以财政相助。"自从梅屋在香港认识孙中山后，就千方百计搞来资金捐助中国革命，是捐助中国革命最多的日本人。"据东京学艺大学教授中村说，梅屋仅资金援助就远远超过 10 亿日元。"[①] 后来，孙中山在日本东京从事革命活动时，一直住在梅屋家里。他和宋庆龄的结婚典礼也是在梅屋家里举办的。为了表达感激之情，孙中山曾在梅屋和服短外褂的背面写下了"慈母"二字。赞颂梅屋像慈母一样不求任何回报地支持他从事革命。

　　梅屋庄吉（1869—1934），号烟波亭主人。日本长崎县人，百代商会人员。1895 年 1 月与孙文相识，意气投合，为支持中国革命，

[①]　刘秋伟：《日本友人鼎力资助孙中山》，《深圳特区报》2011 年 11 月 8 日。

孙中山与梅屋庄吉夫妇合影

不仅提供巨额资金，还直接购买枪支弹药并运送到惠州归善县溪涌海边。乙未广州起义时，梅屋就协助孙中山搞到了600把手枪，为了能够把枪支顺利运到广州，他亲自出面疏通关系并协助办理入关手续。只是因为消息泄露，起义中止。①

　　1900年6月，梅屋投入巨资在香港购买了一批枪支弹药，并秘密运往起义地点三洲田。他还派人去广州侦查清军布防情况，用重金买通驻广州清军一营队长。三洲田革命军后勤总管廖庆发被俘后在供状上写道："孙文、'康祖贴'（"康祖贴"即梅屋庄吉——作者注）由日本陆续付白银三万两，交与郑士良作为粮饷。又付毛瑟快枪四百杆，六响手枪六百杆，子弹二十余箱，分作五次均由香港轮船载到沙鱼涌等处。"此事已被多位烈士在供词中证实。梅屋向三洲田沙鱼涌运送武器的事引起了清政府的警觉。他被迫关闭了在香港的照相馆，前往新加坡开创了电影事业。"除梅屋庄吉外，也有其他日本友人为起义提供了慷慨的援助。如儿岛哲太郎捐助3千日元，煤矿主中野德次郎贷款5万日元，岛田经一拍卖自己的豪华

――――――――――――

① 俞辛焞：《孙中山与日本关系研究》，第55页。

住宅援助起义"①。

表 1-6　日本友人捐助庚子首义一览表

（单位：日元）

姓名	捐助资金、实物	捐助地点
儿岛哲太郎	3000	日本
中野德次郎	50000（贷款）	同上
岛田经一	变卖豪华别墅	同上
宫崎寅藏	变卖古董等	同上

俞辛焞：《孙中山与日本关系研究》，第 2 页。据 2008 年 11 月深圳特报驻港记者刘秋伟：《日本友人鼎力资助孙中山》一文载，京学义大学教授中村义说梅屋庄吉资助中国革命远远超过 10 亿日元。在庚子首义也有购买枪械等，由于资金额度不详，故未标注。

孙中山在日本从事革命活动多年，部分活动直接或间接与庚子首义有关。简要归纳如下：1. 兴中会横滨分会成立；2. 孙中山与日本友人协助菲律宾革命军采购枪械的"布引丸事件"；3. 华南独立事件与"自立军事件"；4. 兴汉会成立；5. 在海边小舟召开筹划庚子首义"军事会议"；6. 日本团队的解散；7. 新加坡刺康案；8. 台湾总督给孙中山设下的"厦门陷阱"；9. 山田良政赴惠州前线身亡；10. 孙中山台湾之行等。

以上大致是孙中山在日本期间发生的一些历史事件。与庚子首义有关的事件大约占了 50%。以上事件发生时，孙中山在日本，以及上海、香港、台湾等地区。"自立军事件"的领导人唐才常虽是康梁的人，但唐在思想上却拥护孙中山的主张。唐才常于 1899 年谒见孙中山后"举事之志益坚"。唐与林圭、秦鼎彝等人均与孙中山有合作之约。当孙中山抵沪出席会议，并获悉"自立军起义"

————————————

①　俞辛焞：《孙中山与日本关系研究》，第 55 页。

遭到张之洞镇压而失败，唐才常等20多人被害的消息后，即刻返回了日本。当孙中山从上海回到日本去见犬养毅时，发现犬养毅对"惠州起事"的态度已经发生了微妙变化。此变化与"自立军起义"失败有关。作为日本政坛资深政治家，犬养毅对"惠州起事"提出了质疑。

伊藤博文上台后和山县内阁一样不支持中国革命，禁止日本民间人士和孙中山往来。那些曾跟随孙中山的"日本团队"自行解散了。这些事情发生在惠州起义之前。此时，孙中山已在台北建立"惠州起义指挥部"，拟就近指挥起义并伺机渡海督战，但这只是他的愿望，并未实现。

三、孙中山在日本与菲律宾革命

1898年6月29日，菲律宾革命党派出代表彭西出访日本，彭西来日本主要是寻找机会与日本合作的。但日本出于外交上的考虑不愿意得罪美国，因此合作未果。彭西得知孙中山与日本素有联系后，于是向孙中山提出求援和帮助。孙中山当即表示"愿尽一切力量给予援助"。

1899年2月4日，菲律宾爆发了反美战争，彭西以阿奎那度外交代表身份赴日本采购枪械。"彭西总共提供了15.5万日元，全权交孙中山转中村

孙中山和菲律宾革命党代表彭西在横滨会晤

弥六去购买。中村用他的朋友德国人温伯格名义去买，花了 7000 元手续费。大仓组从陆军仓库中买到的武器，据说这是甲午战争时从中国方面夺得的毛瑟枪及弹药等破旧武器。计步枪 1.4 万支，子弹 500 万发，用去 12.5 万元，加上温伯格手续费，共耗 13.2 万元，余 2.3 万元。"① 余款用于购买了一条吃水 2000 吨的旧船"布引丸"，包括船只的维修费和募集船员、聘请船长等。

当彭西将办理采购枪械的事情函告阿奎那度后，阿氏闻中国革命缺乏饷糈，命彭西赠日金 10 万元，以表示中菲两国合作诚意，孙中山接受了这笔捐助，并将这笔款转交给陈少白。一部分用于购置《中国日报》所需铅字和设备，另一部分购买枪械用于庚子首义。孙中山"是秋，即派陈少白回香港创办《中国日报》，为中国革命之喉舌。次年重遣郑士良、邓荫南、史坚如等策动惠州、广州军事，菲人之助款，大有力焉"②。

孙中山与宫崎和犬养毅商议后，接受了犬养毅推荐中村办理此事的意见。宫崎联系了中村。中村与大仓喜八郎商议，最后决定以向中国运送铁路枕木名义由长崎秘密开往菲律宾。7 月 19 日上午，"布引丸"在事先得知有暴风雨的情况下开航；7 月 21 日晚 11 时，"布引丸"在浙江东马鞍岛海面触礁沉没。23 日，除 3 号艇 13 人被英国船只"美尼罗兹"号救上船，"该船载运所购军火，计弹药六百万发，枪一万支，大炮一门，机关枪十挺。由宫崎介绍的同志林正文、高野义虎押运。船长石川博以及林正文、高野义虎等十七人遇难"③。

"布引丸"沉没后，菲律宾革命党又交予孙中山 10.5 万日元，再次委托孙中山购买军械。孙中山很快安排用 6.55 万元购买了一批弹药。但由于日本政府严令禁止输出武器，枪械无法运输，由此

---

① 俞辛焞：《孙中山与日本关系研究》，第 55 页。
② 刘中国：《打响世纪第一枪——三洲田庚子首义纪略》，第 390 页。
③ 李吉奎：《孙中山与日本》，第 42 页。

造成菲独立军"一蹶不振"。

彭西见菲独立军已无法得到这批武器,便应允孙中山将这批武器用于庚子首义。10月6日,郑士良、黄福在惠州三洲田起事,孙中山电饬宫崎寅藏,将菲律宾革命军转让的武器运送惠州前线,但宫崎发现中村弥六购买的枪械竟是一堆废铁,中村舞弊之事由此败露。此时,郑士良一直在惠州前线苦苦等候枪械支援,却接到山田良政转来孙中山"后援不继"的电文。

四、首义东进与"厦门陷阱"

庚子首义是在复杂的国际环境下促成的,其中,"厦门事件"与惠州举事有着密切的关系,使孙中山领导的革命活动变得神秘莫测。孙中山在香港把"发难之责"委以郑士良后便转往台湾;但台湾之行却让他深陷台湾总督儿玉源太郎布下的"厦门陷阱"。孙中山电令郑军改变原占领广州省城计划而进军厦门。革命军在惠东与清军战斗中因"后援不继"而失败。起义失败的教训是深刻的。从孙中山的回忆可以分析当时历史发展的线索。

"予乃予外国军官数人绕道至香港,希图从此潜入内地,亲率健儿组织一有秩序之革命军以救危亡也。不期中途为奸人告密,船一抵港即被香港政府监视,不得登岸。遂致原定计划,不得施行。乃将惠州发难之责,委之郑士良,而命杨衢云、李纪堂、陈少白等在香港为之接应。"① 试分析"原计划不得施行"的原因,说"奸人告密"让孙中山无法登岸好像说不过去,因为港英政府尚未解禁,"无法登岸"是一直存在的问题,非"奸人告密"所致。② 其原计划不能实施的原因孙中山也说了。"时台湾总督儿玉颇赞中国革命,

---

① 冯自由:《革命逸史》(中),第 692、826 页。
② 参见陈锡祺主编:《孙中山年谱长编》(上册),第 187 页。

以北方已陷于无政府之状态也，乃饬民政长官后藤与予接洽，许以
起事之后，可以相助。予于是一面扩充原有计划，就地加聘军官，
盖当时民党尚无新知识之军人也。而一面命郑士良即日发动，并改
原定计划，不直逼省城，而先占领沿海一带地点，多集党众，以候
予来乃进行攻取。"①

伊藤博文（1841—1909），字
俊辅，日本首位内阁总理大臣。
明治九元老之一。曾建立日本立
宪制度。他任内发动了中日甲午
战争。1905 年日本在日俄战争中
的日本海海战获胜。从 1885 年
起，他四次组阁担任日本首相。
1895 年伊藤博文等人与清政府签
订了《马关条约》。1900 年 9 月，
他组阁后延续了山县内阁不支持
孙中山革命的政策，禁止向中国

日本首相伊藤
博文

提供武器弹药，反对日本民间武士参与。孙中山遂离开日本前往
台湾。

起义发动旬日，日本首相更换，伊藤博文与前内阁对阻止孙中
山革命的政策是一致的。山县内阁曾阻止台湾总督与中国革命党接
洽，又禁止武器出口和日本军人投效革命军，孙中山的"潜渡计划"
已无法实现。孙中山在上述这段话中道出了改变"原定计划"的原
因，即台湾总督儿玉许以"起事之后，可以相助"。殊不知，儿玉
许给孙中山的只是一张"空头支票"。根据《后藤新平文书》"当用
日记"记录，10 月 4 日写道："孙逸仙于下午来访"。由此证明孙中
山与后藤见过面。有资料记载：后藤劝孙引兵去厦门抢劫台湾银行

_____

① 　彭泽周：《近代中国之革命与日本》，第 41 页。

分行。孙中山等拟将进攻惠州以便北上的计划告诉儿玉和后藤，并请他们援助。儿玉认为，要从惠州北上，最好经过厦门，在香港与厦门之间的海丰和陆丰我们将援以武器。孙中山向后藤提出借贷却未果。后藤说："拿到了武器之后，到厦门去，厦门有台湾银行的分行，我记得该分行的地下室有二三百万银币。既然在干革命，把这些银掠走好了。"①

孙中山对后藤所言信以为真，即令郑士良改变原定攻取广州的计划。对于儿玉提议背后所隐藏的日本"南进政策"的阴谋孙中山不得而知。孙中山始终对日本的支持抱有依赖。在此心态驱使下，易听信儿玉的谗言。

1900 年 8 月 24 日（七月三十日），日本为实现"南进政策"，日本海军大臣桂太郎、海军大臣山本权兵及台湾总督儿玉源太郎策划台湾驻屯军舰陆战队在厦门登陆。并以"僧人"高松誓放火烧毁东本愿寺布教所为借口，28 日，台湾总督府也派兵进攻厦门，制造了震惊中外的"厦门事件"。②"厦门事件"爆发的前一天，孙中山在上海偶遇山田良政，二人在交谈中，山田建议争取台湾总督儿玉源太郎的帮助，并商定山田从厦门去台湾，孙中山回长崎，然后同山田会合。据詹森《日本人与孙逸仙》记述："山田良政先此曾往台湾拜会儿玉源太郎总督，儿玉令民政长官后藤新平致函先生，愿予协助。"③ 山田良政对前往台湾胸有成竹。原来他的姑父菊池九郎曾是弘前市首任市长，后成为日本众议院议员。菊池于 1974 年结识了比他年轻 10 岁左右的后藤新平，之后两人长期相交成终身密友。正是因为有这层关系，孙中山和山田相约来到台湾，试图谋求台湾总督儿玉源太郎和民政长官后藤新平对中国革命给予援助。④

① 李吉奎：《孙中山与日本》，第 144 页。

② 陈锡祺主编：《孙中山年谱长编》（上册），第 106 页。

③ 陈锡祺主编：《孙中山年谱长编》（上册），第 106 页。

④ 易惠莉：《关于山田良政的研究》，《中国近代》（第十七辑）2007 年 6 月 1 日。

儿玉源太郎（1852—1906），出生于日本山口县。1889年晋升陆军少将。曾积极策划侵华战争。1898年任台湾总督。1900年8月"厦门事件"之后，当他得知山县内阁极力阻止孙中山起事的方针后阳奉阴违，表示支持中国革命，并由后藤新平促使革命军进军厦门，表示只要革命军到达厦门即可得到接济。孙中山不知其阴谋，令郑士良东进。当队伍行至距离厦门120英里的惠东县三多祝时，由于武器后援不继而失败。

台湾总督儿玉源太郎

实际上，日本政府对中国革命态度的转变并非是从伊藤博文组阁后出现的，而是在山县有朋内阁辞职前就已经开始了。1890年3月，山县内阁在任时就提出了"主权线"和"利益线"。他在强调"利益线"时说："扩展我们的利益线，巩固我国的将来地位"是对华政策不可忽视的重要问题。桂太郎任台湾第二代总督时讲得更具体："以后日之台湾为立足地，由对岸的厦门扩展其势力至华南各地。"后藤更是提出"厉行帝国南向政策"第一步的最良方法是在厦门设立台湾银行分行。以上都暴露出日本企图长期占领厦门和福建的野心。实际上，台湾银行厦门分行是日本经营华南最重要的机构。"后藤是以'援助'作诱饵，企图将革命军引向厦门，成功了，日本殖民主义者固操纵革命党，失败了，也可以造成中国暴徒劫掠日本金融机构的借口，趁机出兵。"[1]

唐才常自立军起义的失败给庚子首义带来的影响不可小觑。东京东亚同文会多数会员认为，单纯依靠会党势力实现惠州举事，其

---

[1]　陈锡祺主编：《孙中山年谱长编》（上册），第230、238页。

结局恐怕和唐才常一样，非常危险。因此，众人力劝孙中山中止惠州举事计划。同文会虽为民间团体，但却在日本极具实力和影响。该会的成员极为复杂，尤其是大陆浪人多打小算盘，即利用孙中山为自己谋利。对此，孙中山是明白的，只是为了实现革命理想，身在异国，不能不隐忍求全。关于惠州起事的计划，就算是犬养毅和孙中山建立了私人友谊，但犬养毕竟是一位老谋深算的政治家，他从自立军失败的事件中，觉察到惠州起事的成功率不高，认为"无谋的举事，是不会成功的"[①]。

实际上，犬养已暗示了孙中山，并对他热衷的惠州起事给予了"冷处理"。尽管如此，孙中山依然坚持自己的想法。他抵台湾大约一周后，由于清兵重兵包围，庚子首义提前爆发了。10 月 21 日，孙中山给犬养去信，请其游说政府，希望日本援助"洋枪万杆，野炮十门，则取省城如反掌之易耳"。且不说孙中山在台湾发信的时间，当时革命军在白沙已遭清军包围，翌日队伍已经失败和解散了。焦急的孙中山可能忘记了，伊藤上台已发布"禁止武器出口"的政策，即使犬养接到信函也无济于事。

9 月 26 日，日本山县内阁总辞职。9 月 28 日，孙中山抵达台湾基隆。抵台后，孙中山在台北新起街（今长沙街）租了一间房屋，准备在此设立"惠州起义指挥部"指挥起义事宜。早在 1897 年，陈少白来到台北建立了兴中会分会，并得到杨心如等人的帮助。在孙中山甫抵台湾基隆次日，台湾总督府民政长官后藤新平致电内务省专门请示其策略。日本内务省总务长官回电："对孙中山的阴谋采取防遏方针，特别是对我国人援助其事，因有碍外交，必须严格禁止。"[②]

9 月 30 日，青木外务大臣电令厦门、福州两地的领事：对参加

---

① 李吉奎：《孙中山与日本》，第 148 页。

② 陈锡祺主编：《孙中山年谱长编》（上册），第 156 页。

这一阴谋计划的日本人，如在其地登陆，应严加禁止，以防谋乱。并严令日本人"退出中国"。10月2日，日本外务省通告取缔参与中国革命嫌疑人之日人名单。有45名与孙中山频繁交往的日本人上了政府的"黑名单"。李吉奎教授认为，"这可能是日本政府掌握的有关华南独立"活动的大陆浪人的名单。但是，它并不是支持孙中山行动的人的完整名单。① 从10月2日开始到25日，日本外务大臣青木和日本驻厦门领事上野专一、福州领事丰岛余松之间的电报联系十分紧密。主要内容是"监视孙中山在台湾的动向"，"从中国驱逐参与中国革命活动的日本臣民"。在16日的电报中还写道："又闻：孙逸仙等又计划在举事之时，由台湾引日本兵在厦门南方之云霄县铜山港登陆，山田良政其人，身着清国服装云云。"②

　　10月19日，伊藤内阁正式成立。实际上，在伊藤内阁上台前，日本政府的外交政策就已经改变了。当孙中山踏上台湾的土地时，就已经预示着他的台湾之行不会在争取台湾总督的帮助下对庚子首

1900年9月，孙中山来到台湾后，在台北设立惠州起义指挥部。图为指挥部旧址

---

① 参见李吉奎：《孙中山与日本》，第146页。

② 段云章编著：《孙文与日本史事编年》（增订本），第95页。

义取得实质性进展。伊藤内阁成立的这一天是闰八月二十六日，郑士良率领的革命军抵近三多祝，惠州战事已接近尾声，亟须补充武器弹药。

孙中山到台湾时，有6名中国人和3名日本人相约抵台，据悉台湾总督府给予了秘密保护，但跟随他的日本人很快散去，有二三人留下且"晦其行迹"。当日本支持者相继离去后，孙中山于11月10日偕陈清、陈礼和乘"横滨丸"返回日本。他在15日抵达门司港与人谈话时说：

> 本人对日本政府之行动极为关注。盖以日本在地理上较列国占有优势。并且出动军队最多（指参与八国联军中的日军），显示出极大的军事力量，使列国为之震骇。既如此，本人预期日本政府在外交上亦将采取同等步骤，在一切事务中俱居主导地位。果如斯，则本人亦将愤然崛起，与日本政府步调相谐，以期大举谋事。讵料日本政府优柔寡断，此次又有坐视利益为他国所夺之势，为此状况，本人的事业又安得不受挫折！本人之事业系与日本，日本既不能主动占据主导地位，则本人之事业即将无可作为。[1]

至于"台湾总督府发出驱逐令"一事，日本外务省档案证实，孙中山表示："此次离开台湾赴东京，世上传为系命令退去，亦毫无事实根据，完全系出于方便而随意退出。"[2]另外，他还否认了台湾之行是为了指挥华南的起事，说见诸日报者绝非事实。孙中山回到横滨后，对于庚子首义的失败，除了讲到"伊藤妨害"外，还认为起义未充分准备，三合会停止起事及缺乏枪械和弹药等问题。

---

[1]　段云章编著：《孙文与日本史事编年》（增订本），第101—102页。
[2]　李吉奎：《孙中山与日本》，第153页。

　　实际上，庚子首义的准备工作还是比较充分的，前期筹划工作于 1899 年在日本就已经开始了，或许还会早于这个时间。枪械和弹药问题既有成功的支援，如日本友人梅屋庄吉协助购买的军火等，也有协助菲律宾采购枪械中的工作疏漏，如果彭西答应转给庚子革命的枪械完好无损，又会是什么结果呢？孙中山忽视了，包括革命军从清军手中缴获的大量武器弹药，他少有提及，而将革命希望寄托在日本外援上。

　　日本政府对待中国革命的态度并非优柔寡断，从山县内阁到伊藤内阁对待孙中山革命的外交政策几乎是一致的。只是孙中山把自己奋斗的事业和日本紧密地捆绑在一起了。

　　在庚子首义失败后的数年间，孙中山与日本关系处于低谷。1900 年 12 月 1 日，他在写给南方熊楠的信中写道："恐不久又要再次离此。"[1] 他的失望来自对日本的观察，"发现日本根本不会公开支持他"[2]。于是，他离开日本去了檀香山。

---

①　李吉奎：《孙中山与日本》，第 167 页。
②　李吉奎：《孙中山与日本》，第 167 页。

第二章

庚子革命首义始末

革命风潮浩浩荡荡，顺之则昌，逆之则亡。

——孙中山

庚子革命首义是继 1895 年乙未广州起义失败后，孙中山在日本、中国香港和台湾地区经过秘密筹划和准备，成功策划的一次规模最大和颇具影响力的起义。

起义爆发时间是 1900 年 10 月 6 日（闰八月十三日），这个被载入史册的重要时刻终于来到了。自 1894 年辛亥革命运动启动后，兴中会相继完成了在海外的秘密筹划，以及在三洲田和马栏头的发动；革命军在统兵元帅黄福带领下打响了辛亥革命运动第一枪。它告诉世人：孙中山领导的资产阶级民主革命在惠州归善县（今深圳）三洲田成功首发。正在台湾观察战局的孙中山给日本在野党领袖犬养毅写了一封信。他在信中写道：

> 自起事以来，连获胜利，所向无敌，势如破竹。今已具有惠州，为进取之地……吾徒人心虽勇，而兵器弹药尚乏接济之源。久持非计，不得不先作未雨之筹谋。敢乞先生一为尽力，游说政府，为吾人借一臂之助。若今得洋铳万杆、野炮十门，则取广州省城如反掌之易耳。[1]

这封 10 月 21 日从台北发出的信，即使犬养毅收到也无济于事，因为起义已经失败了。革命军已经撤出战斗并开始突围，余部返回

---

① 《孙中山全集》第一卷，第 200 页。

三洲田山寨后，于 11 月 7 日在三洲田解体。革命军在惠州与清军共发生了 12 次战斗。11 月 2 日郑士良返回香港，并前往日本横滨向孙中山详细汇报了起义情况。

庚子革命首义"三段论"

根据庚子首义历史的不同时间、地点及历史进程，笔者提出庚子首义"三段论"。希望通过对庚子首义三个历史阶段的划分，让读者清晰了解各阶段的不同历史特点和发展状况。

第一阶段：海外筹划阶段。主要反映孙中山先后在日本，以及中国香港和台湾地区筹划起义的历史（见本书第一章）。

第二阶段：起义发动阶段。主要反映郑士良、黄福、黄耀庭、江恭喜等人从 1900 年 6 月赴三洲田发动至 10 月 6 日起义爆发之前的历史（见本书第二章）。

第三阶段：起义转折阶段。革命军在归善县与清军发生激战，革命军解散、突围、失败和返回三洲田（见本书第三章第二节）。

之所以提出"三段论"，是因为这段历史还涉及海外因素，曲折而复杂，它们是相互联系和区别的统一体。比如：第一阶段是孙中山在海外筹划阶段，其主要历史涉及孙中山与日本以及中国香港和台湾的关系；第二、第三阶段更多涉及地方史资料，在研究方面显得比较薄弱。

庚子革命首义特征

关于孙中山领导的辛亥革命运动十次起义，因其时间和背景不同，均形成自身不同的特征。庚子革命首义也不例外。有的特征个性鲜明，比如："孙中山与日本关系"就成为这次起义的一大特征。俞辛焞教授撰写的《孙中山与日本关系研究》和李吉奎教授撰写的《孙中山与日本》是两部专门研究孙中山与日本关系的专著，其中有不少篇幅与庚子革命首义有关。有的特征则具有共性，如：革命党人和会党的关系在晚清的起义中就具有普遍性。李恭忠教授等撰写的《发现底层：孙中山与清末会党起义》一书，提出清末的起义即"会党起义"。此外，本书针对庚子革命首义战役的特点提出了"农民觉醒""谋略兼备"和"教育救国"等以往研究不多的特征与方家商榷。

第一，依赖外援。孙中山自从日本明治维新走富国强兵的道路后就认为中国应该向日本学习。他希望能够废除中日签订的不平等条约，联合亚洲各国抵抗西方列强等。他认为"余之事业依靠日本"。孙中山确有利用中日传统关系实现对日期望的动机。否则，他不会在 1897 年从欧洲归来后选择长期留居日本。另外，孙中山在早期革命中的软弱性也与他"依赖日本"有关。他希望日本提供枪械支持，并从日本浪人中发展兴中会员，动员其参加中国革命。此外，他曾想借助法国和英国的帮助。依赖外援支持成为庚子首义的特征。

第二，依靠会党。兴中会从开始就紧密依靠会党力量。兴中会的革命纲领和目标对郑士良、黄福和黄耀庭等人产生了积极影响。他们不仅接受了孙中山资产阶级民主革命的思想，而且加入了兴中会。并逐渐从"反清复明"和皇权的桎梏中走了出来，成为庚子首义的中坚力量。

第三，农民觉醒。革命军进入惠州后，沿途受到当地农民的欢迎。一大批农民子弟报名入伍，使革命队伍迅速发展壮大到二万多人。超过了开始发动时三合会和绿营的总数（约三四千人）。尽管农民子弟参军入伍的时间很短暂，但由于这股革命浪潮引发的巨大反响得到了孙中山的高度评价。他说："知革命之迷梦已有渐醒之兆"，"革命风潮自此萌芽矣"。这与数年前孙中山在欧洲视察时，不时提醒国人莫要"睡着了、睡着了"的呼唤形成了鲜明的对比。

第四，谋略兼备。郑士良将古代兵法思想与战术相结合，灵活运用。革命军之所以能够在开战后势如破竹、连战连胜并非靠蛮打硬拼，而主要源于郑士良兵法思想与战术意识的成功运用。郑士良从小习武，喜读兵书。对于《孙子兵法》了然于心。比如：革命军在佛祖坳的"匍匐上山，薄垒大呼"；在平潭西枝江芨仔园伏击战的"以逸待劳"和"突然袭击"，打得清军措手不及；在马鞍墟的"虚竖红旗"，迷惑了清军，"声东击西"，牵制了敌人的兵力。再如：沙湾的"三面包抄"；崩冈墟的"乃据高地以为守"和"间歇射击"，以及三多祝的"厚积粮饷"等均体现了郑士良和革命军将士的高超智慧和兵法思想。

第五，教育救国。建设和命名三洲田小学是孙中山"教育救国"思想在深圳的早期实践。庚子首义失败后，三洲田村民对民主革命作出的贡献让孙中山念念不忘。中华民国成立后，孙中山派副官前往三洲田慰问，并由国民政府拨款建设了三洲田小学。

三洲田村落遗址的重要发现

2005 年夏日的一天，三洲田突然传来消息说，有垂钓者在三洲田水库（原村落遗址）捡了一枚等边三角形铜质校徽。经鉴定，这枚校徽是民国初年孙中山命名三洲田小学后，由惠阳三洲田小学制作的校徽。校徽虽历经百年沧桑，但校徽上刻印的"惠阳三洲田庚子革命首义中山纪念学校"17 字十分清晰，校徽下的孙中山头像虽有磨损，却仍能辨认。

《宝安县志》记载，"本县比较有名的学校还有：'庚子革命首义中山纪念学校'。校址在三洲田起义的发祥地——三洲田村。原名'三洲田学校'，是辛亥革命后孙中山派员拨款创办的……校名是孙中山逝世后，孙科亲笔所题"[1]。这枚校徽的发现成为孙中山命名三洲田学校新的实物证据。

长期以来，学术界多把庚子年爆发于三洲田和马栏头的起义称为"惠州起义"或"惠州之役"，唯独深圳地区却把这次起义称为"三洲田首义"或"三洲田庚子首义"。随着校徽的发现，深圳地区冠名"首义"的原因已越来越清晰。

---

[1] 《宝安县志》，广东人民出版社 1997 年版，第 638 页。

民国时惠阳三洲田革命首义中山纪念学校校徽

1994 年海天出版社出版的深圳特区退休干部何博儒撰写的《三洲田首义》一书，是深圳首部冠名"首义"的出版物。2001 年香港公元出版社出版了刘中国《打响世纪第一枪——三洲田庚子首义纪略》亦然。

"首义"，顾名思义即第一次举行的起义。如果按照历史发展顺序，辛亥革命运动的"首义"应该是 1894 年兴中会成立后策划的乙未广州起义。但广州起义夭折了，留下了历史遗憾。有学者提出："广州三·二九之役，即黄花岗起义是辛亥首义"①，也有不少史学家认为武昌起义是辛亥首义。需要注意的是，研究者所提的"辛亥首义"是指狭义的辛亥革命。如果从广义的辛亥革命运动出发，20 世纪首发的起义当推庚子革命首义。

1921 年孙中山为黄花岗起义烈士的题词

① 广东省委宣传部等编：《广东省纪念辛亥革命 100 周年理论研讨会论文集》，2019 年，第 65 页。

中华民国成立后，孙中山把"庚子（天干纪年）＋革命（性质）＋首义（地位）"相融为一体命名了"庚子革命首义中山纪念学校"。就其政治含义而言，它超越了其他称谓，体现了孙中山的革命情怀与教育救国的思想。因为，中国未来的希望在教育，这正是孙中山命名学校所具有的历史意义和现实意义。孙中山通过创办学校，在客观上起到了为起义正名的目的。创办三洲田学校是对逝者最好的慰藉，新发现的校徽比孙科亲笔题写的校名牌匾多了"惠阳三洲田"5 字，它证实中华民国成立后，三洲田所在的坪山镇已由归善县移交惠阳县管辖。

辛亥革命运动从 1894 年兴中会成立开始，到 1911 年武昌起义胜利，革命党人经过 17 年的浴血奋战才实现了革命理想。它是由前后两个阶段的两个"三部曲"组成的。

第一阶段的"三部曲"：1895 年的广州起义是革命党人的首次演练，起义虽然夭折了，但它却引发了 1900 年的庚子革命，这场革命因其具有的首发性质而被称为"首义"，它以前所未有的规模推动了革命转折；1905 年中国同盟会的成立推动了 20 世纪民主革命高潮的到来。

第二阶段的"三部曲"：1910 年爆发的广州新军起义是开端，1911 年春的黄花岗起义成为武昌起义的前导，由此引发的 10 月 10 日武昌首义推翻了清王朝。孙中山在《黄花岗烈士事略序》中写道："则斯役之价值，直可惊天地、泣鬼神，与武昌革命之役并寿。"[1] 如果广州黄花岗起义未遭到清廷镇压，作为"辛亥首义"则会顺其自然。其实的冠名应该不会"首义"要比一般起义承担更为重要的历史使命，其社会影响、历史地位和深远意义是其综合评估的要素。

1911 年 10 月 10 日，武昌起义接过了广州"三·二九"革命的"接力棒"，实现了推翻君主专制和建立共和政体的革命目标。回顾辛

---

① 邹鲁：《广州三月二十九革命史》，商务印书馆 1939 年版，第 1 页。

亥革命运动 10 次武装起义，始有 20 世纪初首发的庚子革命首义，终有武昌辛亥首义。前后两次"首义"声势浩大，影响深远，尤其是武昌辛亥首义的胜利，让中国跨入了历史的新纪元。然而，辛亥革命是一次不彻底的革命，1923 年，孙中山在中国国民党恳亲大会上的题词写道："革命尚未成功，同志仍须努力"，与在场的同志共勉。

第一节 三洲田革命根据地

深圳东隅有梧桐山，山脉向东延伸即至梅沙尖。《新安县志》记载："梅沙尖，在县东七十里，尖秀插云，如笔。"何博儒在《三洲田首义》一书中则将"梅沙尖"形象地比喻为"武士展剑"。那么，这位傲立三洲之巅展剑的"武士"是谁呢？不就是当年在这个贫瘠的山窝窝里厉兵秣马、剑指清廷的三洲田革命军总司令郑士良吗？

从三洲田村落遗址（水库下）远眺秀丽挺拔的梅沙尖

三洲田西起梧桐山脉，与深圳市区相连；东临马峦、坪山，连接大鹏半岛；北峙打鼓岭、鸡公髻与东莞、惠州相望；南濒梅沙尖、求水岭与香港新界隔海相望；沿海岸线东行可达惠州和海陆丰地区。

2005 年，深圳市文物考古鉴定所配合东部华侨城旅游项目，对三洲田进行了考古调查和抢救性发掘，发现并清理了 22 座清代早期至民国的墓葬和 11 座古窑址，还在大梅沙入口处发现了东周时期瓷片和宋代砖瓦作坊遗迹。从而确认三洲田有人类活动的历史距今已有 2500 年。

明清时期，廖氏开基祖信公，为福建花公（徹系）17 代孙，约于明隆庆六年（1572 年），从福建永定县上塔洪山寺与堂弟采公一同迁来。当时地名曾叫"三圳田"（出自 1866 年意大利传教士，获朗他尼（Simeone Volonteri）绘制的《新安县全图》）。廖氏在此

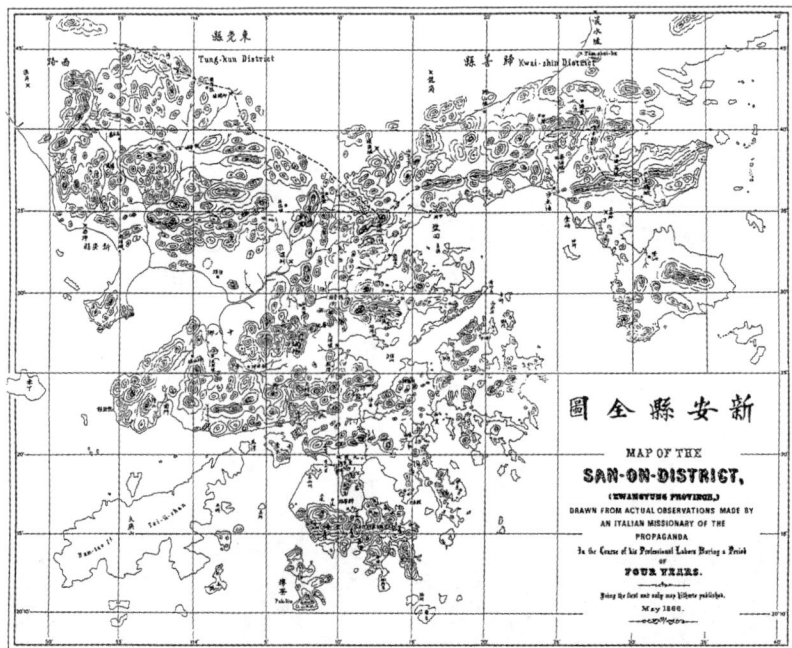

1866 年意大利传教士获朗他尼（Simeone Volonteri）绘制的《新安县全图》

落业后按祖制将三坵田改为三洲田。逐渐形成了廖、赖、林、钟、阮、杨、陈 7 姓混居，由禾町冈、上围、下围、林屋、南坑、阮屋等 7 座村庄组成，约 80 来户、三四百人的村落。

三洲田是一块肥沃的盆地。从西北翻过打鼓岭，走山路到平原就是碧岭。碧岭居住的也以廖氏为主。勤劳的客家人迁来此地后，以开垦山地稻作农业为主，辅以狩猎和养殖，生活虽然很艰苦，但人们却在这个山窝里生活得很惬意，对大自然充满了感恩之情。

廖氏族人迁来当地后建了一座"廖氏宗祠"。宗祠大门外有对联"三州世泽；万石家声"（"州"与"洲"相通）。"三州"是指隋时其廖氏六世孙有三兄弟曾被封为三郡郡公（廖延邦被封清河郡公，廖延龄被封太原郡公，廖延春亦被封太原郡公。此为廖氏首次被封为三郡）。而四子"万石"则为宋徽宗崇宁年间享受 2000 石粮俸以上的工部尚书。"三洲"源于"三郡"，是三洲田地名的来历。①

一、孙中山为何选择三洲田

庚子年间，孙中山决定在广东举义。朋友得知后向他推荐了惠州府归善县三洲田。孙中山派郑士良和黄福等人赴三洲田实地查看，初步决定将三洲田作为发动起义的地点。至于孙中山为什么要

1900 年三洲田村落所在地属于惠州归善县管辖。图为三洲田村落历史照片

---

① 新安地区《廖氏族谱》记载的多为"三州世泽"，"三郡公"即指"三州"。"州"与"洲"相通。

确定三洲田则有多方面的原因。

第一，孙中山在一次偶然的机会认识了家住三洲田的黄叔婆和廖仁玉，他们母子在香港开了中药铺。通过他们母子，孙中山又认识了三洲田人廖毓坤（在三洲田开了一家"义合小铺"）和廖庆发等人。孙中山在和他们交谈中了解了三洲田的情况。

第二，惠州归善县稔山与三洲田一带向来是会党啸聚之地。乾隆《归善县志》记载："惠之民俗，多强悍，盖赵佗之余习。""清咸丰四年（1854 年），翟火姑领导的冯安、三栋、平潭、梁化等地农民起义，曾攻占河源、博罗、海丰等县县城……清末孙中山领导的两次起义均发生在惠阳境内。"① 惠州归善县参加三合会的村民人数达万人之多，由于民风彪悍，官府不敢追究，因此，惠州官府认定："惟是惠州各属本多匪乡，散则为民，聚则为匪"。

第三，选择三洲田主要是从地理因素考虑得多一些。三洲田南抵新安和九龙租界，西北与东莞相连，北通府县二城，均可出东江，直通省会，东南与海丰毗连。三洲田位于惠州、东莞和新安交会处的"三不管"地区，由于山崖陡峭，路径迂回，清军疏于防守；山脚下紧靠新界租界，便于联络香港兴中会，能够及时得到饷械补充，确系地势险要、易守难攻之地。

（一）三洲田根据地的形成

1897 年，孙中山从欧洲考察后将日本作为久居之地。有一次，他与宫崎寅藏谈到起义方略时嘱咐宫崎："宜在一近海口之处，联络同志，为发轫之处"。其地以"急于聚人、利于接济、快于进攻"为原则，而"以聚人为第一着"，认为广东最适宜。② 1898 年，他再次向宫崎等人谈到广东惠、潮、嘉三府，"其人民十居八九已入

---

① 《惠阳县志》，广东人民出版社 2003 年版，第 2 页。

② 段云章编著：《孙文与日本史事编年》（增订本），第 30 页。

庚子首义总指挥
郑士良

反清复明之会，其人亦最强悍，官府不敢追究之"①。

郑士良是归善县淡水墟人。他从小习武，交结甚广，是惠州三合会首领。1886年，郑士良在广州博济医院读书时与孙中山同砚。郑士良敬重孙中山的品格和志向，二人志同道合。1895年，郑士良加入兴中会后曾参加策划乙未广州起义。起义失败后郑士良随孙中山、陈少白赴日本避难。孙中山在返回檀岛前令其返港联络广东会党筹划起义。之后，郑士良广泛联络了归善、新安、博罗等地会党筹划起义，并多次赴日本向孙中山汇报起义筹划进展情况。

美国学者史扶邻在《孙中山与中国革命的起源》一书中说孙中山选择惠州作为第二个革命战役的场所，大概是由于郑士良的影响。"郑士良是那个地区理想的野战总指挥"。孙中山在筹划"惠州起义"时，主要是依靠郑士良、黄福、黄耀庭等三合会首领在当地发动的。

1900年6月，孙中山由横滨赴港前，曾传令广东兴中会召集壮士600人，并计划从新加坡返回后取近路密入三洲田领导起义。6月17日，孙中山偕杨衢云、郑士良和宫崎寅藏等一行6人从日本来到香港，派郑士良、黄福、黄耀庭、江恭喜等人前往三洲田发动起义。孙中山因入惠计划受阻，传令郑士良"暂勿发动，以待后命"。同时派宫崎寅藏等3人前往广州与刘学询谈判。郑士良和众将士静候消息。从此开始，郑士良和黄福、林侠琴、罗蕴光（罗生）、曾捷夫、黄耀庭、廖和、唐皮、林海山、

① 段云章编著：《孙文与日本史事编年》（增订本），第37页。

何松、卢灶娘等在山寨等候消息。郑士良、黄福等人一边等消息，一边训练义士怎么使用枪支。未料想宫崎寅藏等人突然在新加坡被捕入狱，行动受到限制。孙中山闻讯后只能设法先去营救宫崎等人。

1. 革命队伍的组建和发展

庚子首义进入发动阶段的起止时间是从6月到9月共4个月时间。根据冯自由《革命逸史》记录："时有健儿六百人，而洋枪仅三百杆，子弹各三十发。"革命军怎么会组建得这么快呢？即便是黄福在会党中威望高，也不会在他甫抵三洲田就马上拉起一支600人的队伍。原来过去的研究者忽视了新安县龙华钟水养组织的"乌石岗起义"和"三洲田起义"的关系。"乌石岗起义"失败后，钟水养曾对郑士良有过承诺，即保存一支革命力量，为兴中会组织的第二次起义做准备。这段历史在何博儒《阳台烽火》一书中，对庚子年初郑士良访问阳台山邀请队伍入伙的事有一段描述："黄福先生会同何松等众人，挑选精壮和愿行诸人，随同香港兴中会总部及我洪门总龙头陈少白先生特使、惠州革命军司令郑士良先生，前往三洲田筹办兴中武装革命首义；所有东进人员（阳台山位于深圳西北，三洲田在东部）均带备新式步枪一支，弹丸百发……"①

1898年，黄福、何松等人均参加了新安县龙华归国华侨钟水养组织的"乌石岗起义"。起义失败后，有一支数百人的队伍加盟了三洲田义军，这支队伍便是由何松统领的。这是冯自由在《革命逸史》一书中写到"时有健儿六百人"的原因。

实际上，冯自由所说"时有健儿六百人，而洋枪仅三百杆，子弹各三十发"是6月开始发动时的情况。笔者从亲历者的口述材料中发现，从7月初开始，三洲田的义士聚集情况已经发生了很大变化。这种变化在早期著作和文章中未见交代。笔者是从口述历史材

---

①　何博儒：《阳台烽火》，第221页。

深圳孙中山庚子首义雕塑园情景雕塑：《枪械训练》

料中的"记忆碎片"中拼接出来的。

莫世祥教授指出："《江亚二供词》①在研究三洲田起义的过程中却具有不可忽视和不可替代的独特史料价值。首先，该供词记录于三洲田起义失败之后的第七天，是迄今所知当事人对三洲田起义最早的回忆，因而有可能避免若干年后回忆叙述难免出现的疏误。"②实际上不单是"烈士供词"被研究者忽略，20世纪60年代广东省文史馆馆长张友仁组织的查访资料的口述历史材料也未引起充分重视。从三洲田6月开始发动起义后，革命军队伍的组建和发展速度是惊人的。7月初，革命军队伍的人数已接近3000人。

梅屋庄吉投入巨资购买枪械是他曾对孙中山的承诺。这批武器弹药交由九龙土瓜湾同义兴公司分5次转运深圳。日本京学义大学教授中村义曾说梅屋庄吉资助中国革命远远超过10亿日元。香港华商李纪堂先后为起义投入了20万元。还有来自其他方面的捐助。首批武器弹药已于6月运抵深圳并转往三洲田。郑士良为化解粮食危机，采取了人员分散居住、协助乡民耕种的办法，缓解了队伍的生存压力。

郑士良"庚子奉总理命经营惠州军事，所有惠、潮、嘉各属会

---

① 《江亚二供词》是被俘义军战士《烈士供状录》之一。
② 《深圳文史》第四辑，海天出版社2002年版，第292页。

党及绿林首领黄福、江恭喜、梁慕光、黄耀庭诸人俱受节制"。郑
士良偕诸位将领来到三洲田后，在禾町冈开了一个拳馆和"义和小
铺"。该"小铺"专为壮士投奔加盟设的联络站。黄福在三合会中
甚得人望，各堂号的"草鞋"闻讯聚拢而来。黄福（又名黄远香）
是新安县龙华早禾坑村人。早年加入三合会，是一个侠肝义胆之
人。陈少白在《兴中会革命史要》中将当时参加起义的民间力量分
为两种："一部分是新安县（后改宝安县）的绿林，首领是黄阁官、
黄耀庭、江恭喜等人，他们都有枪械，为这次起义的主力军。一部
分就是嘉应州一带的三合会。"①

2. 首批枪械运抵三洲田

郑士良奉命抵达三洲田发动，所指"洋枪仅三百杆，子弹各
三十发"是怎么得到的呢？冯自由《革命逸史》记载"由附近
清军防营密购枪械若干"，此说法被研究者所引用。武器弹药的
准备工作是革命党人能否成功发动起义的重要因素。早期的著
作和文章忽略了这个问题，给读者留下了革命军始终缺少饷械
和接济的深刻印象。宫崎滔天在《三十三年之梦》一书中也提
到："党中有人暗结广东省城某营的队长，约好用重价秘密购买
其武器。孙中山于是拨款进行此事。一面又命人购买小火轮，以
便直入三洲田山寨。"② 据文献记载，此所谓"暗结"之人实际上
就是孙中山挚友梅屋庄吉，利用了自己的特殊身份采购枪械并疏
通关系，解决了起义前夕武器弹药的燃眉之急。据上村希美雄
《宫崎兄弟传——亚洲篇》一书记载，梅屋出资购买了一批武器，
并派人到广州侦探清军布防情况，用重金买通了一位驻穗清军
军官。这批军火最早运抵三洲田。

由于三洲田的义士人数不断增加，郑士良决定把义士分散在

① 陈少白：《兴中会革命史要》，第 103 页。
② ［日］宫崎滔天：《三十三年之梦》，林启彦译注，广西师范大学出版社
2011 年版，第 224 页。

附近村庄，山寨只有 80 人留守；义军担心走漏风声，把误入山寨村民暂且拘留。却不想谣言满天飞，传出"三洲田山寨有人谋反"，一传十，十传百，终于说成"山上已聚集数万人马"。一时风声四起，引发官府警惕。两广总督德寿命水路提督何长清率领虎门防军 4000 人进驻深圳，命陆路提督邓万林率惠州防军进驻淡水、镇隆，以扼三洲田出路。于是，郑士良致电孙中山请示进止。孙中山复电："如机密已泄，应暂行解散以避敌锋。"郑士良接电后不愿放弃，众将士也认为清军不足为虑，枪弹不足可以从敌人手中夺取。于是，郑士良再度请示孙中山："如能将弹药运到广东某一地点，明示其处，便能一鼓作气突出重围，接此弹药，以击敌军。"当时，孙中山正在台湾忙于和台湾总督府民政长官后藤新平商议支援起义的事情，一时顾不上回复。

1899 年秋，孙中山曾派陈少白和郑士良在香港设立联络会党机关。此"机关"既不是 1895 年 2 月设立的香港兴中会总机关，也不是位于香港中环士丹利街的《中国日报》报馆。由于这处地方比较偏僻而被人们忽略。但在"烈士供词"中有记录，此地是罗蕴光、何松以三合会名义在九龙土瓜湾注册的"洪顺堂同义兴公司"。

香港历史博物馆的馆藏文物"洪顺堂同义兴公司""路票"是庚子首义的重要物证。所谓"路票"即洪门三合会成员的会员证和通行证。"路票"上面不仅写有堂号和公司名称，还印有"南代香主何云彪赐下路票"字样。何云彪、何崇飘为同一人，即三洲田革命军副统帅何松。

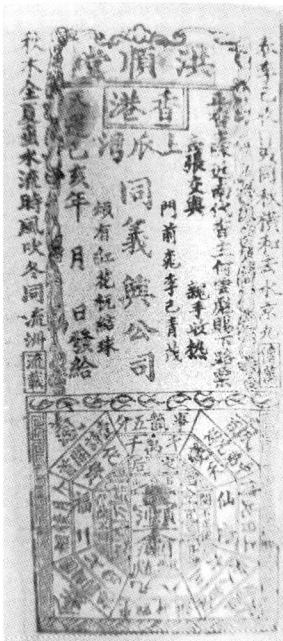

土瓜湾洪顺堂同义兴公司洪门"路票"（香港历史博物馆藏品）

九龙土瓜湾不仅是会党在港联络点，也是向深圳转运军火的出发地。以洪门洪顺堂名义注册比较安全，不易引起官府注意。深圳盐田人吴亚发一直在该公司任管理职事。起义失败后他在稔山附近被俘，写下了供词。

是年6月郑士良等人上山发动起义后，陈少白等人开始联络梅屋庄吉，开始实施在港购买军火的计划。武器弹药陆续运抵九龙土瓜湾的同义兴公司，并计划分5次转运深圳沙鱼涌等地。"6月，孙中山亲自到香港部署起义事宜……一批枪械由陈少白押送至深圳白石洲上岸，经车公庙至梅林交给钟水养。"① 从时间判断，这批经转运送抵三洲田山寨的枪械弹药，就是冯自由在《革命逸史》一书中所写的"洋枪仅三百杆，子弹各三十发"即首批送抵三洲田的枪械。

3.司令部迁移马栏头

革命军初设司令部于三洲田廖氏宗祠，由于廖氏耆老反对才迁移到马栏头罗生大屋中（也称"马栏头"）。司令部具体是在什么时间迁到马栏头的，早期出版的著作和文章均未见叙述。但这次迁移主要是马栏头人、革命军总管罗蕴光（罗生）的邀请。解决了革命军人在此居住和生活的问题。当时，在革命军将士的心目中，三洲田和马栏头形同一家。先锋官廖庆发被俘后在供词中写道："三洲田根据地分前寨和后寨。""后寨"即指马栏头。

根据《吴亚发供词》："小的向在香港苦（土）瓜湾同义兴三点会公司管理职事。头人何崇飘手下招有万余人。七月初间，小的随统兵大元帅黄远香，督理元帅何崇飘，左先锋黄耀庭，右先锋李跛谭，军师胡炳章、张炳光，总管廖庆发、廖五等，各带会党400余人，同到三洲田聚集。"② 吴亚发作为参加起义的亲历人在供词中提供了重要信息。如果按5位将领各带400人计算，少说有2000人

---

① 王卫宾：《深圳掌故》，海天出版社2013年版，第128页。

② 深圳档案馆：《烈士供状录·吴亚发供词》。

马栏头罗氏大屋——起义司令部所在地

来到三洲田。这么多人如何安置呢？三洲田聚集的 600 人已分散各村。由于 6—7 月郑士良前往日本和香港参加起义前的军事会议不在三洲田。根据上述情况，笔者分析：应该是在 7 月 17—18 日郑士良赴港开会前，郑士良把三洲田司令部迁到马栏头罗生大屋的可能性比较大，并安排 2000 名义士，分散住在马栏头及附近村庄。在 7 月初至 10 月 6 日起义爆发前 3 个多月的时间里，马栏头罗氏大屋是庚子首义革命军司令部所在地。

（二）郑士良亲赴九龙押运武器

郑士良电告孙中山将弹药运送至广东某地。孙中山未回复。于是，派江恭喜前往香港押运武器弹药，久候没有消息。他召集在家的将领任命黄福为统兵元帅和先锋官，交代了军事后自己亲自前往香港查看武器弹药问题。过去，研究者多写郑士良"前往香港等候回电"。当时，武器弹药是最急迫的军务。因为，孙中山已将起义军事全权委托郑士良了。责任在肩，不敢怠慢。实际上，这件事被江亚二写在供词中："9 月 30 日（八月七日），'黄公喜'即'江恭喜'和另外 6 个人被警察拘留。这就导致那条船失踪。"[1] 郑士良赶到九

---

① 深圳档案馆：《烈士供状录·江亚二供词》。

情景雕塑：《运送枪械》，郑士良等人把武器运送到沙鱼涌后，由骡马驮上马栏头

　　龙后才知道江恭喜等人在押运时出了事。由于起义时间已经临近，郑士良责任在身，不能在港耽误太久，决定自己押运军火返回深圳沙鱼涌。

　　据《吴亚发供词》："郑士良在香港转运军火5次。收到快枪400杆，六口连手枪600杆，大小码子（子弹）二十箱，均系廖庆发管理。"①《江亚二供词》写道："10月1日（八月八日）我和黄福、何祥、黄习、郑士良、何寿、吴培一起去沙鱼涌。郑士良将400包炸药、300支毛瑟来复枪、40箱弹药装上一艘船"。廖庆发还在供词中谈到："康祖贴（梅屋庄吉）陆续付白银三万两交给郑士良作为粮饷。还有钢壳十余箩，铅药等项，雇请工匠到来制造子弹。"②

　　九龙土瓜湾同义兴公司派人装好船后，郑士良未等到孙中山的复电，便把黄耀庭等人被拘留的事委托陈少白办理，并催促陈抓紧转运剩下的军火。10月3日，郑士良押运武器弹药返回深圳沙鱼涌，再由骡马驮到马栏头交给廖庆发。郑押运武器弹药的事情已被数人证实，但并不一定5次都是郑亲自去押运的。

　　但官府还是获悉了革命党人从香港走私军火的行踪，并奏报朝

---

　　①　《江亚二供词》和《廖庆发供词》均提到郑士良赴港押运武器弹药的事。
　　②　深圳档案馆：《烈士供状录·廖庆发供词》。

廷："前来奴才伏查此次惠匪起事，实系逆犯孙文等为首，纠结死党在香港租界设立同义兴松柏公司，购备洋枪、铅药、马匹、干粮、旗帜、号衣，招集各路会匪，付给资本银三十万圆，分投（头）布置，约期大举。"①

就在郑士良押运武器从九龙返回深圳的同一天，清军水师提督何长清奉命从虎门进驻距离三洲田 20 英里的新安县深圳墟，准备进攻三洲田。清军前锋进抵距离三洲田西南不到 8 英里的沙湾。此时，郑士良以新运到的武器弹药迅速武装了队伍，并召集紧急会议，决定 10 月 5 日举行出征祭旗宣誓仪式，10 月 6 日清晨对沙湾兰花庙驻扎的清军发起攻击。

9 月 28 日，对台湾之行抱有期待的孙中山抵台湾基隆，很快在台北新起街租了一间房子作为"惠州起义指挥部"。根据 10 月 4 日后藤新平《当用日记》中记录的"孙逸仙三时来访"的记事，孙中山把革命军进攻计划告知了台湾民政长官后藤新平，希望提供贷款。后藤说："儿玉将军不是说到了海丰和陆丰将给你们武器吗？拿到武器后，到厦门去。厦门有台湾银行的分行，地下室有 300 万银币，既然在干革命，把这些钱抢走好了。"孙中山认为后藤的建议可行。但后藤于第二天便以"眼疾"为由入院治疗了。三天后，当孙中山的复电还未送到郑士良手中时，庚子首义已在清军进迫下提前于 10 月 6 日清晨爆发了。②

孙中山得报后电令郑士良直趋厦门。并电饬宫崎寅藏将菲律宾革命军转让的武器发送到惠州前线。10 月 8 日，孙中山在台湾授举兵大权予山田良政，命其本日经香港赴海陆丰发动起义。对此变化，观察事态进展的宫崎寅藏以带有调侃的口吻说："革命军已出发行至途中又折回横岗，这是严守远方命令的失策。"③古时征战

① 深圳档案馆"明清档案"官府奏折。
② 参见彭泽周：《近代中国之革命与日本》，第 28—29 页。
③ ［日］宫崎滔天：《三十三年之梦》，第 226 页。

"将在外，君令有所不受"。郑士良对此心知肚明，否则，他不会下令让革命军按原计划出发与江恭喜虎门的队伍会合。但行至途中时却收到了陈少白派人快马加鞭送来的电文。郑打开电文看到："若能突围而出，可直趋厦门。到厦门当有接济之法。"此时，郑士良苦笑似的摇了摇头，令队伍即刻折返横岗挺进厦门。

陈少白在《兴中会革命史要》中写道："到了闰八月十二日，我带着几个人由油麻地出发，越过大山，一同到三洲田，到十五日，就在那里发动。"他继续写道："当时我们后方接济系用船只沿着海岸送去，因为军队走远了，大家不接头，前方子弹用尽。"① 陈少白当时和杨衢云、李纪堂在香港负责枪械和后勤事务。郑士良催促陈少白尽快把剩余军火运往深圳（陈少白此行从九龙出发疑与运送武器弹药有关），但由于起义提前了，等陈少白赶到马栏头时，革命军已经出发了。

（三）马栏头历史溯源

马栏头有一座自然村庄叫"马兰村"。据本村罗天育老人解释：村里的人把"根"叫"头"，那么兰花的根即叫"兰头"，为何要加上"马"字，是因为骑马的人身份高尚的原因。因此当地被村民称作"马兰头"。不知何时开始被人写为"马栏头"。在1951年以前，当地一直叫此名。新中国成立后，把马兰村、嶂顶村、红花岭村、径子村合为一体，成立了马兰乡。土改合作化时期把"马兰"改为"马峦"；将强华学校改为"马峦学校"。这是"兰"变"峦"的过程。

自从庚子年革命军接受罗蕴光（罗生）邀请，郑士良把"三洲田革命军司令部"迁到马栏头罗氏大屋后，这座迄今已有三百多年历史的客家村庄开始热闹起来了。为何要把司令部迁到马栏头，原

---

① 《深圳文史》第四辑，第222页。

马栏头司令部旧址所在地

来说是因为三洲田廖氏耆老的反对。但马栏头罗氏第18代罗日星老人告知笔者是因为三洲田廖氏家族有一人在官府当差。笔者认为此说可信。可能当时廖氏耆老不好说出口。司令部迁到马栏头罗氏宗祠宽敞破烂的五间老屋后，顿时人来人往。从马栏头去三洲田山寨过去有一条山路，大约有11公里的路程，从大梅沙跃进水库向东攀上嶂顶、光背、老围、径子，步行近2小时。这里山高林密，分布着新民村、岭背、曾屋、罗屋和新屋诸村落。在新民村罗氏祠堂前有一宽阔大坪，能够容千人聚会活动。

1. 罗氏源流

罗氏始祖源于中原。开基先祖是祝融公第178世祖玖珍公。罗氏先祖于三百多年前，经湖北、湖南长沙、福建、广东惠州"三栋"、惠阳淡水"龙古井"，于1694年（清康熙甲戌年）迁徙来到马栏村奠基落业。罗氏迁来此地后先住在大围，后改为新民村。新民村即罗氏宗祠所在地。岭背、新民村和建和村为罗氏居住的村庄，过去在这三座村庄的范围被人们称为"马栏头"。罗氏宗祠是罗氏共同拥有的祠堂。

当年的马栏头，如今的马峦社区由6个自然村组成：径子村（李姓）、嶂顶（靠近东部华侨城，有两个陈姓村老围和光背）、红花岭村（有曾姓和罗姓）、建和村和新民村。庚子首义司令部设在罗氏新民村。当年起义爆发前，革命军祭旗宣誓仪式就是在罗氏宗祠和祠堂外的大坪举行的。

2. 罗氏宗祠

罗氏宗祠左前方是酷似巨型大鼓的"打鼓岭"；右前方是龙腾起伏的"九栋岭"，犹如鼓鸣龙腾之势。宗祠建筑为前后三进厅堂。宗祠为开基先祖第三代之后所建，距今已有 200 多年的历史。新中国成立前，罗氏宗祠曾悬挂"兰桂腾芳"木雕金字蓝底巨型牌匾。但由于宗祠饱经风雨，年久失修，罗氏后裔于 2008 年募捐修葺一新，并于 2009 年元月，择良辰吉日隆重举行了竣工盛典。2019 年，坪山区政府投资千万元对庚子首义旧址进行了修缮，如今祠堂和罗生大屋已修旧如旧，恢复了往日的历史风貌。

3. 罗氏大屋

1900 年庚子首义爆发前，三洲田革命军司令部迁址马栏头。即现在的马峦山新民村民国后重建的庚子首义旧址罗氏大屋、罗氏宗祠、强华学校和已经坍塌的部分兵工厂遗迹。罗氏大屋和原来的地面建筑已被清军放火焚毁了。如今马峦山保留的建筑均是民国时海外罗氏华侨捐资重建的。罗氏大屋开有一正门和侧门，中轴线上

本书作者（右）和罗生侄孙罗天应（左）在罗氏宗祠前合影

为一开间的前、中、后三室，围内由三横三纵的排屋组成。

革命军司令部从三洲田迁到马栏头，由于大家叫惯了罗生，却不知道他的真实姓名。罗生本名罗蕴光，小名罗三，是本村罗有田的祖父，客家人。罗氏宗祠后面一排五大间土坯房即"罗氏大屋"。起义爆发前，罗生和三洲田人廖庆发均被任命为总管。据了解，罗有田曾听他父亲罗平（罗继雅，华侨）讲，祖父罗蕴光以前和孙中山的关系很密切。孙中山安排他任革命军总管。庚子首义失败后出国赴美国海军服役，祖父的遗像至今仍安放在祖屋内。罗生在美国海军服役时经常发动华侨捐钱捐物，支持孙中山的革命事业。

4. 兵工厂

马栏头兵工厂是因为三洲田革命军司令部根据起义需要创建的。据调查，它是由三座简陋的房屋组成的，每座房屋大约有十五六平方米。廖庆发在供词中提到郑士良押运的武器弹药是直接送到马栏头的。"又虑子弹不敷，在香港购得毛瑟枪炮子、钢壳十余箩，铅药等项，雇请工匠到来制造。"① 由此证实了革命军在马栏头建兵工厂的历史。有关兵工厂的情况，据马峦山新民村罗日星老人介绍，当时弹药不足，革命军在新民村建有兵工厂，后来倒塌

马栏头兵工厂遗迹

---

① 深圳档案馆：《烈士供状录·廖庆发供词》。

了。他小时候喜欢和一群小伙伴在草丛和砖瓦中捉蟋蟀，经常可以捡到子弹壳，后来干脆用锄头去挖，拿去当废品卖钱。但在 20 世纪 60 年代，此"兵工厂"被改为生产大队的猪圈。

5. 歃血祭旗的客家兄弟

三洲田和马栏头均是庚子首义根据地。莫世祥教授曾就"三洲田起义的确切地点"一文提出，"历来的文献资料都一致认定：三洲田起义的地点就在三洲田，然而，随着近年旅游景点的开发建设，毗邻三洲田的马峦山景区也声称属于举义之地。这就提出了重新界定三洲田与马峦山在举义中的地位的新问题。"①

笔者以为，关于"重新界定三洲田和马峦山历史地位"的问题值得商榷。因为两地是同在庚子首义大旗下一荣俱荣、一损俱损的共同体。所不同的是，三洲田是起义策源地，马栏头是被辟为三洲田革命军司令部后加盟的。如果要界定历史地位则需要依据双方综合指标比较。比如：两地乡民参加起义人数、担任义军首领人数、阵亡和遇难人数，以及两地在海内外的影响等。目前所知，马栏头在革命军中担任职务的唯有罗蕴光一人（见第一章：参加起义的新安籍志士一览表）。遗憾的是马栏头作为司令部旧址迄今未留下相关数据。历史文献和史料对马栏头的研究和记录也很少。但马栏头对庚子首义的贡献却是不容置疑的。是年 10 月 5 日晚革命军出征歃血祭旗宣誓就是在马栏头罗氏宗祠举行的。三洲田从起义筹划肇始就承担了起义发动、组织和训练等任务，其村民无论是从投军人数、任命将领人数和阵亡人数来看，其历史线索基本是清晰的。起义失败革命军余部撤回三洲田山寨。队伍解体后，三洲田成为清军"清剿"与焚烧的重点。马栏头则是革命军司令部所在地，具体承担指挥、调动与后勤保障（含枪弹加工）等任务。据了解，马栏头也有村民投军，起义失败后避居海外了。至今参军人数和阵亡人数

① 《深圳文史》第四辑，第 295 页。

不详，这正是需要研究的课题。

2011 年 4 月 11 日，《深圳特区报》以"深圳是民主革命重要策源地"为题，报道了广东省社科院原院长张磊研究员在深圳市民文化大讲堂的演讲。他说："深圳毫无疑问是民主革命一个重要的策源地。"张磊院长的评价是对深圳在民主革命中历史地位的肯定。

120 年前，歃血为盟的三洲田和马栏头两座英雄村落，共同经历了庚子革命战火的考验。它们同为参加庚子革命的"孪生兄弟"，应当携起手来，共同传承首义精神，让庚子首义成为深圳孙中山文化的核心与亮点。

（四）祭旗宣誓在两地举行

革命军在两地祭旗出自《三洲田首义》一书。为何要在两地举行祭旗宣誓，分析当时情况，起义爆发前夕三洲田山寨聚集人数已不是开始的 600 人了，少说在千人以上；马栏头已有 2000 多人。根据《江亚二供词》：刚开始起义时的人数约 4000 人。10 月 3 日他们来到马栏头时，来自归善、惠州、博罗和"海洋"（惠阳大湖洋）前来参加起义的三合会义士有 2000 多人；那么，推算三洲田也有 1000 多人。如果将两地的队伍集中在一起举行祭旗仪式，拥挤不说且不安全。两地的祭旗仪式有所不同，三洲田采取宣誓和巡游的方式。马栏头则按照广东习俗在罗氏宗祠举行"烧猪祭旗"仪式。

关于郑士良和黄福的职务任命，有一说是 7 月 17 日孙中山在香港船边的小舟会议上确定的。"起义时以郑士良为总司令，黄福为大元帅，何祥为二元帅，黄耀庭、何崇飘（何松）、蔡景福（黄福别名）为元帅；黄耀庭、陈怡、林海山、廖庆发为先锋，唐梦尧为书记，廖萼楼为军医，近藤五郎、杨衢云为参谋，福本诚为民政总裁，平山周为副总裁。会议中出现的一切争论和异议，最后都以孙中山的意见为准。"①
当时，宫崎寅藏和清藤幸
七郎由于被放逐，虽有冒
险潜入大陆的想法，但由
于警察防备甚严，却未能
实现。

关于三洲田革命军统
兵元帅和先锋官的任命，
研究者在著述中写得不太
一致。笔者认为，革命军
统兵元帅和先锋的任命应
该是由郑士良决定的。因
为，孙中山在去台湾前已
将军事全权委托郑士良
了。更多任命是在东进途

情景雕塑：《祭
旗起义》

中，按照原定方案，革命军拟兵分两路。"右路以廖庆发先锋为主
将，林海山为副将，取道金龟洞，过田头山，穿过打禾岗新墟、强
夺佛祖坳；然后下镇隆，会合永湖杨发队伍，直攻惠州，沿海岸到
海陆丰，下潮州去厦门，是为主力，司令部随军进发；左路以黄福
先锋为主将，廖官秀作副将，由北面打鼓岭下山，收横岗，直捣沙
湾。攻下兰花庙清军水师蔡总、蔡成青部，得胜后联络新安、东莞
会党，直上石龙渡河，威胁增城守敌，然后相机牵制省城之敌，以
便主力东进。"②还任命廖庆发和罗生为义军后勤总管。接着，以颇
具会党色彩的形式分别任命廖五、廖官秀、黄贵、廖受仔、廖亚
就、廖昌球、邓二、杨李保等人为"五虎将""亚马""草鞋""白

---

① 李恭忠、黄云龙：《发现底层：孙中山与清末会党起义》，中国致公出版社
2011年版，第88页。

② 何博儒：《三洲田首义》，海天出版社1994年版，第27页。

扇""打手"。这是出征前的任命，革命军在东进途中还产生了新的任命。如：黄耀庭被任命为副总司令，何松被任命为副帅，杨发被任命为副帅和由他率领的"杨发大队"大队长等。

三洲田岭岗，战前的各种准备工作正在紧锣密鼓进行中，战旗随风飘扬，有的旗帜书写着醒目的"大秦"，有的旗帜上绘有青天白日，还有的旗帜上写有"孙""郑""统兵大元帅黄""统兵副元帅何"，只见革命军将领和战士均割掉辫子，红巾包头，身穿镶红号褂，一条裤脚卷起来，裤头插一支小红旗，好不威风。郑士良身穿日本军装。众将士列队在三洲田山寨"登坛祭旗"和巡游后，浩浩荡荡来到三洲田革命军司令部所在地马栏头。歃血祭旗仪式是在马栏头罗氏宗祠举行的。

革命军约3000人聚集于马栏头五间烂屋地，他们按古代将士出征的礼仪举行了歃血宣誓仪式。仪式由私塾出身的起义军参谋唐皮（又名唐梦尧）主持。祭拜天地后，黄福红布包头，身上挂着大红绣球率众领誓："众位兄弟，百打百胜，到来就位"。众人随黄福振臂高呼"剑起灭匈奴，同申九世仇；英雄连处立，即日复神州""打倒列强""跟孙中山跟到底"等口号。紧接着，黄福把公鸡血滴进酒碗中，众将领端起酒碗一饮而尽。

何博儒在《三洲田首义》一书中写道：在马栏头罗氏祠堂，"有郑士良、黄耀庭、山田良政，还有廖庆发、廖荜楼、黄福、何松、廖官秀、廖毓坤、林海山、廖元秀、廖金姐、方官寿、廖建坤、廖三和廖官娇等人"。除日本人山田良政外，这些人都是新安籍志士，其中以三洲田廖氏最多。

歃血祭旗仪式结束后，黄福集合队伍前往三洲田山寨准备出征沙湾。听说队伍要出征杀敌，前来马栏头观看祭旗的村民纷纷要求入伍。虽经义军将领解释却无济于事；由于村民们一再请求，不好令其失望。郑士良与众将领商议后从马栏头接收了百名村民入伍。现场顿时一片欢呼声，大家兴高采烈地和众将士一道前往三洲田山寨待命。

二、沙湾打响第一枪

关于庚子首义，早期有著作写到，郑士良"前往香港筹措饷银和等待孙中山电文，直到起义爆发后才从香港赶回"的说法值得商榷。这些说法被研究者所引用。如香港报人陈春生《庚子惠州起义记》等文均有记载。笔者将历史文献与亲历人的口述材料比较后发现，江亚二和郑士良一道从九龙押运武器弹药返回沙鱼涌的历史

主题雕塑：《打响第一枪》

真实可信。郑士良电告孙中山需要接济但却未接到回复，面对清军的逼近，解决武器弹药成为燃眉之急。作为总指挥，郑不会在香港滞留时间太久。

当时，官府亦探义军行踪，奏折写道："莫善积喜勇于闰八月初十日（10月3日）驰抵归善，维时匪党未齐，猝闻兵到，遂定于十三日（10月6日）竖旗起事，先以数百人猛扑新安，沙湾墟，欲扰租界，幸何长清靖勇已抵深圳，乃回攻横岗，进踞龙岗。"[1] 官府奏折所写起义时间和革命军发起进攻沙湾的时间一致。

沙湾兰花庙首战旧址（今沙湾小学）

---

① 深圳档案馆编：《深港边界档案史料选编》第一集（明清时期），深圳市档案馆 2015 年版。

　　10月6日（闰八月十三日）清晨，黄福率领80名壮士，按照
设定路线，避开了人烟稠密的北路，从三洲田南面下山。经过盐田，
再爬过盐田坳，直下西坑大围，然后向西过新屋，穿过塘坑，将近
百里路。[①] 当80名壮士赶到沙湾时，天刚麻麻亮，驻扎在兰花庙的
清军不少人仍在酣睡之中。当时有一位15岁的少年戴焕扬正在山坡
放牛，他目击了"红头军"偷袭兰花庙战斗的全过程。后来他回忆说：

　　　　我看到从村背坳顶缺口的山路上涌出一队红布缠头的
　　人，其势汹汹地冲下来大声呼喊：大家莫慌，我们是来捉
　　"由四哥"的。（谁也不懂"由四哥"是什么人。）"红头军"
　　跑到半山，驻扎于兰花庙的清军顿时慌作一团。红头军一
　　队从庙的正面，一队从落麻石扳山而下，清军前后受敌。
　　接着又来一支"红头军"，他们三面包抄截断了清军，清
　　兵来不及发枪便落荒而逃，顷刻间被打死十多人。有的清
　　兵过河时又被打死一人。"红头军"缴获十多支快枪。义
　　军牺牲两名战士。一个遗尸在田边，一个在庙后。其余约
　　有30多人向深圳方向窜去。当时，红头军，又陆续来到
　　三百多人，得手后回到横岗。[②]

　　沙湾兰花庙驻有清军约80多人，是由宦仓蔡总和龙潭蔡茂青
所带领。这次战斗毙敌管带一名，击毙清兵27人，生擒42人，逃
逸7人；缴获洋枪97杆，弹药12箱，军粮十余石，饷银五百余两，
战马3匹，刀剑器械一批。俘虏一律剪辫服役，清军不知义军人数
多寡，吓得溃散逃命。三洲田人廖官娇和廖三在战斗中牺牲。黄福
首战告捷，军威大振。[③] 沙湾枪声在民主革命历史上极具意义，影

---

　　① 何博儒：《三洲田首义》，第73页。
　　② 《辛亥革命回忆录》第二集，中华书局1962年版，第263页。
　　③ 何博儒：《三洲田首义》，第73页。

响深远。在香港策应起义的谢缵泰在日记中写道："郑弼臣将军在惠州升起了独立的旗帜。《德臣西报》、《士蔑西报》及《香港日报》支持这次运动。"①

美国学者史扶邻在《孙中山与中国革命的起源》一书中除了评价说"黄福的勇猛战士把政府军打得落花流水"外，还分析了参加起义的基督教和三合会成员的比例："惠州战役（包括广州方面）的参加者，百分之三十系基督教徒，百分之七十系三合会员。然而，这两个团体并不互相排斥，像郑士良和李植生这些人，既是基督教徒，又是三合会员，都是客家人。"②

首义打响之后，革命军即以归善县会党的名义，致函香港英文报刊，宣布其政治目标是"驱除满洲政府，独立民权政体"，呼吁英美日三国"守中立之义，且或资助之"，切勿重蹈当年英国支持戈登助清政府镇压太平军之覆辙。

沙湾厦村戴焕扬的口述回忆材料弥补了冯自由《革命逸史》一书中对沙湾"第一次大捷"史料之不足。一是黄福采取了三路包抄；二是陆续赶到沙湾参战的革命军人数已有300多人；三是从当场击毙、被俘和溃散的清军人数分析，在沙湾兰花庙的驻军人数约有百人左右。目击者就连革命军廖三和廖官娇牺牲的具体位置都交代得很清楚。郑士良担心清军增援，及时派兵支援。横岗清军接到消息后，也派兵驰援，当清军发现革命军已经走远时便不再追赶。沙湾首战，体现了革命军的战术思想与默契配合，这段史料在早期的研究著述中是没有的。

革命军在沙湾的首战胜利是孙中山和革命党人期待已久的。沙湾首战大捷，极大地鼓舞了革命军的士气。同时，消息传到惠州和北京，随即引起清朝封建统治阶层的恐慌。光绪帝即令两广总督"剿灭革命军"。惠州官府随即调兵遣将在惠州一线围追堵截。

---

① 谢缵泰：《中华民国革命秘史》，广东人民出版社1981年版，第311页。

② [美] 史扶邻：《孙中山与中国革命的起源》，第200页。

据 1900 年 10 月 14 日《申报》："英文报云：沪上官场顷得广州官电，内开粤东各郡邑叛徒四起，纷乱如麻，通街大道间，每有叛匪遍贴伪示，大略谓禁止党中人损坏中外人财产生命，惟满人则须尽行杀戮云云。说者谓即逆首孙文谋为不轨也。"①

正当革命军准备乘胜追击并与新安、虎门同志江恭喜集合的数千义军会合攻打新安县城时，郑士良在会合途中忽然接到孙中山从台湾发来的复电，令队伍挺进厦门。于是，郑士良令队伍马上折回横岗进军惠州，失去了与江恭喜数千义军联合壮大的机遇。宫崎寅藏说"这是严守远方命令的失策"。当革命军行至惠阳淡水时遭遇到清军的堵截。

署理两广总督德寿奏报北京："本年闰八月初间，奴才访闻归善县属三洲田地方，有孙康逆党勾结土匪起事，并在外洋私运军火，至隐僻海汊转入内地，当以逆党主谋意图大举，实非寻常土匪可比。"②看来官府的确被革命军打蒙了，把保皇派康有为拽进了革命阵营。这本是孙中山想与其合作却一直未促成的事，却被德寿"谎报军情"写入奏折了。

如果论其规模，沙湾大捷虽然无法与后面的平潭和崩冈墟战役相比，但沙湾大捷的重要意义是打响了第一枪。它不仅是辛亥革命运动首义之始，更是自 1894 年兴中会成立后，革命党人成功策划的一次颇具规模和影响的起义。同时，也是孙中山放弃改良，转为采取武装革命实践的一次伟大转折。我国著名近代史学者金冲及和胡绳武在《辛亥革命史稿》一书中指出："这确是历史的重要转折关头。"用孙中山的话说，就是"前后相较，差若天渊"。③

---

① 刘中国：《打响世纪第一枪——三洲田庚子首义纪略》，第 648 页。

② 舒国雄主编：《明清两朝深圳档案文献演绎》，花城出版社 2000 年版，第 2082 页。

③ 金冲及、胡绳武：《辛亥革命史稿》第一卷，上海人民出版社 1980 年版，第 138 页。

郑士良接到孙中山的电报后，革命军开始挺进厦门。其进军路线涉及惠州、新安、东莞、归善（惠阳、惠东）、博罗、河源、陆丰、海丰等县，以及虎门、横岗、龙岗、坑梓、坪山、稔山、大鹏、淡水、镇隆、永湖、良井、梁化、白花、增光、高潭、多祝、安墩、松坑、黄埔、盐洲、平海、赤石等20多个镇（乡），往返行程约500多公里。这是郑士良按照孙中山临时改变的进军方略，向着厦门方向迈出的充满风险的一步。

三、智取佛祖坳大捷

庚子首义爆发后，惠州府一直未奏报朝廷，当"红头贼"暴动的消息传到北京后，清廷对此甚为不满，于10月10日（闰八月十七日）催盛宣怀过问此事。署理两广总督德寿接到盛宣怀来的急电："光绪谕惠州土匪肆扰著查明电复并设法扑灭"。盛宣怀奉旨急电广东惠州地方土匪肆扰股数众多等语，此事德寿何以未奏报？究竟情况如何，著即行电复；一面调派得力将官兵勇迅速扑灭，毋任蔓延为要。德寿见光绪已知惠州"匪情"，马上让人起草奏折。

惠州的老百姓听说三洲田起义的消息后，有人担心，也有人并不在意。他们对官府所说的"匪事"早已习惯了。当地民间流传有"仙人语"："铁链锁孤舟，浮桥水面流，任君天下乱，此处永无忧"。这首在惠州流传甚广的"仙人语"却在革命党人频频发起的进攻中破灭了。但这回忧的并不是老百姓，而是朝廷命官及其爪牙。

沙湾首战的意义并不在其规模大小、杀死了多少清兵和缴获了多少战利品，而在于它的象征性意义。此次战斗虽然尚未遇到清军主力，但让清军胆战心惊的战役在后面。何长清将3000人的军队收缩于淡水一带，邓万林率兵千余，急退至新墟、镇隆布防。

郑士良率部折回横岗后东进，一路急行军，转过田头山，很快就看到坑梓五岭。众将士正在松林坡休息，此时，忽然从松林中窜出了一伙手持长矛大刀的人，黄耀庭以为清兵偷袭，马上抄起了快枪，紧跟着站起来一大片义军。对方慌忙解释：失礼了各位大哥，恕小弟鲁莽了。我们是来投军的。"你们早说呀！"有战士抱怨地说着，松了一口气。原来这帮年轻人是附近淡水、新墟、龙岗和坪山一带的农家子弟，他们听说三洲田山寨聚集了一帮好汉，囤积兵马准备起义的消息后说什么也坐不住了，他们商量怎么才能加盟队伍。当他们听说山上粮食紧缺后，便决定在革命军东进途中寻找机会。于是，一路跟踪队伍而来。

黄耀庭倒是喜欢这些敢想敢为的年轻人，只是有些犯难，于是，向他们解释说："你们想参军杀敌的想法很好，但当下队伍面临饷械和粮食困难，还是等形势好转后欢迎各位参加革命。"但这帮年轻人却说："我们不是奔饷银来的，有口饭吃就行。"并表示愿意和义军同甘共苦。黄耀庭为他们的热情所感动，实在不好拒绝，与郑士良商议后，决定把这些年轻的农家子弟编入队伍中。10月7日（闰八月十四日）傍晚，义军到达龙岗，与当地三合会首领陈廷及所部1000人会合，当晚在新墟扎营。

（一）秋长之战

秋长镇位于惠阳县南部大亚湾畔，是三洲田革命军东进厦门必经之地。1870年（清同治九年）此地属于圣堂约堡。东南与淡水镇相连，北距惠州市区35公里，东北靠永湖良井镇，西与新墟相邻，西南与深圳接壤，西北连陈江、镇隆镇。

革命军到惠阳淡水后，先后在惠阳淡水秋长、新墟佛祖坳和樟树潭与清军交绥。[①]据亲历人罗国英回忆，10月7日（闰八月十四日）先锋官林海山率领的义军进驻新墟，拟于次日前往镇

---

① 何博儒：《三洲田首义》，第73页。

隆。^① 是月 8 日（闰八月十五日）清晨，义军前往镇隆方向途中，在秋长遭遇来自惠州的清军。义军士气高昂，没有枪械的义士就手执叉戟长矛大刀，战士们喊声震天，奋勇杀敌。毙伤数十人，缴获60 支枪、6 匹马，俘虏 15 人。郑士良和黄福下令将其中负隅顽抗的 11 个清兵斩首。义军随即兵分两路，一路于当晚占领镇隆，直指惠州。另一路从新墟向平潭方向进发，革命军在夺取关口通道后顺利抵达平潭。同黄福一起从马来西亚山打根返回参加起义的江亚二参加了秋长的战斗，他在供词中写道："我们在 10 月 8 日晨在行进到秋长与清军遭遇。并和他们交战。"

（二）智取佛祖坳

惠阳淡水新墟佛祖坳

新墟镇是惠州南大门，位于惠阳县西南部。东与县城淡水相距18 公里；南与深圳市坪地镇相连；西与东莞市清溪镇隔山相望。新墟镇原址在打禾岗，位于佛祖坳下。有的文章称"打禾岗战役"。

郑士良和黄耀庭率领一路义军于黄昏赶到新墟打禾岗，派人打探后方知：陆路提督邓万林昨天已派哨官严宝泰带了一队人马正赶往前面扼守佛祖坳；自己率 4000 人马，正在淡水墟准备会同水师，分东西两面进剿三洲田。此时，清军已出佛祖坳，扼险而阵。得知清军的大致布防情况后，黄耀庭查看了佛祖坳地形，感到此处果然是天然险要之地。

郑士良听了黄耀庭的介绍后交换了布兵方略，由于半数义军不

---

① 《辛亥革命回忆录》第二集，第 265 页。

谙军事，加上枪支不足，单凭猛冲硬拼是不行的。郑士良告诉大家："邓万林已派清军在佛祖坳布防，地形险要而隐蔽。我们必须利用手中的 300 支洋枪和仅有的弹药打赢这一仗。"郑士良把队伍分为三路，左右两翼各 150 人持枪，由黄耀庭和罗蕴光（罗生）两位同志分别率领；中间持刀矛的队伍由郑士良带领，要挑选武功好的走在前面，从正面攻击。①

中秋夜晚，佛祖坳一片寂静。天上的明月却被乌云遮盖了。郑士良及三位将领率三支队伍悄悄匍匐至清军阵地前。守在坳顶的清兵由于时过午夜，困倦不堪，多数已经昏睡。走在最前面的郑士良带领刀矛队伍上山后静等黄耀庭和罗蕴光发送信号。忽然传来一声公鸡打鸣声。郑士良传话下去，听到枪声即喊杀着冲上去。不一会儿，一声枪响突然划破静寂长空。郑士良率先大喊"杀呀，冲啊"，众战士随即大喊"杀！杀！杀！"一时间杀声四起，枪声齐鸣。此情景令清军恍如遭遇天兵天将下凡，清兵刚从睡梦中惊醒就被击毙或被大刀砍死了。有不少清兵顾不上穿衣服就仓皇逃下山去。由于是在夜晚，清兵没有防备，不知义军会摸上山来，损兵折将，死伤过半，在被动挨打中惊溃四散。这一仗革命军杀了守备严宝泰，俘获敌军数十人，夺洋枪 700 余杆，弹五万发，战马 12 头，旗帜袍褂翎顶不计其数。冯自由在《革命逸史》"庚子惠州三洲田革命军实录"一文中以"乘敌不备，匍匐上山，薄垒大呼，敌复惊溃，杀伤甚众"描写了革命军在佛祖坳获得的第二次大捷。

革命军在佛祖坳清理战场后向镇隆进发，队伍行至镇隆时，这座镇墟已空无一人。刚才与清兵打仗不觉得累，放松下来后战士们各自寻找地方歇息了。郑士良与黄耀庭、黄福商量下一步的部署。黄福说："出发前已和杨发有约，14 号（闰八月二十一日）要赶到

---

①　按本书采用的新材料，义军已有长短枪 1300 支。这些枪械是日本友人梅屋庄吉捐赠的。

上洋围会师。10号队伍就要出发永湖。"郑士良回应："好吧，队伍在镇隆休整一天。恭喜、远香（恭喜即黄耀庭，远香即黄福）请你们务必告诉大家，我们这支队伍虽是以会党为核心，但现在和过去不同了，是在孙中山领导下的革命军。沿途务必加强纪律，绝不能扰民。"二人完全赞同，恭喜接过话说："好的，我会告诉大家自律。"

革命军之所以能够智取佛祖坳，且以弱胜强，主要是总司令郑士良的韬略、指挥和身先士卒。总司令都冲在最前面了，对全体将士的激励作用，通过战士们不怕牺牲和勇往直前的精神状态呈现出来。战斗结束后，附近有人来投军。打探后方知投军的是良井镇上洋围村的客家村民。革命军刚刚打了胜仗，又有当地村民来投军，大家相见好不欢喜。对于众将士在佛祖坳战役中的表现，台湾作者王怡在《侠骨忠魂——郑士良传》一书中写道："他们每个人心里所想到的，不是生与死，也不是荣华富贵问题，而是如何使自己的生命更有意义。如何以个人的生命，去延续国家和民族的生命。他们今晚所做的，不是为某一个人而做，而是为历史而做，为后世千万代子子孙孙而做。因此，生死不在他们的心中，只有奋力向前，绝不退缩。"[1]

冯自由在《革命逸史》"庚子惠州三洲田革命军实录"一文和香港报人陈春生《庚子惠州起义记》均把"佛祖坳"战役的时间写为10月15日（闰八月二十二日）。笔者把这一时间与亲历人的回忆比较后发现有6天的时间误差。这6天革命军去哪里了？实际上，10月15日，革命军已完成"平潭芨仔园伏击战"大捷，前往梁化了。

镇隆人叶承源的伯父叶蓉煌是光绪二十三年（1897年）的举人。叶蓉煌"好心"做坏事仍受官府嘉奖的故事在当地流传。中秋节早上叶蓉煌听人说，新墟有一帮造反的人要来镇隆。他马上禀报给陆路提督邓万林。邓派哨官严某率领百余人到镇隆。清兵不敢登上佛祖坳。叶认为佛祖坳是个必争之地，建议哨官先行占据。哨官不肯

---

[1]　王怡:《侠骨忠魂——郑士良传》，近代中国出版社1983年版，第158页。

上坳。他请求张某等帮助严哨官带官兵上坳。严哨官只好带兵登到坳顶。哪知坳上树林中已有许多人埋伏，当场打死官兵数十人，严哨官当场毙命。叶大吃一惊，知道清兵惨败正是自己出的馊主意。谁知，沈知府反倒保举叶水晶顶戴。① 叶蓉煌错报敌情令官府损兵折将，但叶非但未被官府捉拿问罪，却还得到惠州知府沈传义的嘉奖。

10 月 10 日（闰八月十七日），由于郑士良率领的义军枪支弹药不足，他决定从永湖方向出击。义军经过麻溪围时对拦截义军的二三百名团练进行了打击。革命军顺利攻占了麻溪围后继续赶往永湖。11 日义军抵达永湖，"驻扎在白芒花关帝庙"。

革命军纪律严明，秋毫无犯。沿途乡民箪食壶浆慰劳战士。战士们用队伍发给的饷钱去购买村民的食品。村民们亲切地称其为"红头军"。据《江亚二供词》，队伍到白芒花后还向沿途外籍教堂宣传："汝可自行检点，我断不加害尔等。"② 当地乡民燃放爆竹欢迎。

《申报》报道："闻乱党之意，无非欲驱灭满人，并保护各国洋人，俾得安居为宗旨。中国商民之旅居南洋、新加坡及美国各处者，均协助银钱以作兵费，故在惠州起事时并不抢掠，只责令居民将所有枪炮交出，以应党人之用而已，因是闾阎安堵，毫无损伤。有某教士曾往谒见乱党，党人语以'尔行尔道，吾党不为尔害'，断无抢劫之虞。"③

正当郑士良率领革命军向永湖挺进时，在惠州东北部集结的两支起义队伍纷纷起义。14—16 日，博罗的兴中会员梁慕光、江维善招募了 1000 多人开始围攻博罗县城。惠州知府沈传义听说革命军来了，马上派爆破手把通往惠州的浮桥炸了。还招募了 200 名兵勇守卫地方，以防"红头贼"过河。郑士良闻知情况后，立即派

---

① 参见《辛亥革命回忆录》第二集，第 266 页。
② 1960 年张友仁采访惠阳白芒花思茅龙村人 75 岁罗桐口述。
③ 刘中国：《打响世纪第一枪——三洲田庚子首义纪略》，第 648 页。

一支队伍支援围困博罗的义军，对博罗县城形成包围之势。15日，河源兴中会员曾金养率领河源会党起义军，围攻和平县城。另有平海兴中会员曾义卿也乘机发动平海会党起事。岭南会党的相继起义分散了官府的兵力，有力地配合了革命军主力的东进战略。

四、革命军会师上洋围

惠州城外，西枝江中游有一座富庶的村庄上洋围。这座村庄距惠州府城、平潭、陈江和白芒花都不太远。由于该村是出了不少读书人的礼仪之乡，因此被称作归善县的衣冠巨族。它属永湖乡辖地。中秋节夜晚，当革命军在佛祖坳激战时，永湖乡上洋围的村民却人声鼎沸。回国返乡投身孙中山民主革命的杨发利用中秋节村里搭台唱戏的机会，给村民们讲述他在海外的见闻和刚刚发生的"革命军偷袭沙湾兰花庙"的故事。村民们农闲和节日喜欢聚在一起听书。杨发是一位出过远门、颇有见识的人，所以他的故事吸引了不少人。杨发有绰号叫"七脚八"。此绰号来源于他和伙伴在田间的游戏"跳田埂"。下地劳作时闲得无聊，杨发常和伙伴玩"跳田埂"，由于他腿长，一步可以跨越七八个田埂而得名。

2007年上洋围村编印了一本《杨氏文史》，书上写有："义士杨发，绰号'七脚八'，是上洋围第十世后裔孙。归善县良井上洋围元畔岭村人，凤起公后裔。杨发青年时代立志推翻满清封建统治，曾在南洋谋生时，秘密参加孙中山在南洋组织的兴中会。"① 冯自由在《革命逸史》一书中记录了杨发于庚子年加入兴中会的情况。杨发是革命军将校。庚子首义爆发前，杨发就前往三洲田会晤郑士

① 由于该书对杨发牺牲的内容记载有误，故笔者重新整理编写，并与冯自由《革命逸史》核对，其在第438页"兴中会前半期革命同志"一文中介绍到了杨发：归善县、会党、兴中会，庚子年加入兴中会。为三洲田起义军将校杨发在洋口突围中阵亡。

革命军上洋围大
会师就住在客家
围龙屋。图为本
书作者（右一）
和当地宗亲合影

良、黄福等人，参加了军事会议，商定作战计划。

杨发在海外做工时听说新安县钟水养发动了阳台山起义，他也想返乡投身革命。于是，决定辞工返乡。据何博儒《三洲田首义》一书说："船刚到香港，杨发就找到中国日报社，正值郑士良陪孙逸仙从三洲田回来"[1]，听说杨发要回惠州造反，当即表示赞成，并且许以永湖洪门三合会首领一职。但等闰八月中秋之后，革命军到达时就共同东进。[2] 这个时间是 1900 年 4 月。他是在香港被兴中会发展成为会员的。这与冯自由《革命逸史》的记录在时间上一致。

闰八月十五日刚过，革命军先锋官廖庆发从镇隆捎话给杨发，部队拟于 10 月 11 日（闰八月十八日）抵达永湖乡白芒花，稍事休整后即前往上洋围会师。为迎接革命军主力部队到来，杨发让人在预先插好的旗杆上挂了一面三色旗，还把村里甲午科文举人杨寿昌和武进士杨电昌请到沙岭顶平顶沙（广场）。村里的老人、孩子听

[1]　何博儒在《三洲田首义》一书中提出孙中山曾于 1900 年清明节在郑士良等人陪同下，以返乡祭祖名义前往三洲田，见本书第三章第二节。

[2]　参见何博儒：《三洲田首义》，第 47 页。

说"红头军"在佛祖坳打了胜仗，都来到平顶沙想看看"红头军"长得啥模样。

10月12日（闰八月十九日），郑士良率领革命军来到上洋围会师。当年观看了大会师的本村老人杨睿回忆说："十九日晚，归国华侨杨发突然鸣锣召集乡人说开会欢迎起义军。大会在村旁沙岭顶小山上的'平顶沙'举行。到会的约有千余人，我也到场了。杨发身穿长衫，胸前戴红绣球。当晚杀猪八头，酒数十坛，大家痛饮一夜。次日，编成队伍，约五六百人，发为队长，出发白芒花、平潭转进三多祝，杨发战死。"[1] 忽然，众人的目光投向广场一边的小路，村民们被不远处走来的一支500多人的"红头军"所吸引。人们簇拥上前仔细端详，发现队伍中的战士个个都是熟悉的脸庞，原来他们都是上洋围和附近村庄的客家子弟。村民们议论纷纷。这时众人的视线突然又转向另一个方向，原来，郑士良率领的革命军主力来到了上洋围。两支"红头军"队伍在上洋围沙岭顶会师了。杨发走上前向郑士良、统兵元帅黄福和副司令黄耀庭一一介绍了本村有功名的文状元杨寿昌、武状元杨电昌和村中耆老。

这时，只见黄福走到杨发身边，面向上洋围乡绅和村民大声讲话：感谢上洋围父老乡亲对民主革命的支持！我奉命宣布：三洲田革命军司令部决定任命杨发为革命军副统帅、第八大队大队长，率领永湖子弟杀敌立功。杨发也讲了几句话，以示答谢。廖庆发问杨发，今晚队伍人多，准备怎么安排？杨发征求了杨寿昌的意见，决定让义士们分别住在上洋围几个祠堂和围龙屋里。上洋围村武进士杨电昌在自己家里设宴款待了革命军首领。陈景吕在《三洲田之役回忆》（遗稿）中写道："起义失败后，惠州当局举行清乡，凡参加举义有名的，都要缉捕。上洋围乡清代武进士杨电昌亲率部队参加举义，事后怕当局派兵剿捕，先行服毒自

---

[1] 《辛亥革命回忆录》，第二集，第281页。

杀，以免贻累乡人。"①

　　杨电昌参加革命的历史源于陈景吕的口述历史材料，属于过去研究中忽视的一例。上洋围曾荣获朝廷功名的武进士杨电昌反戈参加反清革命，说明杨电昌早就看不惯腐败的清朝官吏在当时的所作所为。据《杨氏文史》记载，杨电昌是上洋围十一世裔孙。光绪五年（1879 年）乙卯科武进士。他年轻时曾参加朝廷武进士考试时曾将 300 斤重的石狮子高高举起。当石狮子失手下滑时他一脚把石狮子踢得滚滚向前。此举令皇帝十分震惊，大声问道："这是什么功夫？"电昌大声回答"狮子滚球"。光绪皇帝非常高兴，当即诰奉电昌武进士及第，赏戴黄马褂、蓝花翎，并钦点营用守备。②

　　正当革命军在上洋围大会师时，留守马栏头司令部的军中书记唐梦尧在坪山谭公庙被捕，惨遭官府杀害，清兵将他押解马栏头枭首示众。

　　2019 年 9 月，皇思扬村干部杨守强约笔者到上洋围走访当地老人。他还约了杨光华氏宗亲当向导，大家一起赶往上洋围村。抵后，发现此围村很大，建有两座杨氏宗祠。当我们来到一座客家围

10 月 12 日，革命军书记唐梦尧在坪山谭公庙被俘后惨遭官府杀害。图为谭公庙旧址

①　惠阳良井上洋围：《杨氏文史》，第 32 页。

②　参见刘中国：《打响世纪第一枪——三洲田庚子首义纪略》，第 548 页。

龙屋后，确定这座围龙屋能够容纳千人，应是当年"红头军"来到上洋围会师的夜宿之处。之后，在村里老人的引领下来到了沙岭顶。在交谈中得知，上洋围是一座居住有两万人口的大村落。

上洋围大会师发生于革命军东进途中连战连胜、士气高涨之时。将士们接触了底层的农民和乡绅，宣传了革命，壮大了队伍。杨发作为早期兴中会会员和革命军副统领，在战场上身先士卒、冲锋陷阵，堪称英雄豪杰。10月20日（闰八月二十七日），杨发在三多祝附近的洋口战役中不幸中弹阵亡。英雄其志可嘉，浩气长存！

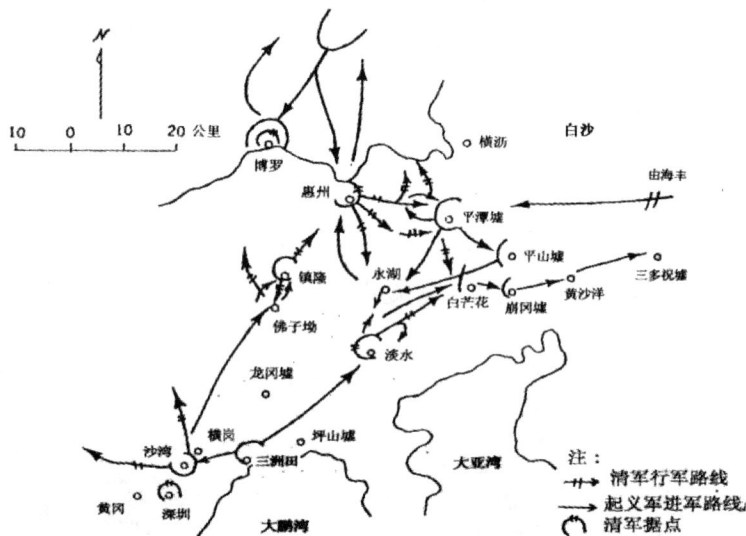

三洲田起义路线图

五、平潭西枝江大捷

平潭位于惠阳县中部地区，面积105平方公里。西邻马安镇，东距惠东县城平山仅12公里。南连良井镇，北邻横沥镇，西北接水口镇。西枝江贯穿东西，沿江两岸多为冲积平原。新墟三角湖、樟树潭与鹤湖等村落属平潭范围。2005年，笔者曾到平潭考察当年双方交战的西枝江战场，发现西枝江从丘陵中蜿蜒穿过，岸边

上图：平潭新墟
西枝江

下图：新墟灵湖
祖庙

的茇仔园种满了茇仔树（番石榴），新墟三角湖视野极为开阔，是一个理想的战场。2010年，笔者再次来到西枝江畔的新墟查看地形，当时在江边看到一座灵湖祖庙，庙里供奉的是东汉开国功臣马援元帅，他被封为伏波将军。马援是东汉早期的一员猛将，因抵御外族入侵而得到皇帝嘉奖。

革命军在离开上洋围前清点了兵力，原主力加杨发新组建的队伍和沿途的投军者人数近万人。10月14日（闰八月二十一日）队伍出发前，郑士良和几位将领在上洋围碰头，决定分兵出击。一支队伍前往博罗配合梁慕光围攻博罗县城。一支队伍派往附城梁化雷公岭。郑士良采取的声东击西战术果然牵制了部分清军的兵力。官府奏折写道："连日匪窜附城之梁化雷公岭，意图直出东江，各军力扼其前，不得上窜。"

（一）三角湖枪声

10月13日（闰八月二十日），革命军分路出击新墟、三角湖和马鞍墟。佛祖坳战役结束时，郑士良已派一支队伍到了平潭，以熟悉地形提前为主力决战做准备，在平潭摆出了与清军主力决战的态势。

先期到达的平潭队伍已经开始在新墟做战前准备。当年新墟见证人宋少梅回忆:"闰八月二十日是新墟墟集。赶墟的人还未上集时候,纷传'红头贼'来了。我随家人一起随着众人走避,有人同我说三点会员已经从白芒花经鹤地来了。话还没说完,忽然听得'必必卜卜'的枪声。"①

两广总督德寿接报清军连连失败的奏报后,从省城调来提督马维骐部下区某亲率"介"字营勇前往平潭围堵,革命军离开永湖前就已获悉这一消息。

陈春生在《庚子惠州起义记》一文中提到的三角湖战役,其内容正是15日的"平潭荡仔园伏击战";由于《江亚二供词》写错了时间,供词中提到的三角湖战斗也应是15日发生的荡仔园伏击战。据说"该地居民有因协助官军与党军为难者,被焚毁村庄数家,村民被杀者约三十名"。"时革军驻扎平潭等处,声势甚旺。该处粤省防军,急出拒御"。②

(二) 平潭荡仔园伏击战

10月8日,革命军在取得佛祖坳大捷后,郑士良便派出一支先遣队向平潭进发,提前在平潭西枝江一代熟悉情况,布下了"天罗地网",等着清军钻进来。果不其然,清军在沙湾和佛祖坳两次失利后,又接报梁慕光组建的义军围攻博罗县城,并另派一支队伍扑向惠州县城。14日,为配合攻打惠州县城的义军,郑士良派了一支队伍前往惠州。

惠州官府见状恐惠州城失守,急报两广总督德寿从省城增派兵力支援。于是,德寿檄调提督马维骐、刘邦盛、总兵黄金福、郑润材,吴祥达的"哲"字营、莫善积的"喜"字营、何长清的"靖"

---

① 张友仁等:《惠州三洲田起义查访录》,第267页。
② 刘中国:《打响世纪第一枪——三洲田庚子首义纪略》,第502页。

平潭茇仔园伏击
战战场

字勇、邓万林的立捷军，各率所部驰援惠州，并在惠州府城外白芒花、平潭等处与义军交绥，相持未久。由于清军兵力强大，围攻博罗县城的义军即不能支，清军乘胜进援，博罗县城围遂解。惠州城解围后，官府立即派清军向永湖开来。

根据 1961 年张友仁等人对惠阳县 79 岁毛冬采访：10 月 14 日（闰八月二十一日）清晨毛冬随清军出发，这是一支 1500 人组成的队伍。10 月 15 日（闰八月二十二日）距离平潭 4 里就到了鹤湖村边。清军根本不清楚在这片茇仔园中早已埋伏了一支"红头军"。"经过茇仔树很多的园里，看到东南面一片密密麻麻的莽草和蔗林，突然乱枪打来，清军顿时手忙脚乱，知道陷入埋伏圈里，却又不知义军有多少人，便急忙后退，但后面又有义军截击……被打成四段，乱窜"。[1]

革命军在郑士良和黄耀庭率领下于 10 月 14 日（闰八月二十一日）攻克永湖后，兵分两路向平潭进发。一路经白芒花在鹤地渡河到新墟茇仔园；一路经樟树潭抵三角湖，两路先后渡过平山河进入茇仔园（番石榴园）设伏。黄耀庭派人打探，发现不远处莫善积率领的 1500 人清军先锋队走在最前面。后面跟的是刘邦盛招募的新兵。惠州知府沈传义募士勇 200 名由归善县县丞杜凤梧管带，会同莫善积的"喜"字营、吴祥达的"哲"字营各军约五六千人。

清军仗着人多势众，浩浩荡荡向平潭赶来。过了新墟，清兵看见路边的甘蔗林，由于口渴难耐，有清兵擅自离队去折甘蔗止渴。

---

① 张友仁：《辛亥革命回忆录》，第 263 页。

莫善积和杜凤梧大声训斥，清兵就好像没听到，置之不理。队伍开始混乱，更多清兵离开队伍跑进甘蔗林。此时，突然从茭仔园向甘蔗林的清兵射来密集的子弹。清兵没有防备顿时倒下一片，尸横遍地。官府刚招募的新兵哪见过这阵势，听见枪响就慌了神，哭爹喊娘，撒腿就跑。由于是新募兵勇不熟悉地形，刚冲进江边，便被一支飞奔而来的"红头军"将其队伍截断了。

此时，一支清军在刘邦盛率领下冲了过来，也被从山上冲下来的"红头军"打散了，不少人掉入江中，由于清兵不熟水性，淹死了不少。这时，清军已经被"红头军"截为四段。"红头军"士气高涨，清军节节败退，落荒而逃。

这时，在一片混乱中，杜凤梧的护卫毛冬已和他的主人失去了联系。毛冬纵身跳进齐腰深的江水里。有些清兵慌乱中也跟着跳进江中。由于河岸高陡清兵爬不上去，水中的清兵变成了"红头军"的活靶子。伏在河边的廖庆发、何松二人打得痛快。西枝江顿时被鲜血染成了红色。

莫善积率领的"喜"字营新军被何松大队打得抬不起头来，成群的清兵跑到前面的皮子寮河。这时，一支近千人的"红头军"从小路杀出，把皮子寮河包围起来。这支队伍正是新组建的上洋围杨发大队。杨发立功心切，早等急了。他看到清兵溃散到皮子寮河后，马上带领队伍杀将过来。他还派罗迪先带领没有枪的战士专门收拾跳到河里的清兵。县丞杜凤梧为了保命随逃兵一起跳入河中。正当他在江中绝望挣扎时，毛冬奋力将其托上岸去。杜凤梧刚一上岸就被义军战士捆绑起来，成了俘虏。毛冬返回水中正在潜游，不想被一只手抓住辫子拎出水面，也成了"红头军"的俘虏，被送去平潭。

"淹死和溺水的清兵不计其数，溃散后的清军向惠城淡水、白芒花处逃遁。清提督邓万林中枪坠马。幸得广东左江镇总兵吴祥达统带'哲'字左营从海丰赶来救援，邓万林才得以狼狈逃窜。此战，革命军缴获枪支五六百杆，子弹数万发，战马30匹，捕掳敌兵数百人，立令剪去辫发。"《江亚二供词》所写闰八月二十一日（10月14日）发生于三角湖的战事和荙仔园伏击战的内容相近。不同的是："清军200人被杀，大约300人被赶下河"。

平潭西枝江畔战役的胜利极大地鼓舞了革命军，成为开战以来酣畅淋漓的一次战斗，由于战役周密策划，气势恢宏，打出了"红头军"的威风。据惠州同盟会员梁镜球口述："平潭一役，革命军大捷，事后流传着传奇般的传说。军威大振，人数益众。"广东省文史馆馆员戴德芬是平潭人。她回忆说："当庚子八月二十二日早餐后，听说发生战事，心里很高兴。在起义军已离去后，我们前去看过，还见有清兵的尸体十多具，正由乡人把它掩埋。"①

平潭荙仔园伏击战大捷是郑士良与诸将领的一次极为成功的策划。它体现了"提前设伏"和"以逸待劳"的兵法思想。以此战役亲历者毛冬1961年的访谈记录作为历史依据，加上平潭人、省文史馆馆员戴德芬的佐证，关于平潭荙仔园伏击战所述史实清晰可信。革命军副帅黄杨、先锋蔡亚生、陈亚福等将领的阵亡源于官府奏折中的信息。根据毛冬访谈，战役结束后，革命军第二天（10月16日）到了梁化墟；第三天（17日）起义军在梁化墟拜斗开会（候选训导）。下午出发前往崩冈墟，18—19日革命军陆续抵达崩冈墟。

冯自由在《革命逸史》"庚子惠州三洲田革命军实录"一文中记录了"四次大捷"，其中有两次战役在时间上发生了错误。即"佛祖坳第二次大捷"和"永湖第三次大捷"。他写道："二十四日自永湖出发，未数里，即遇见淡水退回及惠州派来之清军大队，约为五六千人，革军仅有洋枪千余……"其时间比参加战斗的亲历者毛冬在口述材料提出的10月15日（闰八月二十二日）晚了整整2天。

笔者比较后发现，所谓"永湖遭遇战"和"平潭荙仔园伏击战"是同一个战役，就连"邓万林中枪坠马"和缴获的战利品都一样。

---

① 《辛亥革命回忆录》第二集，第560页。

战役名称不同倒不重要，但时间错了则会影响整个战役的衔接。实际上，这次战斗于 15 日结束后革命军即前往梁化，17 日从梁化出发前往崩冈墟。

另外，冯自由在《革命逸史》一书中一直称"革命军"，唯独在"第三次之大捷"中改称"革军"。这是什么原因呢？由于"革军"并非冯的文字表述风格，而是香港报人陈春生在《庚子惠州起义记》中的文字表述习惯。它说明冯的材料来自陈春生。经比较后，笔者发现他们二人用的是同一个材料。不同的是陈春生在文中还提到了"蔗林埋伏"和"丛林中发枪射击"。但这一战役特点却被冯自由忽视了。但冯写的"永湖遭遇战"却失去了革命军精心策划、利用芰仔园的丛林环境设伏突袭清军的战役特点。

"平潭芰仔园伏击战"打响后，义军分路合围把清兵分成四截，不少新招募的兵勇跌落江中狼狈不堪。参加此役并被俘的毛冬当时是杜凤梧的卫兵，当年他 19 岁。1960 年张友仁采访他时，79 岁的毛冬回忆了这场战役，他讲得非常生动。笔者认为，研究久远的历史，如果不能把早期的历史文献与亲历者的口述历史进行比较，所发生的歧异足以改变历史的本来面貌。实际上，这一情况在庚子首义的早期文献记载中已经发生了。

10 月 17 日（闰八月二十四日），海丰县大樟山有数千义军，河源、和平两县也有千余人开始围攻县城。海丰县调署石镇总兵莫善积率队"围剿"，义军被冲散。河源、和平两县先派参将石玉山带广毅军策应。18 日夜，义军开始进攻河源县城，经知县唐镜沅竭力抵抗，义军退至黄沙砖瓦窑。20 日（闰八月二十七日）黎明，石玉山带清兵来到，纵火围攻，义军被俘并被斩首百余人。曾金养率众焚烧南门，被城楼营勇兵抓获斩首，义军被俘数十名。惠州各地也有义军响应，但终因寡不敌众而告失败。

（三）马鞍墟探营

马安镇位于惠阳县中部，西与惠州市市区接壤，东与平潭镇相连，南与永湖镇相连，北与水口镇相连。早在明朝初年已有马安之称。后因在墟镇东西两侧各有一山岗形似"马鞍"而得名。后因笔画繁多，用回"马安"。

郑士良派了一支队伍于 10 月 16 日（闰八月二十三日）逼近距惠州府城约 20 里处的马鞍墟。"革军乃虚竖红旗数面，飘扬林际，时提督邓万林株守城内，见革军逼近，乃率兵向蔗林进发，以枪遥击，讵料革军分两翼包抄而至，所用无烟新枪，锐不可挡。官军不能抵御。而各勇又皆新募未经战阵，枪炮器械，亦鲜精良，相率弃械逃溃，革军获其守备一名，诛之于佛祖坳。其后省垣清军尘至，又得乡团协助，革军始避往三多祝地方，距城约有百里之遥矣。"①

关于"马鞍墟探营"过去少见研究者将其纳入庚子首义。即使在冯自由《革命逸史》一文中也未见到。此材料源于香港报人陈春生撰写的《庚子惠州起义记》；此役虽然规模不大，说是"探营"却也有"开火"。它反映了革命军将士的智慧与谋略。像文中所写"虚竖红旗"有迷惑清军的意图。革命军本东进，却逆向出击，声东击西；也有伺机进攻惠州府城，侦查清军驻城兵力的双重目的。

（四）崩冈墟：夜袭敌营

崩冈墟的地名可追溯至明末清初。开始建墟时，因附近有三棵古松，取名"古松墟"。崩冈墟位于西枝江边，近处江岸有崩塌处，俗称"崩江墟"。由于"江"在广东话中发"冈"音，被写成了"崩冈墟"。后改为增光墟。

增光镇位于县境中部，东北与多祝镇相连，西南与大岭镇交界。距县城 16 公里。从平潭江边逆流而上即可到达崩冈、洋口和

---

① 刘中国：《打响世纪第一枪——三洲田庚子首义纪略》，第 507 页。

多祝。冯自由在《革命逸史》一书中把在崩冈墟江边，"红头军"
和清军发生的战斗称为"第四次大捷"。"红头军"在平潭芨仔园伏
击战获得胜利后赶到梁化墟。10 月 17 日从梁化墟出发，18 日早抵
达崩冈墟。前哨向郑士良传报说在西枝江对岸发现六七千清军。郑
士良传令让侠琴"据高地为防"，布阵接战；另派黄耀庭联系当地
人协助攻打黄沙洋和三多祝。令曾捷夫、廖和、何松等统领以邻近
河岸之高地为营，派少量枪兵监视对岸清兵的行动。他比画着手势
说："在有效射程内，间歇射击，以扰乱敌人的注意力。"天色已暗，
他安排少数人值班，大多数人找地方休息，以逸待劳。待夜深人静
之后，黄福率领 30 名枪兵，潜行至桥头突然发动攻击，清兵顿时
大乱，伤亡无数。"红头军"占领了桥头阵地。这时郑士良率领大
队人马发起冲锋，冲入敌阵，一阵猛烈的扫射。敌军已疲惫不堪，
无力应战，溃散而逃。"红头军"追至黄沙洋后因弹药不足，不敢
恋战，在黄沙洋附近扎营歇息。[1] 这一夜郑士良无法入睡，他唯一
担心的是粮食和枪械的补给问题，听说黄沙洋是一座占地 20 万平
方米的明清院落，粮仓囤积大量粮食，但驻扎有清兵和团练，怎么

西枝江畔崩冈墟
战场

---

① 王怡：《侠骨忠魂——郑士良传》，第 169 页。

才能攻入黄沙洋呢？

正当清军在惠东战场与革命军激战中遭遇连连溃败时，兴中会陈廷威跑去见南海知府斐景福说他认识革命党人，可以劝降。斐景福自然高兴，就派人随陈廷威到香港诱降革命党人。陈廷威先去中国日报社告诉陈少白，不料被陈少白骂了出来。谁知陈又找到杨衢云，由于杨衢云的立场不坚定，私下背着孙中山与清方"议和"。准备换取清军给予的"道府"一职，"赏洋若干万""准带军队五千"的权力。杨的投降行为受到孙中山和陈少白的谴责。①

第二节 "红头军"攻入黄沙洋

10月18日（闰八月二十五日），黄耀庭率领一支"红头军"与周亚祥率领的农民军会合准备攻打黄沙洋。周亚祥把三多祝卢百良召集众人举义，以及卢百良与杨新才率领数十人拟于夜里于西门接应的事告诉了黄耀庭。黄耀庭与众将领商议了进攻良策：决定由杨发和周亚祥各率人马在黄沙洋东、南、北门虚张声势，发动佯攻；何松大队则于戌时（晚7—9时）偃旗息鼓进攻西门，接应杨冠军后再转战三门，从内部打出，迎接大部队进入，包围吴祥达清军。之后，杨发率300精兵在东门擂鼓进攻，周亚祥带六七百人在南门攻打，罗迪先偕400人在北门骚扰，合计千余将士于黄昏开始向黄沙洋围村发起攻击，守卫围村的清兵和家丁一团慌乱。不少村民闻讯后已离开围村回避战乱。

---

① 陈少白：《兴中会革命史要》，第106页。

一、皇恩浩荡——"皇思扬"

位于多祝镇的皇思扬（又称黄沙洋、黄狮）村，始建于明中后期，清中期形成规模，占地面积 20 多万平方米。萧、杨、许、郑等四大家族于明末清初先后进入皇思扬。该围村经过二百多年的苦心经营积累了相当的财富。皇思扬围村不仅官宦人家多，且祖辈深受皇帝恩宠，围村更有人在广西和惠州府做高官而背景显赫，给家族带来了享不尽的荣华富贵与荣耀。

走进皇思扬围村，便可看到建于 1815 年（清嘉庆二十年）的"介寿诒谋圣旨石牌坊"。1784 年（清乾隆四十九年），萧凤来考中第三十三名武进士以后，官至二品（从一品待遇），任职广西左右江总兵。1790 年（清乾隆五十五年），建成了"武魁楼"。清嘉庆二十年，嘉庆皇帝为表彰萧凤来战功及其父母同登八十大寿和五代同堂赐予"介寿诒谋"的横匾，并准建牌坊以为纪念。牌坊前面龙凤板阴刻"圣旨"，正横额前后阴刻"介寿诒谋"和"恩荣"。从萧凤来中武进士开始，皇思扬开始大兴土木，建成"将军第""进士第""翰林第""大夫第""都尉第"等高大建筑，形成了古代建筑群。[①]

笔者在对文献史料梳理比较后发现，20 世纪 60 年代张友仁等

左图：占地 20 多万平方米的皇思扬村落

右图：皇思扬村"介寿诒谋"圣旨牌坊

①　惠东县博物馆编：《惠东县历史文化资源》，中国文史出版社 2005 年版，第 50—60 页。

左图：皇思扬村大夫第

右图：皇思扬西门附近堆放的功名石柱

笔者（左二）和同事王亮新（左一）与皇思扬村干部杨守强（右一）、肖德强（右二）老人在围村西门处合影

组织调查时，三多祝人蔡心遐的口述材料比较真实、可靠，并将其归纳为三点：第一是进攻时间。黄沙洋围村高墙大院非常坚固且有萧、郑家丁守护。10月18日晚，"红头军"开始从四面发起进攻，但却"久攻不下"。

第二是杨冠军的内应。双方对峙到寅时，即19日凌晨3时，义军内应杨冠军让族人打开西门，围村内官兵腹背受敌，挣扎到天亮，就被攻破了。"红头军"杀入围村，全歼守城清军和守护家丁，并放火焚烧房屋和粮仓。

第三是清军的反扑。10月20日（闰八月二十七日），清军既败，惠州震动，统领吴祥达从海丰兼程赴援。吴率队反攻，在洋口正面派一哨人马绕黄沙洋迤下的沙洲尾堵截。这时候起义军受到敌人优势兵力的压力，战斗很激烈，终以弹尽势蹙，先后向赤石方面退却。林海山和黄远香等绕道赤石从马鬃港入海丰。清军重新收复了黄沙洋和三多祝墟镇。蔡说："义军退却时，有二个日本人被清军杀死。"①经核对，当时确有两个日本人从海丰来到三多祝，为何会有两个日本人来到前线，他们是谁呢？

另有惠阳平山人杨纯修说："杨冠军是廪生，和林海山相好，早有造反的思想。他听到郑士良到梁化，即写信给起义军约进攻黄沙洋，并称有粮饷可靠。这封信落到已被俘虏、充当文书的杜左堂手上。杜左堂就是刘邦盛的义子杜凤梧。他和黄耀庭相识，所以他被生擒后投

杨守强指着大门上的武魁匾对笔者说：这里就是杨冠军家

降，黄耀庭委派他管理文墨事。他在收到杨冠军的信时，还给送信的 20 元。起义失败后，杜凤梧回到吴祥达部队后，指证杨冠军通

焚毁的黄沙洋村粮仓位置

---

① 《辛亥革命回忆录》第二集，第 268 页。

匪，冠军逃不走了，只好食鸦片烟膏自杀，复被清军发棺枭首。"①

"红头军"为何要进攻黄沙洋？且在攻入围村后与驻守清兵和萧村团练发生了激烈的战斗。据被俘的西路军先锋廖庆发供称："……二十五日到三多祝，攻破黄沙洋，伤毙乡民百多名，焚烧房屋数百间，无奈众人攻黄沙洋，抢取财物。"另据吴亚发供称："……无奈各人攻破黄沙洋，抢取财物，奸淫妇女，搅乱章程，人心离散……"②会党中确有自由散漫和纪律松散的现象。"搅乱章程"则说明革命军有"约法三章"。但并非每个人都能够自觉遵守。当

右图：这座高大的将军第因为大门外的花插上插了花而被完好保留下来

下图：2019年7月，笔者和同事王亮新来到皇思扬围村采访本村84岁的肖德强（右二）老人

① 《辛亥革命回忆录》第二集，第273页。
② 《辛亥革命回忆录》第二集，第268页。

有人面对财物和女色时就经不住约束和考验了。

义军将领事先已了解到黄沙洋围村的基本情况，他们认为围村中囤积的粮食和金银财宝是地主压榨和剥削得来的。宽敞的庭院和高大豪华的建筑与之前看到的所有村落反差巨大。三合会党多是出身社会底层的贫苦大众，他们有强烈的仇富心理。

杨守强告诉笔者，当时被义军烧掉的本村和其他人贮存在粮仓的稻谷约有5万多斤。"红头军"撤离后，外出避难的村民返回后将仓底残留的稻谷挖出来食用。在"红头军"看来，黄沙洋是一座典型的封建壁垒。"红头军"当时杀戮的主要是围村里的清兵和护院家丁，大部分村民和家眷闻讯后外出躲避了。

为了防止滥杀无辜和对围村建筑造成毁坏，杨冠军事先和"红头军"将领有交代，凡是在建筑大门旁边的花插中插有花草标记的建筑物不要放火焚烧。此叮嘱很见效，从而使围村中部分高大建筑得以完整保留了下来。①

左图：村干部杨守强（右）和肖德强（左）老人站在毁掉的房基上

右图：郑氏祠堂墙上的灰烬遗迹仍存

① 笔者曾多次到皇思扬了解历史情况，每次杨守强均会向笔者介绍当年"红头军"攻入黄沙洋村的情况。

2019 年 7 月 2 日，当笔者再次来到皇思扬时，村干部杨守强已联系到本村八旬老人肖德强（84 岁）访谈。肖德强老人说："红头军"攻入黄沙洋后，放火焚烧粮仓和高大老屋 30 多座，杀死了 80 多人（死亡人数与毁坏房屋的数量和蔡心暇的说法接近）。至于放火烧毁的粮仓，其粮仓遗迹至今仍在。肖老所述情况比较客观，非官府奏折胡乱夸大其词："其伪军师郑士良、刘运荣等攻据三多祝黄沙洋，焚毁民房至九百余间，杀掠男妇数百人，府县城池危在旦夕。"

"红头军"攻打围村之战歼灭吴祥达所属清军百余人，由于清兵和萧、政二姓家丁前后受敌，全部被歼。萧族绅士萧心如被打死，萧慕颜出走，其子萧汝钧在守卫南门的战役中阵亡。"红头军"也战死了 10 多人，伤亡 20 多人。

杨守强再次带领我们来到当年幸存的郑氏宗祠，查看祠堂墙面焚烧后留下的灰烬遗迹。杨说，当时"红头军"在郑氏祠堂放火时，有义士向郑士良报告，郑听说后及时制止了焚烧祠堂的行为。作为郑氏宗亲，哪能落个毁掉郑氏祠堂的恶名呢？由于郑氏祠堂内外至今未修缮，因此才保留下了当年"红头军"焚烧房屋时的遗迹。

左图：当年留下来的房屋倒塌遗迹之一

右图：当年留下来的房屋倒塌遗迹之二

二、三多祝：革命形势由盛转衰

多祝镇位于县境中部，南面观音山、牛皮嶂与海丰县接壤，东邻白盆珠镇，西毗增光镇，北靠鸡婆嶂与松坑、安墩镇相连，距县城 24 公里。多祝墟始建于明朝，因墟内三棵大竹而取名"三棵竹"，后改名为"三多祝"，取"华封三祝"之意。1951 年改为"多祝"。在官府眼里，三多祝一直是匪患猖獗之地。

黄沙洋被"红头军"攻破后，三多祝墟镇也被轻松拿下。据说，当时"红头军"通知每家每户要在门前挂一盏灯，意为"复明"。义军占领三多祝后编列队伍，厚积饷粮，准备三多祝至梅林间五日之程。

"红头军"攻占黄沙洋后，村民们都知道"红头军"是专杀封建皇族和地主老财的，因此，欢迎"中山军"的到来。不少客家农民子弟投军。队伍迅速壮大到二万多人。当时，村民并不了解情况，不少刚参军入伍的农民子弟，第二天队伍解散后就悄悄回家了。多祝墟人 70 岁的曹老在访谈时说："'红头军'曾打入三多祝，住了一夜，我见过杨亚发（杨发），他骑着细细的马，胸挂红绣球在巡街。第二日，吴祥达带了大队人马来反攻，在洋口接仗，打得很剧烈。"①

当年"红头军"走过的三多祝墟镇老街

---

① 《辛亥革命回忆录》第二集，第 269 页。

三、"红头军"鏖战洋口

10月19日，清军管带吴祥达在崩冈墟战败后，回到惠州向新任提督秦炳直复命。秦炳直只拨给他100清兵，仍派他返回海丰戴罪立功。又派莫善积带3000兵卒连夜赶去三多祝，会同吴祥达进兵洋口。此时，清水师提督何长清带大队战船沿江而上。清军水陆两路共六七千人向洋口开来。双方在沙洲尾村坝交绥后，义军败退双金路口，再与吴祥达接战，清军溃散后，再折回洋口西枝江畔。20日，双方从早上一直打到晚上。21日，革命军与官府从广州调集的清军交战后前往安墩白沙扎营。此战役江亚二参加了战斗，他被俘后在供词中有详细回忆。义军在白沙解散前还在洋口和清军交战三次，这实际上是革命军对清军最后的主动作战了。

义军曾在三多祝附近的洋口江边和清军发生过激战。图为洋口战场

（一）"红头军"洋口首战败退赤石

10月20日（闰八月二十七日），"红头军"和清军在距三多祝三公里与西枝江交界的沙洲尾村坝上激烈交战。据清史奏折："匪二十六日进踞三多祝，二十七日黎明，自晨刻战至日昃，枪炮齐施，匪不少却。"据多祝镇人邱火乾口述，吴祥达率队在洋口"遇到红头军黄福所带300多人的截击，这一仗吴祥达输了，一营死了

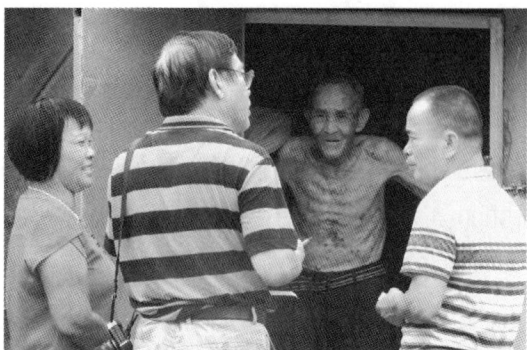

几十人。有的逃跑了，剩下只有十多人。但吴祥达仍不死心，加强
了枪炮力量再战，可红头军一枪射死了他的坐马，他换过马后边战
边走。这一仗打得十分剧烈。双方死伤不少。红头军势渐疲弱"①。
吴祥达派一哨人马绕黄沙洋迤下的沙洲尾堵截。革命军遭遇清军优
势兵力的压力，战斗虽很激烈，终以弹尽势蹙，向赤石方向撤退。

　　黄耀庭兵分两路撤到归善边界的双金路口，一路由林海山带罗迪
先、周亚祥、卢百良共 2000 人，向新庵大路前进；一路由黄耀庭带
3000 人马向海丰赤石梅陇去的路边山林而行。这时，有探报说吴祥达
率领清军追逐而来。由于清军打了胜仗，想一举消灭"红头贼"好回
去请赏。清军很快走进射击范围，只见黄耀庭举枪对准吴祥达打去，
不想却打死了吴的战马，吴从马背上摔了下来。此时，树林里枪声齐
发，清兵顿时倒地一大片，死伤 100 多人。吴率清军溃散而逃。

　　黄耀庭令廖官秀领人马抄小路绕到溃逃的清兵前面，专打清军
左翼，又令陈福领兵去打清军右翼。让罗迪先、蔡牛各带 100 人
马，绕到吴祥达背后，从莲花山麓而下，令其四面受敌，无处藏
身。这一仗足足用了两个时辰。吴祥达丢下战死的 100 多清兵，带
领残兵败将退到山后。

　　俗话说，冤家路窄。就在吴祥达沿着山野小路仓皇逃命时，却

---

① 《辛亥革命回忆录》第二集，第 269 页。

遭遇给义军送干粮的杨银魁（杨发的堂弟）。上洋围大会师时，杨银魁曾被黄耀庭封为东路财政。此时，杨银魁带着 300 壮士挑着粮食赶路。突然发现前方一队清兵走来。登高细看，正是吴祥达的残兵败将。他让大家把干粮藏在草丛中，让战士们埋伏在路边高坡等候。眼看吴祥达走进射程，突然间，杨银魁一声令下，200 支排枪齐鸣，打得吴祥达猝不及防，吴不敢恋战，丢下 50 多具尸体仓皇而逃。

（二）洋口大败水陆联军

洋口之役，郑士良在派黄耀庭前往洋口沙洲尾阻击吴祥达所率清军的同时，也派何松和杨发二人于辰时（晨 7—9 时）各带 1000 精兵埋伏在洋口稻田迎击莫善积率领的清军；派廖庆发、钟作梅率 1000 精兵埋伏洋口岸边阻击何长清率领的清军水师，由此形成"洋口三战"。

何松等人埋伏稻田很久不见动静，直到郑士良来洋口督战才发现一队清军沿着河道缓缓走来。当清兵距稻田约 10 丈远时，郑士良举枪便射，战士们射出的子弹也飞了过去。杨发队伍的排枪火力压住了敌人。这时何松发起了冲锋，杨发起身响应时，一颗子弹突然射来正中其胸膛，杨发当场牺牲。杨发的牺牲激起了战士们的悲愤情绪。何松扯开嗓子大喊："为杨发大队长报仇！"战士们纷纷扑向清军，打得清兵只剩下三四百人。莫善积狼狈逃窜。何松令人打扫战场，并在附近高地挖了一个洞穴掩埋了杨发。在郑士良主持下，众将士祭奠了杨发后队伍前往白沙。①

廖庆发和钟作梅率领的千人队伍埋伏在洋口岸边已有两个时辰，将士们焦虑难忍。忽然，廖庆发看到前边的信号树已倒，知敌军已到。放眼望去，隐隐约约看到船队从崩冈墟方向逆流而上，急令战士做好迎战准备。这时只见清军水师的船只快到眼前了。廖庆发下令开火，清军水师急忙迎战却看不到"红头军"在何处？随着

---

① 何博儒：《三洲田首义》，第 198 页。

枪声响起，清兵纷纷跌落水中。战船相互碰撞，有的陷入河边泥潭。战士扔出炸弹后，船只迅速起火。此战足足打了两个小时，清军水师被"红头军"消灭了几乎一半。廖庆发安排战士打扫战场后赶往白沙大营。

（三）"红头军"三战洋口

根据《江亚二供词》，10 月 20 日（闰八月二十七日），大约三四千名清军由广州赶来，战斗于当天上午 10 时开始，延续两个小时，直到中午，"乱党"初战失利。清军的炮弹使他们招架不住。但他们又重整队伍，一直坚持到下午 5 时，才被迫撤往三多祝。此次战斗发生在离三多祝二三里之处（即洋口），勇丁死亡 200 人，"乱党"死亡 30 人。"乱党"处于隐蔽之地，清军处于暴露之地，因而清军损失惨重，"乱党"因缺乏弹药才被迫撤离。"红头军"约计 5000 人，拥有步枪，但无大炮。清军既有步枪，又有大炮。此次无人被俘，但有"乱党"一二百人携带赃物逃往几个小村，试图溜走，被村民抓获处死。"乱党"被赶回三多祝，引起一片惊慌。许多首领逃走，部众离散。此战显然不是惠州官府所派，吴祥达、莫善积和何长清二十七日在与"红头军"的水陆较量中吃了大亏。二十八日有来自广州的清军前来支援。

10 月 23 日，孙中山给日本朋友菅原传的信中写道："吾人义兵亦起，此真适逢其会，千古一时也。举旗至今十余日，连克大敌，数破坚城，军威大振，人心附从，从来举事成功之速，未有及此也。"从时间看孙中山这封信是在台湾写的，当时，他并不了解前线的战况。革命军已处在艰苦的突围之中。

四、政情突变，外援难期

10 月 21 日（闰八月二十八日），郑士良率领队伍来到距多祝

笔者前往惠东安墩白沙村党群服务中心联系采访时合影

白沙布仓老屋曾是当年革命军临时司令部所在地

笔者和被采访的老人朱振华(左)合影

十里开外的安墩镇白沙村扎下大营。这与冯自由在《革命逸史》一书中记录的"四乡同志来投者日益众，前后两万有余，乃编列队伍，厚积粮饷，以备梅林间五日之程，是晚宿营于白沙"在时间上是一致的。清军听说"红头贼"撤退了，于是便开始屠杀三多祝附近的村民，有上百个村民被处死。此时，革命军已驻扎白沙，指挥部就设在布仓上坪。

2019年7月3日，笔者来到白沙村采访82岁的朱振华老人，他曾听父亲讲过当年"中山军"来到白沙村的事情，指挥部就设在布仓上坪自家的排屋。

20日晚，革命军刚刚在白沙安营扎寨，郑士良接到来报：从海丰来的客人求见。郑不由得提高了警惕，谁会知道革命军在白沙？思考间，客人已经走进房屋。"郑司令你好!"郑士良抬

采访白沙村朱振华老人（右三）

头望去，来人正是军师山田良政。带领山田良政和他同乡南京同文书院学生栉引武四郎一起来的是三多祝人曾捷夫。[①] 郑士良招呼客人就座。

郑士良有点疑惑地询问："你们是怎么找到这里的？"曾捷夫说：我受孙大统领派遣陪山田良政军师二人一起从香港先到海丰，再来到这里的。山田说："多亏捷夫给我们带路。"说话间，山田从内衣夹层中取出一张纸条呈给郑士良说："这是孙先生托我转交给郑司令的电文和一面青天白日旗。"郑士良还以为后援有望。他打开电文，只见纸上写着稀疏的两行字：

> 政情突变，外援难期，即至厦门，亦无所得，军中之事，请司令自决进止。

看完电文，郑士良眉头紧锁，半天无语。这时，有探兵来报，清军从广州调集人马六七千人向多祝方向猛扑过来。于是，郑士良即刻召集众将领商议对策，准备分路突围。此时，山田良政和随行的栉引武四郎也请求参加战斗，郑士良应允，令士兵为其备马。并

① 《惠东县志》，第920页。

让黄耀庭告传令兵通知全军将士到上坪集中。由于情况紧急，曾捷夫先行告别，从东叶洋嶂经稔山，乘船前往香港。革命军开始做突围准备。

次日晨，郑士良当即召集众将士宣布了孙中山来电和解散队伍的决定，决定兵分两路突围。此消息犹如晴天霹雳让众将士震惊不已，大家不愿解散而议论纷纷。其中，有一群年轻后生在队列中喊道："总司令，我们才刚刚参军啊！"郑士良挥了挥手说："弟兄们，我很理解大家的心情，革命军自出发到惠州半个多月来，为实现共和，大家追随孙统领干革命，出生入死，歼敌数千取得了辉煌战果。由于日本不支持中国革命，存放在日本的枪械无法使用。我们的确遇到了困难。但我们不会忘记牺牲的每一位将士。这次'东进'绝不是失败，而是一次绝好的革命实践，革命一定会成功的！"总司令的一番话让战士们热血沸腾！此时，全军将士跟随副司令黄耀庭高呼："打倒列强！推翻清朝！跟孙中山跟到底！"将士们激情四射，呼声遍野！

五、"两个日本人死亡"之谜

1960 年 5 月 17 日至 29 日，广东省文史馆副馆长张友仁同何博、秦咢生来到惠阳平山，由戴德芬（家住平山的省文史馆馆员）负责联系当地的知情老人家到公社敬老院采访。我们在多祝公社敬老院采访到 72 岁的蔡心暇老人。蔡在介绍 10 月 20 日（闰八月二十七日）义军同清军在沙洲尾激战败退的情况时，说道："下午三时许，清军复夺黄沙洋，占据了多祝墟，义军退却时，二个日本人被清军杀死。"根据史料，这一天正是山田良政抵达惠东三多祝的时间。

研究者一般都知道，有一个日本人山田良政在突围中因迷路被俘后被清军杀害于三多祝西墟门，怎么会又多了一个日本人，而且说两个日本人在 20 日被清军杀死。蔡心暇说得这么肯定，一定是他亲眼所见或听人谈起过这件事。笔者在中山大学李吉奎教授撰写的《孙中山与日本》一书中找到了两个日本人。这两个日本人一个是山田良政，另一个是山田良政的老乡，南京同文书院的学生椛引武四郎。他们二人从海丰来到惠东前线多亏有曾捷夫的陪同，20 日，才能在白沙找到了革命军临时驻扎营地白沙村布仓上坪临时司令部所在地。山田良政把孙中山让他捎给郑士良的电文交给了郑士良。

山田良政和同乡椛引武四郎是从海丰出发，经过三多祝来到白沙的，解开了蔡心暇所说"二个日本人死亡"之谜。当时确有两个日本人来到三多祝，但遇难的只有山田良政一人。李吉奎教授在《关于山田良政之使命及其牺牲》一文中提出了以下两个问题：第一，孙中山的回忆："山田等到郑士良军中时，已在起事三十余日矣。"则与起义前后时间不合。第二，过去的著作都未提到还有另外的日本人参与惠州起义事。有椛引武四郎者曾参加惠州举事，突出重围后赴上海。椛引以后还参加中国革命党的活动，在"二次革命"中战死于南京。①

长期以来，研究者多持"山田良政到前线专为送电报"观点。认为"山田良政去潮惠发动"的较少。李吉奎教授曾提出了这一问题。"10 月 16 日（闰八月二十三日），日本驻福州领事丰岛捨杬报告外务省，据参与孙逸仙阴谋的山田良政致此地某著名人物之私函，称孙逸仙因台湾总督对华南经略之支持尚未停止，闻之大喜，决定在广东潮州—惠州间起事。山田良政准备出发去香港。为孙逸仙等举事，据说将由台湾出兵向厦门以南之云霄县铜山港上路之行动。"② 这里所说山田良政的任务很清楚，是去潮惠间发动起义，非

---

① 李吉奎：《孙中山与日本》，第 154 页。
② 李吉奎：《孙中山与日本》，第 154 页。

专为送电报而来。对此观点也有旁证，平山周说，他与山田相继到台湾后，"此时嘉应人陈南至，谓海丰、陆丰的同志们在准备起义。于是孙中山遂令山田与陈南同行，并予以举兵的全权"。"10月8日，山田等从台湾出发，经香港赴海丰，因情况不对，转而投入惠州革命军。"①

山田在随队伍突围中迷路被俘，被清军将其和其他被俘的义军一道押到西墟门杀害。所埋之地正是皇思扬村萧氏墓园。关于山田良政遇害的说法很多，有说山田是在战场中阵亡；但据当日参加战斗的林海山回忆，山田"因迷途为吴祥达部下洪兆麟所获，在三多祝之西墟门口害之"②。

冯自由在《革命逸史》"第四次大捷"中记录，"二十八日至多祝……是晚宿白沙"③，这一时间晚了一天。山田是于10月20日(闰八月二十七日)晚抵达白沙大营的，21日随队伍突围，22日被俘遇难。当天黄福、林海山等已抵盐洲江乘帆船返回香港。

1914年到广东，山田的弟弟山田纯三郎偶然遇到一位南军将

多祝西墟门山田良政及被俘志士遇难掩埋地

① 李吉奎：《孙中山与日本》，第154页。
② 李吉奎：《孙中山与日本》，第154页。
③ 李吉奎：《孙中山与日本》，第155页。

领（洪兆麟），该人承认是他杀了山田良政：
"由于彼此之间有些谅解，所以我们追击义
军。但义军开始撤退的时候，六个士兵向我
们开枪。设法叫他们逃，但他们却坚决地抵
抗，于是我下令捕杀他们。"被杀中有一个被
认为系日本人，因怕日本知道，便将尸体与
中国人埋在一起了，并令严守秘密。[1]2014
年，山田的外甥孙女冈井礼子从日本千叶县
来到深圳，她送给笔者一本日本爱知大学东
亚同文书院武井义和撰写的《支持孙文的日
本人山田良政和纯三郎》一书。书中不仅有

山田良政遇难执
行人洪兆麟

洪兆麟身着戎装的全身像，还写有：洪兆麟下令对山田良政等人处
决。至此，山田良政的死因得到了进一步确认。

　　1913 年，孙中山在日本出席了山田良政的追悼会，并专门为
山田良政题写了碑文："山田良政君，弘前人也。庚子又八月，革
命军起惠州，君挺身赴义，遂战死。呜呼！其人道之牺牲，兴亚
之先觉也，身虽殒灭，而志不朽矣。"1918 年，山田良政胞弟山田

1913 年，孙中山
在日本参加山田
良政的追悼会

---

[1]　李吉奎：《孙中山与日本》，第 154 页。

1913 年山田家族和相关朋友的合影。右三是山田妻子和孩子，右五、右六是父亲浩藏和母亲，后排左四是山田纯三郎

1911 年 12 月 21 日，孙中山（右）与山田良政胞弟山田纯三郎（左）合影

纯三郎奔赴岭南，携朱执信从三洲田带回抔土归葬家乡祖坟旁，孙中山派员代为致祭；次年 9 月，孙中山复派员携手书碑文赴弘前，将碑安置于菩提寺内。

第三章

庚子首义历史问题研究

有志之士，多起救国之思，而革命风潮自此萌芽矣。

——孙中山

　　关于辛亥革命运动早期活动的研究，仍须从考察其话语的形成入手。其话语权的来源很重要，比如，庚子首义的话语主要来自以下三个方面：一是从革命党人的历史记忆与叙述中得到话语；二是通过对报刊、书信的搜集得到话语；三是从亲历者和见证人采访的历史回忆中获得话语。

　　广东省文史馆副馆长张友仁在"庚子惠州三洲田起义查访录"一文中指出："关于三洲田起义的经过，孙中山本人未曾有过详细论述，与闻此役的宫崎寅藏所著的《三十三年落花梦》一书以及冯自由和陈春生搜集整理的有关史料中，也缺乏比较详细的记录。"[①]陈友仁馆长之所以这么说，是因为他在两次实地调查访问中掌握了话语权。第一次是在 1960 年 5 月 17 日至 29 日，他与何博、秦噩生等同志先到惠阳平山与家在当地的戴德芬同志一道，前往义军打过仗的平潭芨仔园考察，并和当地老人座谈，最后赶到三多祝人民公社调查。第二次是在 1961 年 5 月 13 日至 20 日，他们到惠阳镇隆佛祖坳，再转淡水、宝安坪山，到三洲田和沙湾进行采访。从对 21 个知情人开展的访谈来看，几乎覆盖了革命军在惠州战场的所有战役和经过。其中以戴焕扬对沙湾之役、叶承源对佛祖坳之役、毛冬对平潭芨仔园伏击战、蔡心暇对黄沙洋之役的回忆最为客观、真实和生动。这些出自亲历者或见证人的话语令人信服。同时也是通过口述历史验证历史真相的最好证明。

---

　　① 　刘中国：《打响世纪第一枪——三洲田庚子首义纪略》，第 549 页。

由于张友仁组织的实地调查时间比较早，当时采访的 70 多岁的老人当年均是十五六岁的少年，这些少年都是庚子首义的亲历者与见证人。现在看来，这次实地调查是广东省文史部门最早采取科学方法对庚子首义进行的野外调查。通过调查抢救了一批重要的口述历史材料。这与早期著作和文章由于缺少第一手资料的研究有很大不同，其根本区别就是获得的话语在历史客观真实性方面的差异。由于张友仁等人的调查掌握了起义真相的话语，这是极其珍贵和重要的。

然而遗憾的是，研究者对于这批材料并未深入分析和充分利用。

至于"孙中山本人未曾有过详细论述"，此说也颇为客观。因为孙中山本人多次表示待适当时潜入内地督战，但因多种原因终未实现自己的想法。即使在台湾设置起义指挥部，也并未发挥重要作用。台湾总督儿玉承诺对革命军的"接济"放了空炮；孙中山离开台湾返回日本。他对起义过程的了解是听取郑士良的汇报。关于学术问题，孙中山曾在《有志竟成》一文中回忆："夫自民国建元以来，各国文人学士之对于中国革命之著作，不下千数百种，类多道听途说之辞，鲜能知革命之事实。而于革命之原起，更无从追述。"[1] 这显然是对民国初期蜂拥而起的著述出版热潮中的浮夸治学态度给予的严厉批评。

最早以自传体回忆录体裁整理"惠州事件"史料的是日本友人宫崎滔天。1902 年，他在经济十分拮据的情况下出版了《三十三年之梦》(单行本)，此书介绍了他所知道的"惠州事件"。大凡了解这段历史的人都很清楚，宫崎寅藏由于"新加坡刺康"案被捕入狱，虽被释放却被英国殖民当局禁止在五年内登陆。这件事发生在 1900 年 7 月。因此，宫崎、清藤等开始参加起义筹备的日本友人均无法入境前往惠州参加起义。进入惠州前线并牺牲的日本友人唯有山田良政一人。因此，宫崎多是从孙中山那里了解到的一些情

---

① 孙中山：《建国方略》，第 64 页。

况。他在《三十三年之梦》一书中写的"惠州事件"所反映的起义历史状况仍是有限的。

孙中山得力助手陈少白撰写记录兴中会革命活动的《兴中会革命史要》曾于1929—1930年在《建国月刊》连载。起义前夕陈少白分工负责后勤接济，但他也未去过惠州前线。谢缵泰以日记体裁撰写的《中华民国革命秘史》（英文版）于1924年发表在香港的《南华早报》上。这两部书均具有历史参考价值，但对庚子首义战役经过的描述则很少。

香港报人陈春生撰写的《庚子惠州起义记》等文章多来自海外媒体的一些报道。他虽然在文章中谈到了一些史料，但仍缺少对起义过程整体性的分析和介绍。冯自由历时十余年撰写完成的《革命逸史》（6集）成为早期研究辛亥革命历史的珍贵史料。这本书从1936年开始，作者根据《中国日报》和自己多年的笔记、往来书信及调查表册等史料纂写，主要侧重于个人言行和逸事。

有关庚子首义的介绍在《革命逸史》第5集"庚子惠州三洲田革命军实录"中。由于冯自由的资料来源极其复杂，如果单以这些资料恢复庚子起义的真相是困难的，无法完成战役的链接。例如：他在"第二次大捷"中写道："二十二日趋镇隆，清兵已出佛祖坳。"他写的是闰八月二十二日，即阳历15日。这与亲历者的回忆在时间上相差了6天。而10月15日革命军已经在平潭打完了胜仗，准备前往梁化参加训导了。另外，冯自由叙述的"永湖遭遇战"（即在永湖和革命军交绥后发生的一场激战）是在闰八月二十四日（10月17日），在时间上晚了两天，原本与15日平潭芨仔园伏击战属同一战役。结果造成了革命军又在永湖与清军发生战事的错误。

由于早期著述在搜集原始资料方面存在的困难，利用手头仅有的资料去恢复历史真相会冒很大风险，甚至会丧失已经得到的话语权。1901年，孙中山与美国记者林奇谈话中谈到惠州之役发生了12次战斗。但冯自由在《革命逸史》一书中只提到了"四次大捷"，其中两次战役在时间上是错误的。这说明冯自由当时所掌握的庚子起义战役的原始资料是极为有限的。

第一节　首义历史问题的提出

随着历史学研究方法的应用，人们在调查和采访中发现，有关庚子"惠州起义"亲历者和历史见证人的访谈不仅和早期文献资料在恢复历史真相时无法契合，而长期被研究者忽视的口述历史材料，以及对口述历史材料所具有历史价值的认识，均是早期文献和史料中所缺少的。

具体分析：一是研究者对地方史志不熟悉，如在人名、地名、村名等方面发生的错误较多；二是有些历史问题虽然提出了却不够深入，比如起义爆发时间，在很长时间，研究者多在注释中列举并存的"三种时间"，却少见对这一问题的成因作深入分析；三是研究方法单一，忽视了实地调查和口述历史对历史事件的证史作用。

"战役问题"是起义基本历史问题。比如：革命军与清军共打了几仗、双方胜负和伤亡情况、何时结束战斗？孙中山是怎么评价战役问题的？由于过去对于战役史料的对比分析不够深入，从而导致"战役问题"成为庚子首义历史研究中的薄弱环节。

一、常见历史问题分析

庚子首义作为地方历史，其调查研究从 20 世纪 60 年代就已经开始了。当时，惠阳县刚把龙岗和坪山等地划归宝安县。广东省文史馆张友仁偕本馆业务人员深入惠阳和宝安两地，对当地知情老人进行访谈。

笔者在查阅了 1961 年的实地调查资料后发现，张友仁等人抢救的亲历人和见证人的口述材料，对于恢复起义真相具有重要价值。本书在第二章"沙湾打响第一枪"和"智取佛祖坳大捷"以及"白沙扎营，政情突变"等历史的叙述中多引用了这些口述资料。这些资料不仅可以弥补文献史料的不足，甚至可以纠正早期著述中存在的错误问题。比如：沙湾首战爆发的那天清晨，15岁的少年戴焕扬正在坡上放牛。他亲眼看到了革命军大喊着从坳顶冲下，清军失败溃逃和黄福"三面包抄"、郑士良派"义军支援"等情景。而这些内容在冯自由《革命逸史》"庚子惠州三洲田革命军实录"一文中是没有的。

　　但需要检讨的是，一些本不该发生、相悖于历史的错误由于研究者未作深入分析和甄别，造成的错误被引用和不断传播。2001年，深圳学人邹瓒曾在《庚子三洲田起义三题》①一文中针对庚子首义研究中存在的"地域概念不清"等问题提出："地域概念不清楚，易给历史事件的研究造成难度和混乱。"笔者认为，邹瓒提出的问题属于庚子首义研究中常见的问题。主要是研究者对地方历史区划变迁不熟悉所致。现从邹文中抽取两段说明。

（一）关于地域概念

　　邹瓒提出：庚子三洲田起义的地点三洲田村，因其隶属变化很大，一般的著述和文章，大都没有表述清楚，甚至是完全错误的；即使三洲田起义发生地，今天深圳研究者的一些著述，提法也是错误的，如"1960年以前三洲田属惠阳县管辖，故史学界称之为惠州起义"②，还有的文章称其："三洲田村地点在今广东惠阳。"③作者认为这些提法都是不确切或者是完全错误的。

---

① 邹瓒：《庚子三洲田起义三题》，《民国档案》2001年第4期。

② 深圳博物馆编：《深圳近代简史》，文物出版社1997年版，第103页。

③ 《纪念辛亥革命七十周年史料专辑》(上、下)，广东人民出版社1981年版，第59页。

（二）关于隶属关系

邹赞认为的起义地点三洲田村隶属过惠阳是对的，但不是隶属"今天的惠阳"，而是隶属今天的深圳市盐田区。三洲田村在起义时属惠州归善县管辖。民国初年归善县改名为惠阳县，1960 年三洲田村划归宝安县；1980 年又从宝安县划归深圳市罗湖区，1997 年划归从罗湖区析出的盐田区。

（三）历史线索与认知

笔者在梳理史料中多次发现，一些书籍和文章对庚子首义的描述，多因历史线索不清楚而引发错误；如果历史线索模糊，那么，对历史的认知也会发生错误。现列举如下：

1.有一篇地方志短文写道："清光绪二十六年（1900 年）闰八月，郑仕良率众数百人在惠阳三洲田起义，首战告捷，全歼各据点清军。接着，进军沙湾，全歼兰花庙清军，缴获枪枝 40 余支，弹药数桶，直通新安（今宝安）县城……"（《惠东县志》"重要兵事"）[①]该文在地名、人名和史料等多处发生错误。多处提到的"全歼"均不正确。

2.有研究者提出："10 月 5 日，驻沙湾兵勇截去义军干粮饼食数担，形势危在旦夕，而革命军司令郑士良滞留香港，群龙无首。"[②] 实际上，10 月 3 日郑士良从香港押运武器回来后，一直在深圳部署起义。这是引用早期史料造成的错误。

3.也有书籍提出"三洲田起义"的说法不正确，应该是"马峦山起义"。实际上，三洲田和马峦山都是庚子首义大旗下的共同体。庚子首义发轫于三洲田，是孙中山确定的地点；马峦山罗生大屋是三洲田革命军司令部东迁后加盟的。另外，关于孙中山派员"拨款

---

① 《惠东县志》，第 718 页。

② 刘中国：《打响世纪第一枪——三洲田庚子首义纪略》，第 189 页。

建设马栏头强华学校并亲笔题词"的传闻并不准确。据调查，强华学校是海外罗氏宗亲于民国成立后建的；孙中山有无命名仍有待史料的验证。

二、战役问题研究

基于对"战役问题是起义基本历史问题"的判断，笔者将战役问题作为本书主要研究的内容。鉴于过去对战役问题的整体研究和认识不足，疏漏且语焉不详的内容比较多，其主、客观原因都有。由于战役跨越地域广、参与人数多、投入兵力大、交叉作战等情况错综复杂，给研究带来不少困难。因此，要厘清战役问题不仅需要拓宽视野，还需更多采用第一手资料和综合研究的方法进行分析。

冯自由在《革命逸史》"庚子惠州三洲田革命军实录"中很早就记录了革命军在沙湾、佛祖坳、永湖和崩冈墟四次大捷，并对"虎门之停顿""博罗之响应"等历史作了梳理。鉴于冯自由、宫崎滔天和陈春生多采用二手资料，作者并无实地调查经历，记录的战役有限。如：革命军与清军交绥后发生了12场战斗，在冯自由《革命逸史》"庚子惠州三洲田革命军实录"、宫崎滔天《三十三年之梦》"惠州事件"和陈春生《庚子惠州起义记》三篇文章中，只列举了4—5次战役。其中部分战役在时间、地点和内容上与亲历者的口述历史有较大出入。

早期的文献史料有其自身历史价值。但随着人们认识的不断变化、观念的更新，需要与更多的第一手资料进行比较。如：清军在对义军"围剿"时，义军不仅会分头出击，而且会交叉进行。如果不加以分辨就无法反映战役的状况。另在"战役问题"研究中，少见引用起义失败后孙中山对战役的评述。研究者可能会提出孙中山未到惠州前线督战，其看法是否准确的质疑；但却忽视了郑士良向他报告的战役情况。

1901年春，孙中山在日本横滨寓所与美国《展望》杂志记者林奇有一番谈话，孙中山向林奇介绍了庚子首义的情况。起义失败后，郑士良于11月2日潜回香港。他在香港稍事停留后即前往日本。根据史料记载，孙中山从台湾返到日本门司港的时间是11月15日。郑士良在横滨等候多日后向孙中山报告了革命军在挺进厦门途中遭遇清军围追堵截，以及弹尽后队伍解散和突围的经过。他们二人还谈到了山田良政的就义，对此感到痛惜和遗憾。①

（一）战役问题

本书把"战役问题"分为：战役爆发时间；战役爆发地点及关系；双方交战次数；战役胜负，以及"队伍解散"和"队伍解体"；首义属地区划变迁等问题。

第一，关于战役爆发时间。在多部著作和文章中发现，起义爆发时间，长期存在三个时间并列的情况。研究者多在注释中说明，但均未解释形成"三个时间"的原因。莫世祥教授指出："三洲田起义日期历来有三种说法，一说10月5日，一说10月6日，一说10月8日，后两说的出入在于确认进攻沙湾日期的分歧。义军既于10月5日在三洲田举旗誓师、诏示起义，起义日期应据此厘定。"②

笔者认为，起义爆发时间涉及起义筹划、起义时间变更、"祭旗起义"概念等。此问题可通过比较研究来厘清。

第二，首义爆发地点及关系问题。近几年来，陆续有一些对庚子首义爆发地点的议论。即"起义是在哪里爆发的，是在三洲田还是在马栏头？两地究竟是什么关系？甚至有说"庚子首义是在马栏头爆发的"（见第二章）。

---

① 王怡：《侠骨忠魂——郑士良传》，第190页。
② 《深圳文史》第四辑，第273页。

　　第三，关于战役次数和结束战斗时间。孙中山曾回忆"在沙湾与三多祝之间进行了十二场战斗"，"战斗仅仅持续了二十天"。[①]经统计，双方交战确为十二场（不算小股摩擦，突围阻击和博罗、河源、平海等策应的战斗）。如果按照20天结束，大致是在10月26日（九月初四）撤出战斗。宫崎滔天在他的书中也写道："开战二十余日，同志二万余人。"[②]两广总督德寿《奏惠州会战事和请赏》的奏折记载："九月初五日（27日）追至黄埔地方，相隔甚近，匪众数万列队抗拒……"[③]它证实革命军从10月22日在白沙解散后，至10月27日经过6天突围已行至巽寮和平海，准备乘船返回三洲田了。这说明郑士良向孙中山汇报"战斗仅持续了二十天"是有历史根据的。

　　第四，关于队伍解散问题。孙中山在与记者林奇谈话时指出，队伍解散是在10月22日；队伍解散后1000名洋枪队员分水陆两路突围撤回三洲田仍与清军抗衡。队伍在行至大鹏时又解散了一次。惠州官府派水师何长清和游击陈良杰前往梅沙和横岗围困革命军。革命军余部于11月7日在三洲田解体。

　　第五，关于首义属地区划变迁问题。庚子首义属地区划变迁，是首义历史研究中出现错误较多的环节。此为研究者对地方历史不熟悉所致。笔者发现，部分著作和文章中地名错误较多。笔者曾多次前往惠阳市和惠东县调研，发现当年的"白芒花"早已改为"白花"；"三多祝"已改为"多祝"；"崩冈"已改为"增光"，在奏折和供词上把"梁化墟"写成"杨花墟"（谐音）等。由于研究者未经核对，造成错误并随着文章引用而不断传播。比如：在官府奏折中出现"马笼头""马骝头"。当地只有"马栏头""马兰"和"马峦"。也有研究者把惠阳良井的"大湖洋"写成了"海洋"。以上地名已

[①]　《孙中山全集》第一卷，第209页。

[②]　[日]宫崎滔天：《三十三年之梦》。

[③]　深圳档案馆编：《深港边界档案史料选编》第一集（明清时期）。

经核对，是错误的。

（二）史料分类

本书把涉及庚子首义历史的史料分为四类，即通过史料对比和分析，找寻规律去查找症结所在。有成语"雁过留声"。笔者深信，历史事件发生后及其影响均会在不同史料中留下痕迹。根据当时历史条件下所涉及的文献史料，笔者将其分为四类。

第一，孙中山书信。主要是1900年首义爆发前后孙中山关于战役的书信，主要收录在《孙中山全集》或散见于相关论著和文章中。孙中山书信可作为比较研究中重要的参考史料之一。

第二，烈士供词。义军将士被俘后，清军会让被俘人员写供词，大致有以下情况：一是被俘者为保全性命如实招供；二是认为招不招均会问斩，故随便应付。供词属亲历者的回忆，具有参考价值。但仍需要分析和对比，有些蛛丝马迹的历史回忆可以发现历史线索。比如：本书第二章"郑士良赴九龙押运武器弹药"即是从《江亚二供词》中发现的历史线索。但需要"去粗取精"和"去伪存真"。

第三，官府奏折。官府奏折可以参考，但奏折时间比实际战况时间晚；尚存夸大战绩和掩饰错误的失实情况。正如香港《中国日报》编政陈春生所说："官场文告多铺张失实，或颠倒是非，不可尽信。"①

第四，文献资料。文献资料的范围较广，如果对起义时间有引用，可以用来比较和验证；如果没有引述或引述得较少，便能够说明一些历史问题。

本书采用以上四种不同类别的史料尝试对"起义爆发时间"进行比较分析，希望提高历史事件的真实性与可信度。

---

① 刘中国：《打响世纪第一枪——三洲田庚子首义纪略》，第510页。

三、起义爆发时间研究

关于庚子首义爆发时间有三种说法。即 1900 年 10 月 5 日、10 月 6 日、10 月 8 日。为何三种时间会长期存在，实际上，在历史研究中形成这种问题是长期未解决的遗留问题。它让研究者在研究庚子首义历史时必须在注释中加以说明。但却始终无法说明是什么原因造成的这一现象。

（一）初步分析

1.“5 日说”——“一九〇〇年十月五日，郑弼臣将军在惠州升起了独立的旗帜。”[①]（谢缵泰著《中华民国革命秘史》）谢缵泰所说“升起独立的旗帜”是指祭旗仪式，并非指起义爆发时间；又如莫世祥教授在《三洲田起义二题》中提出：“10 月 5 日下午誓师祭旗……”[②] 也有研究者认为这个时间“起义军集结在三洲田、马峦（栏）头山寨”[③]。很清楚，誓师祭旗是分别在两地进行的。10 月 5 日是革命军祭旗的日子。

2.“6 日说”——“10 月 6 日，郑士良便在惠州三洲田开始行动起来，于是惠州之役由此爆发了。”（彭泽周著《近代中国之革命与日本》）有些研究者是参照孙中山写给犬养毅信函中“10 月 6 日，郑军起事”作为起义时间依据的。

3.“8 日说”——“十月八日，起义军统将黄福亲率冲锋队八十人袭击清军于沙湾，击毙清军四十人。”（金冲及、胡绳武著《辛亥革命史稿》）。6 日与 8 日的日期明显是指“起义爆发的时间”，即双方开战的日期。但为何会出现前后两个时间呢，不妨采用不同的

[①] 　谢缵泰：《中华民国革命秘史》，广东人民出版社 1981 年版，第 284 页。

[②] 　《深圳文史》第四辑，第 294 页。

[③] 　何博儒《三洲田首义》和《深圳市盐田区志》均提出祭旗起义是先后在三洲田和马栏头两地举行的。

"类别材料"进行一下比较和分析。

（二）类别比较

　　历史事件留下的痕迹会在不同史料中有所反映。如：孙中山信函、烈士供词、官府奏折和历史文献等。笔者拟结合著作或文章对四个类别进行比较，以提取历史信息。通过类别比较，观察信息的可靠性；同类数量可供评估参考，但类别比较是否平衡很重要。经比较发现，表3-1：类别齐全，基本平衡；表3-2：四项类别不全，不平衡。说明"8日说"未得到类别数据给予的支持（鉴于"5日说"非针对起义爆发时间，加之类别信息不足，故不作比较）。

表3-1　庚子首义爆发时间比较一览表（"6日说"）

起义时间	类别	内容比较	资料出处	同类数量
1900 年 10 月 6 日（闰八月十三日）	信函类	十月六日郑军起惠州……	《孙中山全集》第一卷	《孙中山致犬养毅函》1 例
	奏折类	猝闻兵到，遂定于十三日竖旗起事……	冯自由：《中华民国开国前革命史》	《清粤督德寿奏报惠州革命党起事折》1 例
	文献类	10 月 6 日（闰八月十三日）惠州起义爆发	陈锡祺主编：《孙中山年谱长编》	李恭忠、黄云龙《发现底层：孙中山与清末会党起义》、杨天石《帝制的终结——简明辛亥革命史》2 例
	供词类	（十三日）10 月 6 日早上……	刘蜀永译：《国外中国近代史研究》第 18 辑	《廖庆发供词》《吴亚发供词》《唐皮供词》3 例

表 3-2　庚子首义爆发时间比较一览表（"8 日说"）

起义时间	类别	内容比较	资料出处	同类数量
1900 年 10 月 8 日（闰八月十五日）	信函类	未见	未见	未见
	奏折类	未见	未见	未见
	文献类	（1）十月八日，起义军统将黄福；（2）闰八月十五，郑士良……	金冲及、胡绳武:《辛亥革命史稿》	冯自由《革命逸史》、《惠阳县志》2 例
	供词类	未见	未见	未见

（三）比较结果

1. 表 3-1 "6 日说"，"类别"反馈信息比较齐全；在"同类数量"中，"文献类"和"供词类"均有数量体现；它证明"6 日说"在文献和供词中留下的史料痕迹最多。

2. 表 3-2 "8 日说"，"类别"反馈的信息不全，在"信函类""奏折类"和"供词类"中为零；唯独在"文献类"中有反映。

3. "8 日说"是怎么形成的？为何会在三个类别中没有出现呢？

可从起义计划的制订与变更作以下分析：

第一，"10 月 8 日举义"应该是孙中山和革命党人开始确定的起义日期。据《惠阳县志》"大事记"记录："光绪二十六年（1900年）闰八月十五，郑仕良、黄耀庭等奉孙中山之命在坪山三洲田起义。"①

第二，何博儒《三洲田首义》写道："三洲田山上，自从孙大统领于清明节借扫墓为名，上山与众人商议，决定于庚子年又八月中秋，即 1900 年 10 月 8 日举行武装起义之后，经过半年的宣传、组织准备，就于 10 月 5 日，也就是庚子岁闰八月十二日，由郑士

---

① 《惠阳县志》，第 18 页。

良司令主持祭旗，宣布了于 10 月 8 日依期举义。"①

第三，既然已经确定了起义时间放在 10 月 8 日，为何却未能实施，而且，这一机密是否在郑士良宣布后就已经泄露外传了。宫崎滔天在他的书中写了一段话："孙先生的命令尚未到达山寨，水师提督何长清已调动部队二百人进驻沙湾，欲进横冈以进三洲田。义军早已探知此事，坐以待敌则不利，不如先发制人，以丧敌胆，用振军心。"② 起义时间较原计划提前了两天，从原定的 10 月 8 日改为 10 月 6 日。10 月 3 日，清军大部队进驻深圳，形势危急。郑士良召开紧急会议决定提前两天发难。但原定 10 月 8 日起义的消息已传了出去。否则，民间不会流传"八月十五杀鞑子"！也不会在部分早期文献中将 10 月 8 日作为起义爆发时间。起义爆发后，像孙中山信函、官府奏折和烈士供词中却少见或不见 10 月 8 日的踪影。它说明起义爆发后，知情的研究员已接受了 10 月 6 日（闰八月十三日）这个既成事实的起义爆发日期。不知情的作者仍写 10 月 8 日。10 月 5 日之说则是将"祭旗"和"起义"放在一起说了。在《吴亚发供词》中，提出起义是在"闰八月十三日子时竖旗骑马"。子时跨越了 5 日至 6 日，也是"5 日说"的原因之一。本书是以 5 日作为"祭旗宣誓"，6 日作为起义爆发日。如此比较虽然有点复杂，但只要能够通过比较解决时间问题还是值得尝试的。

四、起义属地区划变迁

起义属地区划变迁问题，主要是指庚子首义革命根据地三洲田和马栏头的行政归属和变迁问题。这一问题曾给研究者深入研究增

---

① 何博儒：《三洲田首义》，第 53 页。
② 《深圳文史》第四辑，第 225 页。

添了困扰，也是导致研究中错误频发的原因。它是多种原因造成的。一是研究者手上没有研究所涉及的归善县、惠阳县、惠东县、新安县和宝安县地方志书，无从查阅；二是研究者对地名的变迁问题认识不足，直接引用了他人文章中的错误，从而导致错误不断传播。比如：在《江亚二供词》和官府奏折中发现的地名错误较多。有的书籍和文章由于不了解起义爆发的区划变迁，接连发生一些本来可以避免发生的概念性错误。

1900 年（光绪二十六年），庚子首义爆发地三洲田和马栏头皆归属惠州府归善县。据《惠阳县志》载："自隋开皇九年（589 年）起，至民国前统称归善县。归善县之名长达 1323 年［至民国元年（1912 年）］。且历朝上一级行政中心（州、郡、府、路）均设在县境内。1912 年（民国元年）惠州"光复"，废府后归善县合并为惠阳县。实行省、道、县三级制时，属惠潮嘉道；不久又改属嘉循道所辖。现今能找到的《归善县志》有康熙十四年（1675 年）刻本和乾隆四十八年（1783 年）刻本两种。"①

新中国成立后，惠阳县几经分合。1949 年 12 月，惠阳、惠东

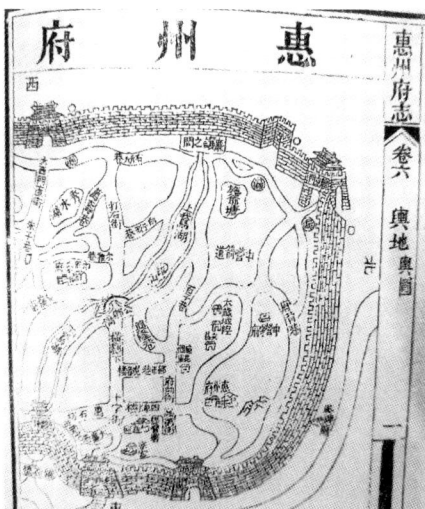

左图：《惠州府志》地图书影

右图：《归善县志》疆域书影

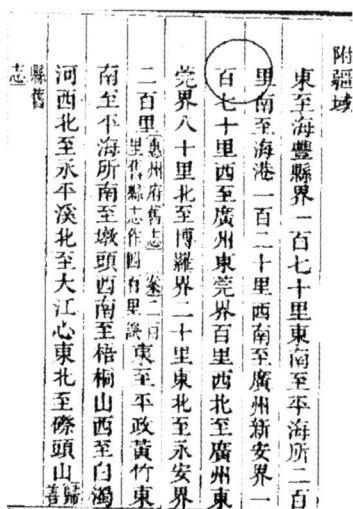

合并为惠阳县。1958年4月间，从惠阳县划出惠东县和惠州市（县级）。11月撤销惠州市，12月撤销惠东县，先后并归惠阳县。同时，将龙岗、横岗、坪山、大鹏、葵沙（今葵涌）、南平（今南澳）等乡从惠阳划出归宝安县。① 三洲田和马栏头时属坪山乡（镇）。

从《惠阳县志》、《惠东县志》和《宝安县志》的比较研究中发现，当时三洲田和马栏头属于归善县坪山乡（镇）所辖。只是1958年11月惠阳县分出龙岗、坪山和大鹏后，1979年宝安县撤县改市，三洲田归深圳市。1980年从宝安县划归罗湖区，1998年盐田区成立后，三洲田从罗湖区分出，归属盐田区，马峦山归属坪山区。

关于新安县行政区划的变迁，1573年（明万历元年），新安县从东莞分出，建县治于南头（今深圳市南山区），县名取"革故鼎新，去危为安"之义。今深圳一带属广州府新安县所辖。新安县包括深圳市及香港特别行政区。

1914年（民国三年），新安县因与河南省新安县地名重复，故复名宝安县。1949年中华人民共和国成立时，属广东省惠阳地区宝安县辖地。1958年11月，惠阳县的龙岗、坪山和大鹏划入宝安县。

1979年3月，经国务院批准，撤销宝安县，设立深圳市。1980年8月26日，深圳经济特区成立。

第二节　庚子首义失败

孙中山在《建国方略》"有志竟成"一文中对庚子首义的失败有一段回忆。他说："士良连战月余，弹药已尽，而合集之众足有

---

① 参见《惠东县志》，第1165—1166页。

万余人，渴望干部、军官及武器之至甚切……庚子之役，为予第二次革命之失败也。"① 孙中山认为起义失败的原因是"弹药已尽"。另外，关于"连战月余"的说法则与 1901 年他和林奇谈话时所说的"战斗仅持续了二十天"相矛盾，时间相差了十多天。关于庚子首义的胜负，孙中山告诉林奇："所有这些战斗都打了胜仗。在最后一仗中，他们的弹药完全耗尽。打完了最后的弹药，他们便悄悄解散回家。"②

孙中山还谈道："起义者一共只牺牲了五个人，而清军有五百人被击毙，一百人被俘。起义者占领了两个重镇和许多村庄，他们严禁任何劫掠和纵火行为，人民很快转而拥护他们。"

革命军的失败是从 10 月 21 日（闰八月二十八日）的"洋口之战"开始的。尽管将士们面对种种困难，但仍然保持了旺盛的革命斗志，由于武器弹药无法补充，失败已成定局。在惠州官府 26 日（光绪二十六年九月初四日）的奏折中可以看到对革命军先赢后败的描述。而这个日期正是孙中山给林奇所说的"二十天结束"的时间。

"某日电请省宪调派大军，兼著督宪德静帅准之。立派水陆勇丁三千人驰往助剿，闻已与贼接战数次大挫贼锋，大约小丑跳梁，不难立时剿灭也。"旋又得惠州电报云："当二十八日官军与土匪对垒时，鏖战未久，匪即力不能支，官军奋勇直前，再接再厉，斩馘匪党二百余名，生擒匪首二名，夺得匪械无数，余匪皆狼狈溃逃，果尔则锋大挫，若再调军痛剿，当可殄灭无余矣。"③ 由于惠州官府从广州调兵遣将，革命军面临空前压力。就在这个关键的时间节点，郑士良接到了孙中山让山田良政送来的手令。

---

① 孙中山：《建国方略》，第 69 页。
② 《孙中山全集》第一卷，第 209 页。
③ 深圳档案馆编：《深圳档案文献演绎》（明清两朝），第 2071 页。

一、义军解散和突围

（一）解散

革命军失败后于 10 月 22 日（闰八月二十九日）在白沙解散，兵分水陆两路突围。解散的主要是刚入伍的数千农民。"乃解散附从之同志"，"让他们悄悄回家"。孙中山回忆说："到了那个时候，他们也不愿意解散，要是我能及时赶到那里，他们没有弹药也将坚持战斗。可是当时我正在邻国忙于准备工作，他们就只好解散了。"

"革命军在白沙得总理传令，全军二万人皆慷慨激昂，呼声震野，乃开军事会议，解决进止。革命军决定沿海岸退出后渡海再返三洲田大寨，设法自香港购取弹药，复会合新安虎门同志，以攻广州。"[1]

（二）突围

郑士良和黄耀庭、黄福等人商议后，决定兵分水陆两路突围。一路由黄福、廖庆发带千人长枪队经平山、白芒花、淡水返回三洲田山寨；另一路走平政、海丰乘船赴深圳大鹏和香港。在惠东当地入伍的战士就地解散，撤退计划已定，各自去做准备工作。据《江亚二供词》记录，二十九日（10 月 22 日）"我和郑士良、黄福等人沿着海丰、归善的道路到达海边，在盐州江（今盐州）登上一艘舢板去香港。黄福和我在一起，还有何祥。郑士良乘另一条船到香港"[2]。郑士良是从哪里上船去的香港，江亚二并不清楚。何博儒在《三洲田首义》一书中写有"郑士良泪洒马宫渡"一章[3]。

马宫渡是位于归善和海丰两县交界的红海湾。在海丰县汕尾小岛西端的马宫镇。笔者曾多次前往马宫渡渔港。从这里渡海主要是为了避开清兵的哨卡。何博儒在书中写道，郑士良来到马宫渡后顺

---

① 冯自由：《革命逸史》（下），新星出版社 2009 年版，第 829 页。
② 《深圳文史》第四辑，第 303 页。
③ 何博儒：《三洲田首义》，第 230 页。

右图：汕尾马宫
渡渔港

下图：广东水师
布防图

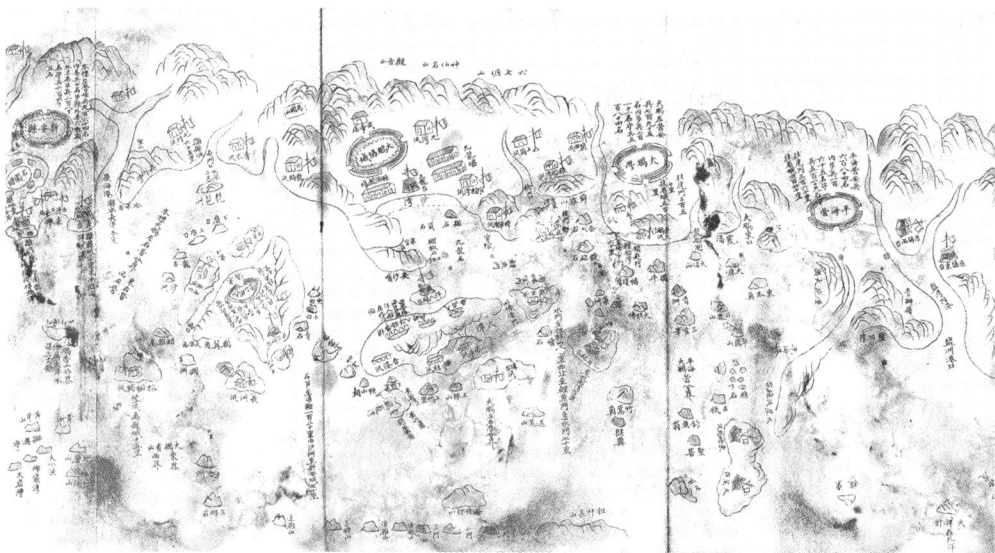

手在路边摘了一束黄花，朝着西北方向深深一揖说："众位为革命
牺牲的革命同志啊，我郑士良实在对不起你们！今日在此一别，却
不知何年再踏征途，缔造共和的中华啊！愿同志们安息，尚飨。"①
他为战友祈祷后上船去了香港。

　　也有史料记录："郑士良遂解散大部军士，自率持洋枪者千余

———————————————

　　①　何博儒：《三洲田首义》，第 230 页。

人。行至大鹏，亦因饷械不继，被迫解散。"① 这段史料记述有些问题。一是革命军已于 10 月 22 日分两路解散，而且据一直跟随郑士良的江亚二证实，队伍解散后，他与黄福等人前往海边。郑士良为避清军从汕尾半岛的马宫渡渔港乘船去了香港。但郑士良并未随队伍返回三洲田山寨。如果有队伍走到大鹏解散也属正常。革命军余部在返回三洲田途中有战士陆续离去，队伍返回三洲田人员减员过半。前面虽有清军"清剿"但山寨尚未入敌手。清将何长清已移驻深圳之军于横岗，原准备袭击横岗却因多种原因未实施，革命军在安排好善后事宜后撤离了三洲田。

10 月 27 日（九月初五日），欲从海丰走水路突围的一支部队到黄埔时遭遇清军围攻，部队伤亡较大。官府奏折写的"匪众数万列队抗拒"显然失实。因为革命军已于 22 日解散；难道说 27 日还会有"数万列队抗拒"吗？这显然是夸大之词。又道："匪又闻风惊溃旋复聚集赤口（海丰赤石）地方列炮固守。"革命军原本就没

情景雕塑：《突出重围》

有炮，何以"列炮固守"？孙中山曾给犬养毅写信求助 10 门火炮未果。30 日（九月初八日）清水师提督何长清、张邦勇带靖勇、炮勇乘船驶往时，革命军已乘船向深圳方向进发，但有 7 条船只在清军炮火攻击中沉没。从 27 日至 30 日革命军遭遇清军阻击三天仍在突围的情况分析，革命军余部在突围中伤亡较大。

　　对于革命军撤出战斗的时间，有不同观点。如：莫世祥教授在《三洲田起义二题》中指出，起义"持续的时间不过 27 天"[①]。按此时间推算，战斗从 10 月 6 日爆发后在 11 月 1 日（九月初十日）撤出战斗。周兴梁教授在《孙中山庚子惠州起义的性质和特点》一文中写道："郑接信后被迫在 10 月 22 日解散队伍，后自率领百名骨干避往香港。"[②] 笔者根据《江亚二供词》，22 日，队伍解散突围，部分将领走海丰乘船前往香港。经分析比较，革命军余部在 26—27 日（九月初四—初五日）撤出战斗。官府奏折所写革命军失败的时间是在 10 月 20 日（闰八月二十七日）。"查归善股匪自闰八月二十七日在三多祝溃败后，吴祥达等分兵穷追，各有斩获。其凶悍死党犹窜攻三多祝迤东之平政墟，欲扰海丰。吴祥达等合队驰至，匪复狂奔。"[③] 当天，清军从革命军手中"夺回了黄沙洋和三多祝"。革命军将领刘运荣、何崇飘、廖官秀、郑国材、吴亚亨、廖应发、黄番鬼等将领和战士在被俘后惨遭清军杀害。官府奏折写有"获匪类 500，数千名即在逃"。

　　革命军余部从 10 月 21 日解散，从 22 日开始经过 6—7 天突围，大约于 10 月 30—31 日返回三洲田大寨。当时，大寨尚未被清军占领。革命军余部到达根据地后稍事休整，又组织袭扰驻扎在横岗和大梅沙的清军，解决了部分武器弹药和粮食问题。革命军最后撤离

---

　　① 《深圳文史》第四辑，第 285 页。

　　② 周兴梁：《孙中山庚子惠州起义的性质和特点》，《广东社会科学》2001 年第 3 期。

　　③ 《深圳档案馆明清档案资料汇编》第四卷，第 2088 页。

根据地和队伍解体是在 11 月 7 日。

孙中山对战役的评述绝非偶然。但他说"起义者只牺牲了五个人",此数据不准确。如果不是"起义者",而是指副帅一级的将领还差不多。像杨发、黄扬、刘军荣、何崇飘、廖官秀。如果计算阵亡的将领人数就不止这个数字了。

革命军在战斗中胜多负少;但伤亡人数较多;有的战斗很惨烈,阵亡人数高达数百人。清军四处捕杀革命义士约 500 多人,残害无辜村民 2000 多人。革命军余部在最后突围中阵亡和走失的人数很多,已无法统计。歼敌人数大约有 600 多人,俘获清兵约 200 多人。笔者认为,对于革命军的伤亡情况需作客观分析,当时革命军的力量还比较薄弱,加上武器弹药无法接济。因此不能随意夸大。

(三) 小结

庚子首义在历经 32 天后,在清军优势兵力的"围剿"中,由于弹药用尽而遭遇失败;起义军牺牲的将领比较多,部分将士成功突围或避居海外。起义失败的教训是深刻的。

1. 辛亥革命初期兴中会的力量尚比较薄弱,虽说依靠和团结会党打了多次胜仗,但队伍毕竟是临时拼凑的,义士多为临时招募,军事素质不高;虽然沿途补充了大批农民入伍,但由于缺少战斗经验,有不少新入伍的战士甚至未上战场队伍就解散了。

2. 武器弹药的接济问题成为起义失败的主要原因。孙中山轻信了台湾总督儿玉"给予支持和接济"的骗局,临时改变进军路线改变了联合虎门义军攻打新安和广州、建立南方共和国的计划,从而使革命军偏离了进取目标,陷入了清军的围追堵截之中。

3. 孙中山将中国革命希望寄托在依赖外援上,尤其是对日本抱有的幻想;忽视了日本在所谓"大亚洲主义"背后隐藏的侵华野心;未能识破台湾总督试图将革命军作为他们霸占厦门的借口,进而占领整个福建的险恶用心。在对部分日本浪人的使用问题上失察,引发了挥霍浪费起义经费、泄密和离队解散等事件，给革命活动带来了损失。

对于乙未至庚子的失败，孙中山在感慨革命不易之外讲道："由乙未初败以至于庚子，此五年之间，实为革命进行最艰难困苦之时代。盖予即遭失败，则国内之根据、个人之事业、活动之地位与夫十余年来所建立之革命基础，皆完全消灭，而海外之鼓吹，又毫无效果。适于其时有保皇党发生，为虎作伥，其反对革命、反对共和，比之清廷为尤甚。当此之时，革命前途，黑暗无似，希望几绝，而同志尚不尽灰心者，盖正朝气初发时代也。"①

二、官府侦缉与"清剿"

两广总督德寿于光绪二十六年十一月初九、十日（1900 年 12 月 30 日至 31 日起草了一份奏折）向清廷报告了惠州起义失败后，官府制订了侦捕和"剿灭"计划。其覆盖范围非常广泛。凡革命军所经过的地区，均要进行"清剿"和挨家挨户的检查。尤其是曾支持革命军的各乡村民均在"清剿"之列。此时，解散后的革命军余部已离开了惠东及海丰前线，经水陆两路成功突围了。官府的"清剿"计划按地区和水陆不同兵种作了详细的分工。

陆路提督邓万林亲督大军驻扎稔山等处，并会同归善县知县郑叶崇，自九月十四日起（闰历），对稔山、范和、盐灶背及附近数十里之火烧寮祭背村、龟洲、蟹洲、仙姑庙碛背、船澳、鹤嘴、黄埔，大洲之十八寮、巨寮、东坑窝、长排、担水坑、尾山等乡"清剿"；水师提督何长清督军在新安、东莞、归善三县沿海一带；莫善积率"喜"字营在海丰、归善两县交界一带分路查缉博罗、河源、和平等县，先后分援。清兵逐处搜查，分别在各乡搜获 1—2 名、

---

① 陈锡祺主编：《孙中山年谱长编》（上册），第 252 页。

10 多名、40—50 名不等，先后获"匪"薛老三等 300 余名，何长清在三县沿海各乡先后获"匪"廖官秀等 200 余名，莫善积会同海丰县知县刘能，在海丰县属先后获"匪"吴亚亨等 50 余名，均由该府县随时讯明，分别惩办。① 奏折所报缉拿人数已逾 600 人。上述被俘人员均遭杀害。其中多数被官府列为"竖旗庇匪"之人，官府为邀功请赏，拼凑数字而涉及众多无辜村民。

此奏折向上报告了惠州官府"扑灭匪患"后将采取的措施，拟彻底清查逃匿的会"匪"；其重点在严设海防，以杜绝内外勾结；沿海一带汊港和岛屿，交由水师提督何长清督率"靖"字勇负责；把沿海内地"匪"乡挨村按族检查交由陆路提督邓万林负责搜捕。如果清查不实，死灰复燃，即拿水陆提督是问。

清军为断革命军的后路，在 10 月 22 日（闰八月二十九日），即队伍首次解散的时间，派部队去"清剿"了三洲田山寨和马栏头三洲田革命军司令部所在地。"惟闻军门刻已率勇往三洲田、马骝头（马栏头）等处焚毁匪巢，旋即返黄（龙）岗驻扎，而留练勇六百名屯平山，左右以防土匪袭击。"②

郑士良在白沙宣布解散后兵分两路。一路由黄耀庭、何松、廖庆发率领，取道平山、白芒花，返回三洲田；一路经海丰由巽寮和平海走水路返回。郑士良、黄福等和部分骨干组成的短枪队走水路前往澳门和香港。由于受到清军的堵截和阻击，返回三洲田山寨的队伍撤离的速度很慢。不时因清军阻拦而发生摩擦。革命军余部于 30—31 日才回到了坪山金龟洞。黄耀庭下令扎营，就地休息。队伍刚扎下营盘，黄耀庭就接到探报，陆路秦炳直派游击陈良杰，率清兵勇 2000 人已抵小梅沙扎营；水师何长清也从深圳窜到大梅沙。官府阻断了三洲田通往香港的水陆交通，企图将革命军余部困死在

---

① 参见《深圳档案馆明清档案资料汇编》第四卷，第 2084 页。
② 《深圳档案文献演绎》（明清两朝），第 2074 页。

情景雕塑：《怀念战友》

三洲田。10 月 30 日（庚子年九月初八日），黄福带着几名战士从九龙回到三洲田，他独自一人攀上打鼓岭向惠东战场方向瞭望。他想起阵亡的战友，泪水潸然落下。此时，山下忽有探报呼唤，说清军水陆两路约 4000 人已越过盐田，快到大水坑了。但不知何因，清军并未对三洲田山寨发起进攻。

黄福久经沙场，压根未把清军放在眼里。他与黄耀庭合计后做好了应战准备。黄福在驻地休息了一日。31 日（九月初九日），这天海边乌云密布，黄耀庭和黄福带了 300 人下山，直奔大梅沙清营，一阵突如其来的排枪射击，打死清兵 100 多人，夺得枪械 50 余杆，弹丸千多颗，粮食百余担，全部扛回山寨①。几位将士商议由黄耀庭去香港总部请求支援。黄耀庭带领数人离开山寨返回上沙家中看望妻儿后，带着妻儿一起去了香港。

为了解决弹药和粮食，革命军余部返回三洲田山寨后主动下山袭击了大梅沙和小梅沙的清军，由于是偷袭，清军损失较大。当时，清军在山下采取的是围困山寨的办法，却未想到革命军偷袭，还被缴获一批武器弹药和粮食。革命军将缴获的枪弹粮食运到了山

① 何博儒：《三洲田首义》，第 244—246 页。

寨。一晃过去了几天。黄福和众将士商议说，在三洲田山寨这样下去也不是长久之计，官府会派更多清兵前来"围剿"。不如弃寨赴海外避难谋生。义士们都同意这个主张。于是，众义士将弃寨出走计划定在了 11 月 7 日（九月十六日）。黄福托人变卖了多余的枪支，只配短枪，众人带着变卖的银两和钱款，深夜分批渡海抵香港后，转赴南洋等地。

惠州官府陆路游击陈良杰立功心切，当革命军余部撤离山寨后，他未见山上动静，便率清军从大梅沙出发向三洲田进发，但短短的路程走了三天才走到禾町冈山寨。清兵走进大门连喊带叫，举起排枪乱放一通。除了山野中传来枪声的回响外，此时山寨异常寂静。清兵逐户破门而入，但整个村庄早已是空无一人。陈良杰扑了空，一怒之下令清兵放火焚烧房屋，禾町冈数十间民房、牛栏猪舍全被烧了。陈良杰还让兵勇砍伐竹子，削成竹篾条，绞成竹缆，把所有的墙头拉倒敲碎，把整个村庄夷为平地。

何博儒在 20 世纪 80 年代末和 90 年代初采访了附近村庄的老人。他在书中写道："陈良杰在三洲田足足闹了半个月，方圆 10 里内连山头都放火烧光，依然找不到义军的身影。只有方凤、方德富和廖纪秀三个不愿意远离家园的老人被烧死在山野，还被剁成了肉

情景雕塑：《烈火永生》

酱，暴露在那山岗上。附近村庄，尤其是马栏头和碧岭一带，凡是家中有人投过义军参加革命的无一幸免，全都烧尽了，留下焦土一片，惨绝人寰啊!"①

清兵还在三洲田田野间四处刻碑勒石，钉签封山，禁绝良民入山垦耕田地，还明令地保：若有愚顽误入格杀勿论。直到武昌起义推翻清廷，村民才陆续迁返三洲田，重新开垦。

1911 年 10 月，武昌起义爆发。严德明与邓仲元、陈炯明、陈经等革命骨干回到惠州，发动武装起义，攻入了有着"雄关天堑"美誉的惠州城。这座曾扑灭庚子首义革命烈火的封建堡垒，在革命军的猛烈炮火的攻击下，守城清军迅速瓦解，惠州城提督秦炳直看到大势已去，打开城门投降。

三、孙中山来过三洲田吗?

关于孙中山到访三洲田的事情在深圳传闻已久。"孙中山到访三洲田"是真实的历史，还是坊间的传闻呢? 从 1997 年开始，深圳先后有三部正式出版的书籍将其和三洲田庚子首义的历史紧密联系在一起。尤其是这件事最早出现在 1997 年出版的《宝安县志》。此为官修志书。1994 年出版的何博儒《三洲田首义》和 2015 年出版的彭全民《深圳掌故漫谈》均谈到此事。这两部书关于此事的资料从何而来? 深圳博物馆 1984 年 4 月翻印了油印本《宝安县志初稿》。可见孙中山以"访客"为名前往三洲田的传闻是来自《宝安县志》。1958 年 11 月，惠阳县将深圳东部三洲田等地移交给宝安县管辖。之后，宝安县在编纂《宝安县志》时将"孙中山到访三洲田"的历史收录到书中，至今已逾半个世纪了。

笔者比较了三部书中的内容后发现，三部书中除了孙中山以

---

① 何博儒：《三洲田首义》，第 264 页。

"访客"为名抵三洲田后力陈"剪辫子"的一处内容一致外，在其他内容上有异。1997年版《宝安县志》记载："清光绪二十六年（1900年）四月，孙中山以访友为名，与廖毓坤、廖庆发、郑士良一起来到三洲田义合小铺，共议三合会事，并决定在三洲田组织起义。"①

1994年何博儒在《三洲田首义》中写道："清明节临近了……三洲田之行却依计进行。郑士良找到九龙洪门兄弟，租了只妥当帆船，连舵手二人都是洪门兄弟，就以访友为名。廖庆发三人是回乡扫墓的打扮，也购了些香烛祭品，登船往大鹏湾进发。"②书中还写道："由于风和日丽，只用了半日时间就来到了盐田大水坑口。"

笔者以为，何博儒在书中写到的三件事耐人寻味。其一，孙中山在郑士良陪同下前往三洲田，是在九龙看望廖毓坤和廖庆发时提出来的。约定的时间是在春分之后，清明之前。实际上，1900年1月郑士良前往日本横滨和孙中山有过一次密谈。其二，孙中山到三洲田后，由黄福召集各路"草鞋"大约50多人来到山寨开会，孙中山除了介绍中国的形势外，还讲述了起义方略，走访了三洲田和马栏头。其三，孙中山与众人商议，决定于庚子年八月中秋，即1900年10月8日起义；10月5日，即岁闰八月十二日，由郑士良主持祭旗（之前一直未见到孙中山决定10月8日起义的史料。而金冲及和胡绳武著《辛亥革命史稿》一书中写的起义时间是"10月8日"。这是未调整起义时间之前的起义计划）。

深圳学人彭全民在《深圳掌故漫谈》中所写孙中山是"以访友为名"。但廖毓坤等人陪同孙中山到三洲田的时间写的却是1900年6月。但6月孙中山并不具备前往三洲田的时间条件。作者还提到此行目的是"进行秘密的反清宣传和组织活动"③。

---

① 《宝安县志》，第585页。
② 何博儒：《三洲田首义》，第264页。
③ 彭全民：《深圳掌故漫谈》，第286页。

　　鉴于此事涉及庚子首义历史，且是一个重要的历史线索。无论孙中山有无来过三洲田，均有必要对这段历史作一次梳理。

（一）问题源起

　　2002 年，深圳市政协文史资料委员会编辑了《深圳文史》第四辑。专设"庚子纪事"栏目，征集了数篇庚子首义的文章。其中有一篇是深圳学人蔡惠尧撰写的《三洲田起义五题》。首题即"孙中山有否亲临三洲田"，这一题目很吸引人。作者认为 1960 年未公开出版的《宝安县志》中提到：光绪二十六年（1900 年）四月，孙中山曾以访友为名来到三洲田，并决定在三洲田组织起义的事情不可能。并针对不可能的原因提出了三点意见：

　　1. 港英政府应清廷之请，下达了五年内禁止孙中山入港的命令，这无疑切断了孙中山进入三洲田的捷径。

　　2. 日本政府即派密探随行跟踪，孙中山在日本的活动、出入境时间等详情均被录入日本外务省档案。各地的日本领事也会随时将孙的行踪汇报给外务省……"孙学"研究史上有权威地位的《孙中山年谱长编》的"1900 年"条，利用日本外务省档案极为丰富，但没有发现孙中山曾经进入三洲田的文字。

　　3. 作者为了说明"孙中山没有进入三洲田"，采用了三洲田老人廖毓坤的回忆（但在何博儒《三洲田首义》一书中，廖毓坤正是护送孙中山到访三洲田的客家人）。

（二）商榷与交流

　　作者以"五年入港禁令"和日本外务省对孙中山的跟踪说明孙中山的行动是受到限制的，并列举了《孙中山年谱长编》一书未见文字，孙中山乘船抵港入境登陆前受到警方的阻拦等例证。笔者认为，这属于"正常渠道"遭遇的阻拦。当时，孙中山从事的是颠覆清朝的武装革命。其性质就是要推翻它，乃至取缔其不合理的制度。如果"正常渠道"行不通，革命党人有选择"非正常渠道"的做法，比如：起义筹备阶段，兴中会通过三合会在九龙土瓜湾注册的"同义兴松柏公司"，转运武器弹药到深圳东部沿海的事就属于"非正常渠道"。这是"走私军火"。但是革命党人为了取得起义的成功却完成了。兴中会在港开办的同义兴松柏公司多次将武器弹药运到深圳。

其实，首先需要了解孙中山有没有前往三洲田的想法，以及当时是否具备时间条件和安全条件。既然转运武器弹药可以通过非正常渠道去完成，那么，和扫墓人一起乘帆船去三洲田反而会更安全。自1898年中英《展拓香港界址专条》签订后，粤港两地尚未实行边境管制，按照条约规定，两边居民仍可以往来。至于说此事在《孙中山年谱长编》中没有记录也并不奇怪，因为这是一次极为保密的行动，郑士良对此作了周密的部署。当时，罕有人知此事，档案资料自然也未记录。

另外，孙中山在筹划起义时曾多次使用"潜入内地"一词，所谓"潜入"即表明他绕开"正常渠道"的限制。就算是走"正常渠道"也难不倒孙中山，他多次在化装后成功通过口岸的检查。这也是1895年孙中山在乙未广州起义失败后能够顺利前往日本的原因。由此看来，在晚清的乱世中，"孙大炮"是一个敢想敢为的革命家。这门"大炮"不仅轰垮了两千多年中国封建君主专制的壁垒，还把皇帝轰下了台。就连著名学者胡适也称"孙大炮"可是一门不可轻视的实炮呢！

（三）孙中山有前往三洲田的想法吗？

1900年春夏之交，随着起义的临近，孙中山多次提出潜回内地组织起义。原计划他与宫崎寅藏从新加坡返回香港后"取近路密行入三洲田领导起义。不料发生新加坡疑狱事件，只能暂缓发动"。他的想法散见于孙中山《建国方略》、宫崎滔天《三十三年之梦》

和何博儒《三洲田首义》等书籍中。孙中山在《建国方略》一书中回忆："乃命郑士良入惠州……筹备将竣，予乃与外国军官数人绕道至香港，希图从此潜入内地，亲率健儿，组织一有秩序之革命军以救危亡也。""而予潜渡计划，乃为破坏。""多集党众，以候予来乃进行攻取。"宫崎滔天在《三十三年之梦》一书中写道："一面又命人购买小火轮，以便直入三洲田山寨。"何博儒在《三洲田首义》一书中则记录了郑士良陪孙中山来到廖毓坤和廖庆发在九龙打工住的窝棚时询问大家"我想找个机会一访三洲田，不知是否方便？"众人十分惊喜。这说明孙中山在筹备起义时曾迫切希望前往三洲田实地视察。

（四）孙中山是否具备条件？

1.孙中山前往三洲田的时间条件。据日本外务省档案记载，1900年1月13日，郑士良专程从香港来到横滨与孙中山"联络事务"。郑士良行踪十分诡秘，二人的谈话内容多与起义有关。郑士良在横滨滞留两天后便匆匆离去。也许正是由于这次会晤，确定了孙中山秘密赴港并前往三洲田的计划。因为在何博儒《三洲田首义》一书中提到，革命党人在三洲田开会时谈到"三洲田之行依计而行"，此语令人颇多猜想。

在陈锡祺教授主编的《孙中山年谱长编》和段云章教授编著的《孙文与日本史事编年》两本书中，从1900年3月31日到4月26日，在杨衢云到日本横滨和孙中山见面之前这段时间，未见孙中山有其他活动安排，这段时间对孙中山是很难得的。清明节前后，谢缵泰在香港正忙于接待容闳。他说：4月3日，我为容闳和杨衢云安排了一个秘密会议，讨论赶快联合与合作问题。经查，是年4月份的大部分时间，孙中山却突然在两书中消失。疑与郑士良来日本与孙中山约定潜入内地的计划有关。因为，这在当时是一件极为保密的事情。

2.孙中山前往三洲田的安全条件。利用传统节日起义和出访是孙中山的习惯。从乙未广州起义到庚子首义莫不如此。预约前往三洲田的时间正是想利用清明节。时有郑士良、廖毓坤、廖庆发三人陪同，他们在香港购买了香烛祭品，做好返乡上坟祭祀的准备。郑士良还委托九龙洪门兄弟租了帆船，此行的安全是有保障的。

笔者认为，关于"孙中山以访客为名前往三洲田"的"传闻"不容忽视。由于它具有史料方面的支持，且史料出自孙文著作《建国方略》、宫崎滔天《三十三年之梦》、《宝安县志》和何博儒《三洲田首义》。史料证实，孙中山不仅有前往三洲田的动机和想法，事实上，他还"命人购买小火轮，以便直入三洲田"。由此看来，孙中山对前往三洲田视察极为重视。因此，不能排除孙中山以访客为名前往三洲田的可能性。

这件事发生在特殊年代，属于革命党人的机密。历史文献和档案中未见其记载是可以理解的。既然有历史线索，可以通过深入研究把问题厘清。况且，不论谁去研究，其历史的客观真实性是必须遵循的原则。

120年前，孙中山在革命党人的秘密护送下潜入三洲田了解起义准备情况，是吸取了广州起义失败的教训而采取的慎重措施；是筹划起义的需要，且合乎情理。正如著名学者杨天石所说："治史犹如航海，不仅要观察洋面风涛，还要探测深层潜流。"如果历史文献和史料有记载，就无须历史工作者花费工夫去考证历史谜团了。寄望能有新的材料证实这段历史。

四、盐田黄豆窝"义冢"考释

庚子年春夏之交，孙中山派郑士良、黄福和黄耀庭等人来到三洲田山寨发动起义。他们三人均为三合会首领。尤其是黄福颇具号召力，经他呼唤，广东嘉应州、惠州和龙华的三合会纷纷聚拢而来；横岗、盐田、梅沙和新安县的洪门及绿营纷纷响应。其中，盐田三洲田人廖庆发、廖毓坤、廖官娇、廖仁玉、吴亚发，梅沙人何崇飘（何松）等本地义士积极投身革命。三洲田很快聚集了600多

盐田黄豆窝"义冢"

人。革命军在挺进厦门途中连战连胜，捷报频传。当队伍行至三多祝时发展到二万多人。此时，郑士良接到孙中山电文，由于无法接济枪械弹药等原因，令其"自决进止"，队伍解散，导致起义失败。

起义失败后，清军大肆搜捕和杀害起义人员，据统计被害人数达500多人。其中归善县300人，新安县200人。清军重点"围剿"了三洲田，放火焚烧了十几座村庄，未撤走的村民被烧死后抛尸荒野，清军还立碑封山。三洲田人唐萼楼、唐梦尧、廖金姐等8人当场遇害。廖凤、廖德富、廖纪秀等5人被捕至横岗受尽酷刑，后被众人担保释放，但伤势过重，均不幸身亡。[1] 经过杀戮和焚烧，三洲田村庄被夷为平地。在三洲田遭到清军洗劫后的若干年，不知何因在三洲田原址附近却从未发现有一座掩埋烈士的墓冢。1911年10月武昌起义胜利后，陆续返乡的村民在心中呼唤自己的亲人，"青山依旧在，忠魂在哪里？"

2005年，一座隐藏于盐田区小三洲黄豆窝果园105年的"义冢"

---

[1]　廖虹雷：《三洲田起义》，《深圳市盐田区志》，第556页。

被深圳商报记者披露出来，顿时成为深圳的新闻猛料，引起市民极
大关注。向记者报料的却是一位在黄豆窝守护"义冢"的东纵老战
士年逾八旬的廖乙老人。

　　"义冢"是旧时心怀义举人士收埋无主尸骨的坟场。由于黄豆
窝"义冢"的地点靠近三洲田，掩埋时间接近 1900 年 10 月孙中
山领导和发动的
庚子首义，这一
发现引起了深圳
文物专家的关注。
2005 年，清明节
过后不久，笔者
随深圳市文物考
古鉴定所任志录
所长和该所张一
兵、彭全民、董

廖乙老人（右一）
给专家带队查看
"义冢"，右二
为笔者

泽等专家来到小三洲黄豆窝，对掩埋在这里的"义冢"进行了仔细
勘察。经过 5 个小时的现场勘察后，文物专家提出了初步鉴定意
见："黄豆窝的清代义冢埋葬庚子首义烈士遗骸的可能性极大。"笔
者曾邀当地人何集庆一道前往盐田三村 73 岁的何克老人家，何克
老人找出《何氏祖谱》，族谱上面有"何少春"和"何其玉"的名字，
他们的名字均刻在"义冢"墓碑上面。证实了该"义冢"所载"鸭
宿墩"和"鸭宿两祀乡耆"即为盐田三、四村。

（一）"义葬之家，自古有之"

　　文物专家经现场测量，"义冢"宽 20 米，前后径深约 16 米，
大约 10 米见方；地面建筑部分宽约 7 米。"义冢"坐北朝南，呈葫
芦形，墓沿用砖石灰砌成。"义冢"四周用石头修砌约 1 米高的挡
土墙，正中立有一块两尺高、尺余宽石碑。石碑斜卧墓壁中央，以

繁体双线勾勒"义冢"字样，石碑右边刻有"光绪二十九年癸卯岁孟秋月吉"，左边刻有"祀主广福堂等立"字样。在刻有"义冢"的石碑下面两侧各嵌有一块尺余见方的小石碑。

义冢碑文一

义葬之冢，自古有之，非敢邀福也。鸭宿两祀乡耆目睹失祀遗骸，恻然兴感。爰集众捐金，购得此地，建立义冢。坐癸向丁兼子午分经之原，卜葬于后，永垂不朽云！

吴镇光　何世嘉　曾永琳

吴珠光　吴贵光　代理何世凤

吴思昌　何开寿　罗运新

吴坤光光绪二十九年癸山岁秋吉旦同立

义冢碑文二

此义冢癸山丁兼子午吉向祀主芳名开列：

副魁：何肇春　监生：何肇泉　监生：何肇湘　何世凤

职员：何振尘　何世铨　何其玉　何开荣　何世骥

何世禄　张超鹏　曾永胜

左图："义冢"
墓碑

右图："义冢"
捐助人名碑

贡生：罗承华　监生：罗承清　罗运昌　罗运源

罗朝光　罗大有　罗大琳　罗大权

罗大联　罗胜元　罗大安　罗大恒

职员：吴喜祥　吴坤光　吴维金　吴新光

吴耀光　吴麟祥　吴呈祥　吴维权

吴珠光　吴学远　吴吉祥　吴日祥

杨凰缵　杨鉴缵　杨钦华　刘仕传

何开信　罗大传　罗石升　罗洪光

光绪二十九年当次癸卯月庚申月茂子吉立

　　碑文二共刻有 44 人的名字。其中何氏 11 人，罗氏 15 人，吴氏 12 人，杨氏 3 人，张氏、曾氏、刘氏各 1 人。排在第一位的是副魁何肇春，其后有 3 个监生、8 个职员、1 个贡生等。经考证，小石碑上刻的 44 人并非死者姓名，而是鸭宿墩村（今盐田三、四村）参加义捐修建"义冢"宗亲的芳名录。牵头者是何肇春。碑文上还留下了："义葬之冢，自古有之，非敢邀福也。"该村 7 个姓氏共 44 人联合捐款，他们把骨骸装入瓮中，并择吉日入葬黄豆窝。何氏是当地大姓，在《何氏族谱》中有记载。何氏家族于清康熙年间从惠州迁徙来当地。迁来时是两兄弟，随着发展形成今天的盐田三村和四村。所以何氏排在最前面。且由何氏中颇具威望的副魁何肇春领头。

　　笔者初见黄豆窝"义冢"时，看到"义冢"修砌得比较考究，墓地显然经过精心挑选。"义冢"左边是高顶背山，右边是洗马湖山，后面是船代窝山，山坡下有小溪，与中国传统风水讲究的左青龙、右白虎、后有龙格局十分吻合。其实，墓碑上所刻"癸山丁兼子午吉向"便是风水先生为"义冢"选址地中最好的吉向。它充分反映了募捐者对死难者的重视。

（二）守护"义冢"的老人

为了进一步搞清黄豆窝"义冢"的真相，2005 年 12 月 20 日清晨，笔者偕本馆同事蒋斌、丘威宇来到黄豆窝采访廖乙老人。由于事先有约，见面寒暄几句就直奔主题。我们主要是想启发老人家脑海深处的记忆。原来，从 1984 年开始，廖伯就承包了黄豆窝百亩果林。他在一次开荒时意外发现了位于果林坡地用砖块砌筑的"义冢"。之后，廖伯在黄豆窝承包果园并守护"义冢"长达 21 年。廖伯的哥哥在世时曾告诉他："父亲曾告诉我，这里埋的是孙中山革命时庚子起义死去的人。"廖伯的父亲是晚清之人，1886 年出生。庚子首义爆发那年 14 岁。廖伯说父亲好酒，往往两三杯酒下肚人就醉了。廖伯常在父亲微醉时询问父亲当年的所闻。父亲说："孙中山领导的三洲田起义牺牲了很多义士，有人做善事，秘密集资在黄豆窝修建了一座'义冢'掩埋了义士的遗骸。当时有一个参加孙中山起义的廖姓邻居在起义中牺牲了。革命成功后，孙中山让人给他们家补了 130 块大洋（是邻居的弟弟廖有珍代领的）。"笔者心想此行真有收获，如果找到廖有珍不就可以了解他牺牲的兄长是谁了吗？

接着，笔者在与廖伯的访谈中了解到，1906 年（他父亲 20 岁那年），清兵拆了他们家在小三洲和黄豆窝的房屋。当时，三洲田有一个名叫廖荣玉的地主很有钱，是孙中山的合伙人。民国成立后，三洲田学校就是他打报告修建的。学校的地点是在三洲田上围（禾坪岗）北侧，学校门头挂有"庚子革命首义中山纪念学校"校牌。校门两边挂有"革命尚未成功；同志仍须努力"的对联。廖伯当时还提供了一个知情人的线索，即盐田朝阳围已过世的曾贵发。曾的儿子曾伟新也听父亲讲过"义冢"的事情。之后，笔者还专门前往黄豆窝和廖伯聊天。从廖伯口中得知，黄豆窝附近曾有两个村庄，其中一个村庄被清兵放火烧毁了。为了保护"义冢"，他找来一块木牌并在木牌上写上了"孙中山革命……"字样，并把木牌插在"义冢"旁边，提醒过往驴友保护。由于"义冢"长期未经修葺，有一次被雨水冲刷后，一排排装遗骸的坛子露了出来。廖伯就在坛子上覆盖生土重新埋好。每年清明节来到时，廖伯都会给"义冢"扫墓。当时，笔者将此事向盐田区委常委、宣传部部长罗为平汇报后，罗部长被廖乙的事迹所感动，他常来到黄豆窝慰问廖乙老人。后来，知道黄豆窝"义冢"的人渐渐多了起来。深圳市台办主任林洁和盐田区政协主席钟瑞兴、统战部长武威等领导也上山来到黄豆窝察看了"义冢"。

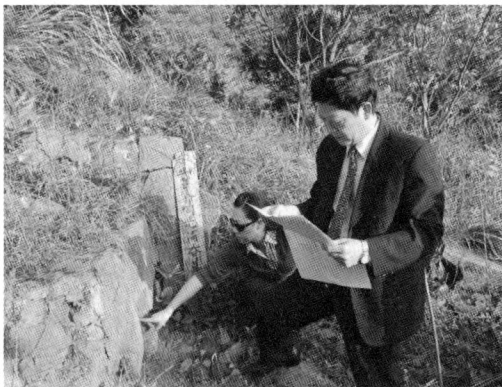

2009年12月4日，深圳市和盐田区领导考察黄豆窝"义冢"

（三）"义冢"所葬何人

黄豆窝"义冢"埋葬遗骸的时间是清光绪二十九年（1903年），即1900年庚子首义失败后的第三年，资助人芳名源于盐田墟鸭宿墩（古代时原村名叫"鸭屎墩"，由于不雅而被后人改为"鸭宿墩""鸭矢墩"。它出自《清康熙新安县志》，鸭宿墩即今盐田四村）。从墓碑记录的时间分析，该"义冢"在黄豆窝已经一百多年，墓碑上还镌刻有"广福堂"。推测可能与清末洪门或三合会有关联？还有一些疑问，即参与立冢的6个姓氏的人中，为何没有三洲田7个姓氏中最大的"廖氏"。这是什么原因？这也是文物专家当时在很短时间内无法下结论的原因。笔者根据黄豆窝"义冢"的地理位置和历史线索作如下分析。

1.黄豆窝"义冢"分析一

黄豆窝地处小三洲，位于三洲田村落西南方向，距离三洲田大约有七八公里山路。1900年11月7日，革命军余部撤离三洲田时，动员村民们远走他乡。清军游击陈良杰率清兵来到三洲田扑了空，恼羞成怒对山寨进行"清剿"和焚烧。离开三洲田的村民"有的流落他乡投奔亲友，有的从小路去了新界，还有的远渡重洋'卖猪仔'"。根据这一情况，笔者判断：由于黄豆窝"义冢"碑文捐助人的姓氏中没有廖姓，"义冢"所葬之人与三洲田和碧岭无关。因为这两处村落均以廖姓为主。

2. 黄豆窝"义冢"分析二

深圳特区退休干部何博儒在《三洲田首义》一书中提供了庚子首义失败后清军到三洲田山下四乡"围剿"和杀害村民的线索。

> 陈良杰狠心把三洲田夷为平地，心犹不息，还特派专人，骑了快马，禀准秦炳直（惠州知府）和沈传义（归善县令），带着曾到过三洲田的爪牙，淡水沙坑人廖献芳和新作坂人廖友磷，在周围四乡搜查探捕，凡是同情过义军的都抄了九族，被杀的达数千人，还将头颅割了下来，当作反党首级去领功。[1]

根据以上线索，位于三洲田山下周围的村落均有可能被列为查抄和杀戮的目标。其中盐田墟鸭宿墩和附近村庄为重点所在。据《康熙新安县志校注》地理志"墟市"载："盐田墟，在深圳市东部，三面环山，一面临海……海产丰富，曾是公社所在地，建有码头、店铺，杂姓，操广州话和客家话。因地处海边，过去曾造田晒盐而得名。另盐田墟原名沙头墟，后者因处海边，风沙大而得名。清康熙已成墟，入县志。"为何墓碑上何氏居多，其原因是盐田三、四村是以何氏最早迁入盐田，是当地大姓。因此判断：盐田三、四村何氏有较多村民被害。除何姓外，墓碑上的吴、张、曾、罗、杨姓等姓氏中均有被害义士和村民葬在"义冢"。

清军对周边村庄的"围剿"大致有三种情况。第一，主要针对

---

[1]　何博儒：《三洲田首义》，第 264 页。

参加庚子起义的革命义士和家属；第二，针对曾同情和支持义军的村民和家人；第三，为清军伤害的无辜村民。以上三种情况在"义冢"可能均存在。清军为了邀功请赏而随意杀害无辜村民，其手段之残忍与清军在惠东地区的"清剿"如出一辙。

由于山下村庄被害村民有的被清兵抄了九族，尸体暴尸荒野，无人掩埋。从墓碑上参加的人来看，多为本地村庄中有名望的老人，说明"义冢"所葬之人和墓碑捐助人存在血缘关系。自古以来，中国人是以血缘关系为纽带的；如果宗亲受害，其家族中其他宗亲均会施援。关于墓碑落款处写有"广福堂"可能是如下情况："广福堂"与鸭宿墩村的关系不一般，否则不会写"祀主广福堂等立"。能以"祀主"自居，说明本村与"广福堂"有宗亲关系。于是，何肇春受托将此事交给"广福堂"办理，"广福堂"作为本村代理完成了这件事情。为答谢"广福堂"，将其堂号刻在墓碑上符合情理。

清军对山下村庄的大肆搜捕和屠杀，是从革命军余部撤离后开始的。山下村民原以为清军只是针对三洲田山寨和马栏头进行"清剿"，因此多有侥幸而未离开村庄。未曾想到，立功心切的陈良杰在奏报惠州官府时，认定三洲田周边村庄有不少村民参加革命党或同情支持义军，官府随即令陈良杰率兵"围剿"。有事先获悉消息的村民逃了山去，但为避官府追杀，外逃村民在很长一段时间不敢返回家园。大约一两年后，形势趋稳，当部分原住民返回后，看到村里的白骨惨不忍睹的景象后悲痛至极，但尸骸已无法辨认。于是本村有见识之人找人商议如何处理。最后众人公推当地德高望重的何肇春，由他牵头负责捐资、购置瓮棺、选择墓地，并找风水先生查看墓地风水。一系列准备工作完成后，经鸭宿墩村长者开会决定，将黄豆窝作为庚子年蒙难义士安葬之地，起名"义冢"，其真实原因不敢透漏，于是动工修筑墓穴并择黄道吉日，于光绪二十九年癸卯岁孟秋月吉（1903 年秋）义士蒙难整三年时，让冤屈亡灵入土为安，做成了这件善事。由于"义冢"未经动土试掘，墓冢葬有瓮棺的数量至今无法统计。

笔者自 2005 年 4 月随市文物考古鉴定所前往黄豆窝察看"义冢"后，对这座不同寻常的"义冢"思考从未中断，主要考虑如何才能破解"义冢之谜"。故曾多次上山看望守护"义冢"的廖乙老人；另外在盐田三村原住民何集庆协助下前往该村何克家中拜访。由于黄豆窝"义冢"不同于一般的无主"义冢"，毕竟墓碑上镌刻着 44 位本地村庄老人的名字，这些至今仍可以在族谱上查到的人名，是破解"义冢"的重要资料。死难者多与盐田墟鸭宿墩村有关，只是捐助之人已相继故去。关于"义冢"的由来和历史从此中断而不为他人所知。

"义冢"所葬之人是庚子首义失败后，清军完成对三洲田的"清剿"后，在扩大对山下村庄的搜捕中，对盐田墟鸭宿墩村进行的一次疯狂屠杀。经过对资料的分析，廖乙父亲的口述历史与史实是吻合的。它反映了盐田地区的居民和东纵老战士热爱家园和保护文物的强烈意识。

黄豆窝"义冢"见证了庚子首义失败后的一段鲜活的历史。盐田人民在清军"清剿"山寨的浩劫中付出了巨大的牺牲。他们是在追随孙中山先生，为实现共和理想而牺牲的英雄人物。他们以自己的牺牲为首义增光添彩，体现了人生价值，作为在庚子首义中英勇就义的仁人志士，应该铭记，借以教育后人。

第四章

人物史略

中国同胞发生强烈之民族意识，并民族能力与自信，则中国之前途，可永久适存于世界。

——孙中山

香港华人基督教永
久坟场

　　1845 年香港政府正式开设跑马地香港坟场。能够掩埋于此的
华人多为富商和家势显赫的上层人士。如：中国近代启蒙思想家何
启、兴中会首任会长杨衢云、洪春魁（全福）等。1913 年，经过
华人代表据理力争，另批出湾仔山地，将没有改信基督教的华人富
商安葬于此。孙中山女儿孙琬和丈夫戴恩赛、庚子首义总司令郑士
良、民主革命家谢缵泰均葬于此。①

————————————

　　①　孙中山：《建国方略》；冯自由：《革命逸史》；谢缵泰：《中华民国革命秘
史》；易惠莉：《关于山田良政的研究》；邓慕韩：《史坚如事略》；丁新豹：《人物与历
史：跑马地香港坟场初探》；王怡：《侠骨忠魂——郑士良传》。

第一节　香江英魂

一、中国近代启蒙思想家何启

何启（1859—1914），字迪之，号沃生，原籍广东南海。1859 年 3 月 21日生于香港。中国近代启蒙思想家、维新改良主义思想家。香港立法局第三位华人议员、华人领袖，孙中山先生的老师。何启 11 岁时进香港中央书院就读。后赴英国留学，1882 年初返回香港。曾短期行医，后被香港高等法院接纳为大律师，不久成为香港太平绅士。1890 年他又被任命为立法局议员。

中国近代启蒙思想家何启

1887 年 2 月 8 日，香港《德臣西报》以《曾侯论中国》为题，转载了卸任清朝驻英、俄使臣曾纪泽发表在《亚洲评论季刊》上的论文《中国先睡后醒论》。曾纪泽竭力掩饰当时中国积弱的真相，鼓吹"先须国势强，藩篱巩固，外侮既绝，方可内修国政"，认为兴修铁路和政令改革等当时皆不可言。此文在香港和欧洲引起了广泛注意。在 2 月 16 日的《德臣西报》上，何启采用笔名"华士"（Sinensis），在致该报编辑的长信中，批驳了曾纪泽的观点。接着胡礼垣将该信译为中文，并加以增补润色，发表于同年 5 月 11 日的《华字日报》上，该文即《曾论书后》。这是何启、胡礼垣二人合作撰写的政论著作，是关心中国社会变革的开端。继《曾论书后》之后，何启与胡礼垣合作撰写了一系列政论著作，提出了一系列改良主义的主张。

何启、胡礼垣的政论著作是香港爱国知识分子用西方比较先进的政治、经济思想解决中国社会弊病的尝试，对推动中国社会变革发挥过积极作用。康有为及其弟子曾经如饥似渴地阅读这些书籍。何启是孙中山在香港西医书院读书时的老师，孙中山后来对傅秉常说自己曾"受惠于何启之教"。由此可见，当时何启、胡礼垣的思想对孙中山革命思想的形成产生过重要影响。

何启支持孙中山的革命事业，曾掩护兴中会在香港设立的据点，参加了乙未广州起义，并任革命军发言人。1895 年 8 月 29 日，"孙中山、杨衢云、谢缵泰、黄咏商、陈少白、何启、黎德等在杏花楼酒家聚会，讨论起义成功后临时政府的政策，决定由何启担任

何启与夫人雅丽氏和中国夫人合葬墓

发言人。黎德答应争取英国政府和英国人民的同情与支持。10 月 9 日，黎德和英人高文（T. Cowen）代起义者起草致列强宣言，由何启和谢缵泰加以修改"。

1900 年，孙中山在奔波日本和香港之间筹划庚子首义时，何启参与密谋兴中会与李鸿章合作，实现两广独立。何启草拟了《平治章程》。1911 年 10 月武昌起义成功，孙中山邀请何启返回广东，任广东省都督胡汉民总顾问官。何启还是香港第一所大专学校香港西医书院创办人之一，该校后来成为香港大学的组成部分。1914 年 7 月 21 日，何启在香港寓所病逝，葬于跑马地殖民地坟场。这里埋葬着何启和早逝的妻子雅丽氏小姐和后续的中国夫人。

二、香港兴中会首任会长杨衢云

杨衢云（1861—1901），名飞鸿，原名兆春，字合吉，号衢云。

中国近代革命家。福建漳州府海澄县（今龙海）三都乡人，出生于广东东莞。"杨衢云年幼即随其父到香港，在香港圣保罗书院接受教育。十四岁在香港进入船厂学习机械，因意外事故失去右手三指，于是他改习英文。毕业后任圣约瑟书院英文教员、招商局书记长和沙宣洋行（David Sassoon, Sons & Co.）副经理。沙宣洋行是英商在香港开办的一家轮船公司。"

兴中会首任会长
杨衢云

　　1890 年杨衢云和谢缵泰创立了香港最早的革命组织辅仁文社并任会长。1892 年 3 月 13 日，他将辅仁文社总部设在香港结志街百子里 1 号二楼。辅仁文社以"开通民智""尽心爱国"为宗旨，购买新学书报，讨论中国发展及改革路向，主张推翻清朝，建立合众政府。1895 年 1 月，孙中山抵港后经好友尤列介绍，二人一见如故，经尤列撮合，兴中会与辅仁文社合并，名为香港兴中会总机关，杨衢云被选为会长（当时亦称总办或伯理玺天德，即 President）。

　　1895 年 10 月，杨衢云在香港指挥广州策划起义。由于起义消息泄露，起义被清廷所镇压，陆皓东等人被捕。杨衢云、孙中山均被通缉。港英政府受清政府压力，迫令二人离境，五年内不准入境。杨衢云经新加坡前往南非约翰内斯堡，并辗转在各地发展兴中会分会。

　　1898 年，杨衢云赴日本与孙中山会合再谋举义，并退出会长一职。1900 年，杨衢云参加起义筹备，孙中山安排他在港负责饷械接济。起义爆发后，杨主张接受清吏提出的和议三条件，但遭到孙中山拒绝。起义失败后，杨衢云于年底返回香港，在中环结志街五十二号设私塾辅仁文社教授英文。江恭喜抵港后曾劝他外出暂

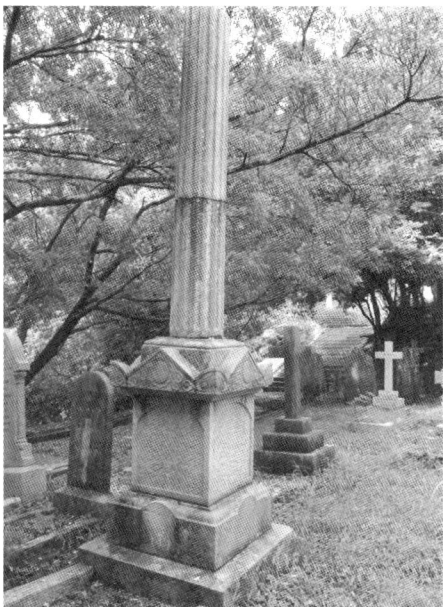

杨衢云墓碑

避，他未接受。由于杨衢云好大喜功，四处吹嘘自己是起义主脑，消息传出去后，被清廷作为起义主谋而惨遭暗杀。

1901 年 1 月 10 日，杨衢云于中环结志街五十二号 2 楼英文教授室被清廷派出刺客陈林仔开枪刺杀，并于翌日逝世。孙中山在日本横滨闻讯后深为悲愤，专门在日本开了一个追悼会，并替他募捐了 2000 余金抚恤他的妻子。香港政府也动公愤，批准他的儿子在官立学堂读书并免收学费。

杨衢云去世后，陈少白和谢缵泰将其下葬于香港跑马地殖民地坟场，并为杨衢云设计了墓碑。谢缵泰以天圆地方为概念设计的墓碑是无字碑，碑上仅刻有青天白日图案，无疑是表彰杨衢云生前的功绩。该墓碑于 1901 年 12 月 23 日建成，编号 6348。

三、庚子首义总司令郑士良

郑士良（1863—1901），字弼臣，广东归善县惠阳淡水墟人。世代以农耕为主。其家族是淡水首富。他的父亲是一位乐善好施、有求必应、人称"金菩萨"的大善人。郑士良受父亲影响，从小心怀大志，助人为乐。他从 6 岁开始习武，少年时代一直操练拳技。郑士良喜欢和绿林豪杰交往。他先在一家德国教会办的一所礼贤学校学习，毕业后入博济医院习医，与孙中山成为同学。由于孙中山与其志同道合，二人成为知己。乙未广州起义失败后，"郑随总理亡命日本"。

郑士良像

由于郑士良在民间会党中威望甚高，加之个人的领导能力等原因，1900年6—7月，孙中山在香港船边小舟召开的军事会议上任命郑士良为总司令。冯自由记述："庚子奉总理命经营惠州军事，所有惠、潮、嘉各属会党及绿林首领黄福、江恭喜、梁慕光、黄耀庭诸人俱受节制。"

是年9月下旬，郑士良为解决革命军武器不敷使用问题，亲自赴港押运武器弹药，缓解了武器弹药不足的问题。另外，他在东进战役中表现出了非凡的军事指挥才能。从香港返回惠州后"遂由郑发号施令，旗垒为之一新"。在与清军交绥后的数次战斗中，由于郑士良与众将士善于兵法战术接连获得胜利。10月22日郑士良接到孙中山"后援不继，自决进止"的手令后即刻解散了起义队伍，偕百余人到海丰，为避清军"围剿"，他率数人从汕尾半岛马宫渡乘船返回香港。抵港稍事停留后，他专程前往日本如实向孙中山汇报了起义情况。

1901年8月27日，"郑士良与《中国日报》记者郑贯一、陈和等人于水坑口宴琼林酒楼进食后忽感不适，在返寓途中逝世。一说是中风，一说由清吏购使郑友、郑梦唐下毒食品中杀之云"。孙中山在日本闻知郑士良突然"病逝"的消息后悲痛异常，特别派了黄士龙同志到香港唁慰。并拨了一笔款交给郑夫人，暂时维持家计，抚育幼子。后来，孙中山将士良遗孤，唯一的儿子云初（后改名云松）带到南京去读书。云松学成后曾在粤汉铁路服务了很长一段时间。2008年，士良嫡孙郑国光和嫡孙女闻知深圳为祖父塑造

郑士良墓碑，写有"广东惠阳县郑公弼臣士良寝区，男云松泐石"

了铜像后，从澳洲来到深圳了解情况。孙中山庚子首义雕塑园负责人向其赠送了刘中国《打响世纪第一枪——三洲田庚子首义纪略》一书。

《清史》中有一段对郑士良的评价颇为中肯："兴中会为革命草创时期，风气未开，时能知民族大义而为之死者，大多洪门中人。故广州、惠州二次起义，皆以会党毕事，而主之者，郑士良也。士良初与孙文交，即愿以会党从，其后卒践之，亦卒以此慑清吏。盖广东多会党，士良能左右之。士良不去，清吏一日不安。是则士良之暴卒，岂无因哉。"此文已道出郑士良死亡的原因是清吏所为。

四、中国民主革命家谢缵泰

谢缵泰像

谢缵泰（1872—1938），字重安，号康如，祖籍广东开平县，出生于澳大利亚悉尼华侨家庭。他精通英文。从幼年开始接受中国文化教育的熏陶，立志报国。其父谢日昌曾是澳洲中华独立党领袖和三合会首领，立志反清复明。其父在澳洲经商数十年，是泰益进出口商号老板。谢缵泰12岁时父亲就向他讲述清朝统治者残暴征服中国的故事。他从小立下誓言长大以后一定要回到祖国推翻清朝统治。谢缵泰在澳大利亚接受洗礼，成为基督教徒，并在当地格腊弗顿中学接受教育。1898年，谢缵泰创作了一幅反映列强瓜分中国的《时局全图》引起轰动，成为他的代表作。他还为此图配了一首提醒国人的诗，表达了自己的爱国情怀。谢缵泰是工程师，他还研制了飞艇，被誉为中国飞艇设计第一人。

1888年（光绪十四年），谢缵泰毕业于澳洲格腊弗顿中学后，随母亲及弟妹移居香港，就读于皇仁学院，结识爱国青年杨衢云等人。他们常在一起聚会。是年，他和杨衢云一起创立了以"议政时政"和"开通民智"为宗旨的辅仁文社。1894年（光绪二十年）春，谢缵泰加入孙中山与杨衢云联合组织的兴中会。曾参与筹划乙未广州起义。在广州设立据点，广泛联络各地革命志士及会党。筹措经费，采购军械，以青天白日旗为标志。他具体分工负责对外交涉，争取获得英国支持。谢缵泰曾草拟致光绪帝《公开信》，在《德臣西报》《士蔑西报》以及新加坡和远东其他报纸发表。

1903年，谢缵泰在港创办《南华早报》，致力于革命宣传工作。1924年，谢缵泰在《南华早报》发表了他撰写的英文日记体裁的《中华民国革命秘史》，该书记述了兴中会的革命活动，具有一定的史料价值。谢缵泰始终支持杨衢云，对孙中山抱有偏见。但他参加了孙中山于1900年6—7月间在香港召开的军事会议负责起义宣传工

谢缵泰墓碑

作，并在《中华民国革命秘史》一书中写道："一九〇〇年十月五日，郑弼臣将军在惠州升起了独立的旗帜，《德臣西报》《士蔑西报》及《香港日报》支持这次运动。"谢缵泰虽然未在书中提到孙中山，但他对庚子首义给予的赞美之词，则从侧面表达了他对庚子首义的肯定。庚子年二月，谢缵泰介绍洪全福加入兴中会，并与父亲谢日昌商议协助洪全福于光绪二十九年（1903 年）发动广州起义，动员李纪堂捐助经费 50 万元，定国号为"大明顺天国"。由于消息泄露导致起义失败。1938 年，谢缵泰病逝于香港，终年 66 岁。

五、洪全福策划大明顺天国

洪全福（1836—1904），字其元，号春魁，后易名全福（取洪秀全及子洪天贵福之名拼成）。广东华县人，洪秀全从侄，幼随洪秀全于广西起义，晋封为左天将、瑛王。三十岁，天国败，逃香港，在洋轮上当厨师。后隐于香江悬壶问世。在港与谢缵泰之父谢日昌为旧友。谢缵泰痛恨清吏，久欲伺机大举，暗袭广州。谢缵泰常听说全福叙述太平天国遗事和在三合会潜在的势力，油然神往。谢缵泰和父亲商议请洪全福担任攻取广州之责，父亲极为赞许。

洪全福像

1900 年 2 月，谢缵泰介绍洪全福加入兴中会。为筹措举义事，谢缵泰求助于李纪堂的帮助。李纪堂是香港富商李升三子，父死后分得财产百万，仗义疏财，挥金如土。洪全福提议筹饷 50 万元召集全省洪门兄弟克期大举，并定国号曰：大明顺天国。谢缵泰提议攻占北京后，即推举容闳老博士为临时政府大总统。参与此事的还有香港绅商何启、何东、刘铸伯等人。

李纪堂听说在广州举事后表示支持，拟拿出 50 万元。洪全福旋设总机关于香港中环德忌笠街二十号四楼，名曰：和记栈。又以李纪堂名下的青山农场，作为党人的军火试验场。遂定期十二月三十日除夕举事。约定以俟全城文武官吏齐到万寿宫行礼时，放火为号。随即各路

太平天国洪全福之墓

并起，炸万寿宫、焚火药局，然后占领各衙署，宣共和政体。十二月下旬，党人纷纷入城准备发难。不想，讵有奸人周某向香港警察厅告密。李纪堂向沙面曹法洋行购大批枪械预收去定洋数万元，以期届不能交货，亦向"捷"字营管带杨植生告密。

清吏先后探悉党人起义消息，各党人寓所均被查封，在省港澳轮船拿获梁慕光等十余人。洪全福见事败，由澳门返回香港，改名浮萍，避地于新加坡。数年后，洪全福因病回港，1904 年卒于香港。葬于香港跑马地坟场 6781 号。

第二节　首义先锋

庚子革命首义爆发后，涌现了一批为实现共和理想而战斗和献身、堪称首义先锋的将士。正是由于他们的冲锋陷阵和牺牲，极大地推进了辛亥革命的进程。本书重点介绍统兵元帅兼先锋官黄远香

（黄福）、副总司令兼先锋官黄耀庭、被孙中山誉为"外国志士为中国革命牺牲之第一人山田良政"、"命世之英才"史坚如、中路统兵司令江恭喜五人。他们均是兴中会会员。还有一批先锋人物收录在本书"庚子革命首义英烈谱"中。

一、统兵元帅黄福

黄福（生年不详，卒于 1903 年），又名黄远香、黄大福，绰号"盲福"。出生于龙华早禾坑村一个贫苦的农民家庭。旧时，龙华地方崇尚武术，年轻人无不舞枪弄棒。当地有以反清复明为宗旨秘密会党组织"洪门会"，常为老百姓伸张正义，深得民心。青年时代，黄福远赴南洋婆罗洲谋生并成为会党领袖。1898 年，黄远香曾参加钟水养发动的"乌石岗起义"。由于起义遭到清军"围剿"而失败。起义失败后，他继续潜伏宣传革命，等待时机。

1900 年春夏之交，黄福应郑士良邀请回国前往三洲田参加庚子起义的发动。黄福回来后惠属各处会党咸听其号令，纷纷加入革命军。当时，清军重兵逼近三洲田，由于枪械不敷使用，郑士良于 9 月底前往九龙押运武器弹药，离开前任命黄福为统兵元帅兼先锋官。郑士良于 10 月 3 日返回马栏头司令部后即与众将士商议决定提前起义，令黄福率部进攻驻扎于沙湾的清军。

10 月 6 日（闰八月十三日）清晨，黄福率领 80 名敢死队员从三洲田下山，向沙湾兰花庙的清军发起突然袭击，打响了辛亥革命运动第一枪，为庚子首义建立了头功。在东进厦门途中，黄福率领革命军战斗在第一线，在与清军发生的激战中，

黄福像

获得多场战斗胜利。

10月22日队伍解散后，他带部分将士重返三洲田山寨，坚持一周后，于11月7日队伍撤离三洲田，他和部分义士经香港前往南洋谋生，在新加坡悬壶行医并与尤列等人筹建"中和堂"。1903年因病不治去世。

二、副总司令黄耀庭

黄耀庭（1863—1913），新安县沙头乡（今深圳福田区沙头街道下沙村）人。原名恭喜，字发林，绰号"盲公喜"。据家乡老人传说"耀庭"的名字是孙中山所起，其意为"革命成功光耀门庭"之意。黄耀庭是新安县三合会首领。庚子年加入兴中会。1863年他出生于新安县沙头东涌村。该村黄氏族人是从福建邵武迁来新安，已有近千年历史。青年时代的黄耀庭，性格豪侠仗义，

黄耀庭像

好打抱不平。他很早就跟随父辈赴外洋荷兰在轮船上打工谋生，因此，对南洋一带的华侨生活深有体验。1895年，黄耀庭曾响应孙中山发动的乙未广州起义，被任命为敢死队队长，他从沙头组织200人的敢死队赶赴广州。起义计划泄露后，他曾逃往香港避难。

1900年6月，黄耀庭随郑士良、黄福一起来到三洲田发动起义，先后担任三洲田革命军东路先锋官和副总司令，是革命军核心领导成员。在东进途中，他身先士卒、英勇善战，经他指挥的多场战役胜多负少，为庚子革命立下了汗马功劳。

1905年，孙中山在新加坡南洋晚晴园参加中国同盟会南洋同

盟分会成立活动，参加的还有陈楚楠、张永福、林义顺等人，同盟
会联络组织南洋的华人广泛开展反清斗争。其间，孙中山与同盟会
成员一起合影留念。之后，黄耀庭重返新加坡，在新加坡牛车水和
黄远香一道悬壶行医、宣传革命。

　　1907 年，黄耀庭奉孙中山之命筹划潮州黄冈起义，因被香港
警吏发现而中止行动。1911 年辛亥革命推翻帝制后，孙中山曾请
黄耀庭出来做官，他以"做惯乞丐懒做官"为由婉拒。

　　1913 年，时任宝安县县太爷刘少华贪污腐化，竟在大庭广众
之下侮辱妇女。黄耀庭请来一位广西武师，狠狠教训了刘。刘怀恨
在心，他趁黄耀庭生病时暗中使人下了药，可惜耀庭英年早逝，一
世英雄未战死沙场，却死在小人手中。黄耀庭被害时年仅 50 岁。

三、献身庚子革命的山田良政

　　山田良政（1868—1900），原名良吉，字子渔。日本青森县弘
前人，出身于德川幕府末期津轻藩世代的武士家庭。早年就读于
青森县立师范学校。1894 年甲午战争爆发后，曾任陆军翻译官。
1899 年 7 月在日本东京神田三崎町旅馆结识孙中山，表示志愿襄

助孙中山从事的中国革命。1900 年 8 月
29 日，孙中山偕内田良平、平山周抵沪
时，山田良政当时拟赴南京同文书院任
教也在上海，二人见面，山田良政把他
的弟弟山田纯三郎介绍给孙中山，并建
议孙中山争取台湾总督儿玉源太郎的帮
助。他们商定，山田由厦门去台湾，孙
回长崎，然后同山田会合。

山田良政像

约一个月后，孙中山乘"台南丸"
由神户启程赴台湾基隆。山田良政原准
备在南京安排好工作后把新婚妻子接来中国。山田是一个有志向的
人，他为自己的人生一事无成而懊悔。他在临行前给父亲写了一封
信，他在信中说："最近一个时期，中国局势变得非常混乱。这是
我心系十余年的国家，因此要谋划着做一些事……至今打拼了三十
几年的我，到现在什么目的都没有达到，也没有做出成功的事业，
想面对着故乡放声大哭，感到遗憾至极。"这其实是他写给父亲的
绝笔信。他辞去了南京同文书院的工作，把自己的衣物寄回日本家
中；为远道出行而削发明志，准备去实现曾对孙中山的承诺；他是
身穿了一件清末时中国男人的衣裳出发的。这也是清兵杀害他之前
还以为他是革命军的原因。

山田既然已经答应了孙中山要为中国革命尽力，他是抱着牺牲
的精神做好了前往中国赴难的一切准备。之后，他如约来到了台
湾。山田的叔叔是议员，曾和台湾民政部部长后藤新平关系密切，
山田希望后藤能够支持孙中山正在进行的中国革命。但后藤是完全
依照总督儿玉的授意办事，实则是从日本利益出发的。为了能够让
革命军在厦门得到接济，孙中山接受了儿玉提出的建议，令郑士良
挺进厦门。

10 月 8 日，山田在台湾接受了孙中山关于举兵的授权后，经

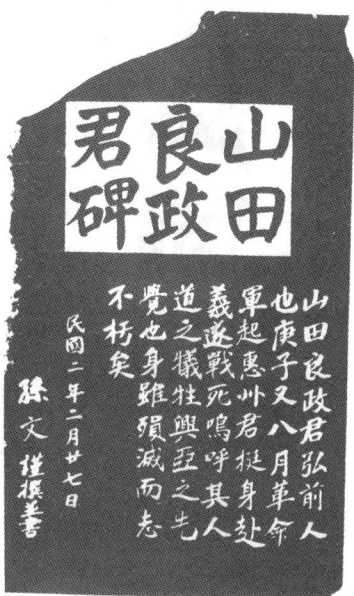

山田良政君碑

山田良政君弘前人
也庚于又八月革命
軍起惠州君挺身赴
義迺戰死嗚呼其人
道之犠牲興亜之先
覚也身雖殞滅而志
不朽矣

民國二年二月廿七日

孫文謹撰書

孙中山为山田良政题写的碑文

香港赴海陆丰发动起义。由于发动未果，转而决定去惠东前线。21日，山田良政等人在曾捷夫的引领下赶到白沙大营，把孙中山的电文交给郑士良。22日（闰八月二十九日），郑士良宣布解散队伍，决定先退回三洲田据守，再谋进取广州。经比较，以上时间是准确的。据悉，山田和栉引武四郎均要求参加战斗，这是革命军的突围之战。最后，队伍被打散了。义军突围的时间较长，至少3天。即11月1日（九月初十日）之前，部分将领率领的百余人已成功突围去了香港九龙、新界和澳门。还有一部分由于受到清军阻击，突围出来的时间较晚。据说突围后，部队在核对人数时发现山田下落不明，他的同乡栉引武四郎成功突围，山田却因迷路不幸被俘，和其他被俘的战士一道被清军杀害于三多祝西墟门。

孙中山在《建国方略》"有志竟成"一文中写道："士良连战月余，弹药已尽，而合集之众足有万余人，渴望干部、军官及武器之至甚切，而忽得山田所报消息，遂立令解散，而率其原有人数百人间道出香港。山田后以失路为清兵所擒被害。惜哉！此为外国义士为中国共和牺牲之第一人也。"

四、"命世之英才"史坚如

史坚如（1879—1900），名久纬，字经如，广东广州府番禺县人。出身官僚富家，父亲曾任翰林院编修。他很早就确立了自己的反清志向，立志做"世界第一等事业人物"。1899 年他赴香港时，结识了陈少白和杨衢云，并加入了兴中会。兴汉会成立时，孙中山派他去长江流域联络和发动起义。1900 年6 月 17 日，史坚如参加了孙中山在香港小舟上召开的军事会议。按照分工，史坚如和邓荫南等人在广州负责策应并组织暗杀机关。10 月底，当史坚如听到起义失败的消息后非常愤慨。想想自己能为革命做一点什么事情呢？他想到了"暗杀"。如

史坚如像

果杀掉广东最大的官吏，也许会扭转革命军被动的局面。他决定去暗杀署理两广总督德寿。史坚如是一个说干就干的人。他发现，可能是由于"惠州起义"的爆发，总督府已经采取了严密的保安措施。德寿整日藏在府中，很少出来活动。"他和他的哥哥变卖了他们继承的约值三千元的财产。用来购买几百磅德国甘油和炸药。据说这些炸药都是邓荫南和其他几位同志从澳门或香港走私来的。"

史坚如以长老会教徒的名义在靠近德寿后花园的私人住宅租了一间房。为减少外人怀疑，先让他朋友的妻子搬进去住下，几日后，他和他的同谋者搬了进去，爆破用品等装置也秘密运了进去。10 月 26 日，他们经过通宵的工作，一条通向德寿后花园的地道挖成了。他把装进铁桶里的 100 多斤炸药安放在地道

史坚如墓碑

的尽头。次日清晨，点燃了导火线后向澳门进发，等着爆炸的巨浪把德寿送上"西天"。可是，等他们到码头后，并没有听到爆炸声。史坚如返回地道检查后发现导火线受潮了，于是，他重新接线，直到 28 日黎明才把火药线接好。按计划，他本应立即离开现场前往澳门或香港。他想起上次的教训，决定留下来等待炸药爆炸。当史坚如刚离开房间到一座小教堂休息时，终于听到了一声爆炸声。但这次爆炸只是炸毁了德寿后花园数丈长的一段围墙，德寿仅从床上坠地而已。史坚如忍不住又返回现场查看。其实，问题的发生在于他对爆破技术不熟悉，使用的雷管太小，只有一部分甘油和炸药爆炸了。当教徒催他尽快离开时，史坚如在码头上被一营勇认出。因为，当时有一个证人看到他离开寓所。更为重要的是，当营勇从他口袋里发现一张用德文写的如何配置炸药的说明书时，一切辩解皆无效了。

德寿把史坚如交给南海知县审讯。开始的审讯，只是想让他供出为首者的名单，但史坚如坚持说是他一人所为时，转而便采用刑讯的办法。他被拷打、受烙刑、手和脚的指甲全被拔了出来。官府无计可施，于 11 月 9 日将史坚如行斩刑，史坚如死时年仅 21 岁。

孙中山回忆道："当郑士良在惠州苦战也，史坚如在广州屡谋响应，皆不得当。遂决意自行用炸药攻毁两广总督德寿之署而歼之。炸发不中，而史坚如被擒遇害。是为共和殉难之第二健将也。坚如聪明好学、真挚恳诚与陆皓东相若，而二人能诗能画亦相若。皓东沉勇，坚如果毅，皆命世之英才，惜皆以事败而牺牲。元良沮丧，国土沦亡，诚革命前途大不幸也！而二人死节之烈，浩气英风，实足为后者之模范。每一念及，仰止无穷。二公虽死，其精灵之萦绕吾怀者，无日或间也。"

五、中路统兵司令江恭喜

江恭喜像

　　江恭喜（生卒不详），又名公喜，亦称"盲公喜"，兴中会会员。新安县大步涌（今深圳沙井镇步涌村）人，是新安三合会首领之一。1899年，江恭喜加入了兴中会，从此走上了革命的道路。1900年6月，孙中山在香港海边小舟召开军事会议，任命他为中路统兵司令。孙中山原定革命军与江恭喜在虎门发动的3000绿林会合后攻打新安和广州等地。由于孙中山接受台湾总督儿玉源太郎的建议，临时改变进军方向，队伍挺进厦门，使江恭喜前功尽弃。江只好就地解散队伍逃往香港、泰国及南亚群岛一带，继续宣传革命。

　　江恭喜虽然逃往海外，但他的家产则被清政府查抄。他在离开香港时曾劝说革命党人杨衢云退避，以防被清廷通缉，但杨不为所动，仍坚持在香港教授英语。结果1901年1月，杨衢云被清廷派出的爪牙枪杀于教授室。1911年武昌起义后，江恭喜与邓荫南、卓凤康、何玉山等分头在新安县组织起义，光复要隘。1913年讨袁失败后，被龙济光逮捕，在龙离开广东后获释。1918年任职于粤军许崇智部，参加过援闽之役。1924年参加北伐，嗣以积劳成疾解职归农。

第五章

庚子首义遗址与纪念场所

知革命之目的，非仅仅在于颠覆满洲而已，乃在于满洲颠覆之后，得从事于改造中国。

——孙中山

　　1900 年 11 月初，当革命军余部撤离三洲田后，清军对三洲田及附近十几个村落进行"清剿"和焚毁。这次浩劫让三洲田村落变成了一片废墟。官府随即张贴布告、竖立碑石、禁山开垦，三洲田从此荒无人烟。1912 年，中华民国成立后，在孙中山的关怀下，由国民政府拨款在该村落废墟的基础上恢复重建了村落，引人瞩目的是，一座新建的小学校在三洲田大围村落成。1914 年，孙中山命名这所学校为"庚子革命首义中山纪念学校"。

20 世纪 30 年代新界乡民打禾情景

1949 年 10 月，
深圳市民欢庆深
圳解放

第一节　庚子首义历史文物保护状况

1949 年 10 月，中华人民共和国成立后百废待兴，恢复和重建家园成为当时的首要任务。新中国成立前，宝安县无常设的水利机构。新中国成立后，县政府为了组织人民群众兴修水利，抗御洪旱自然灾害，增添了水利部门。1959 年 2 月，广东省委书记陶铸会见港澳人士，共商省港澳贸易经济往来，同时议定由宝安县建设水库，向香港提供淡水。6 月，根据陶铸建议，广东作出决定，在深圳兴建水库。为彻底解决本地面临的"缺水"和"干旱"问题，宝安县准备建设"十个水库"。当时县委提出的口号是"苦战一冬春，彻底消灭水旱灾"。当时，准备上马的水库工程是：深圳、西沥（丽）、青林径、七沥、高峰、三洲田、马泄、嶂坑径、五指耙、石岩共十大水库。

如果建设三洲田水库，三洲田村落和学校将会被水库淹没。对于宝安县来说，这又是全县一项重要的基本工程项目。从文物保护的角度，不知当时有无研究水库的重新选址问题？根据《宝安县志》"宝安县小型水库基本情况登记表"，三洲田水库建设地点在坪山。水库建成时间为1962年6月。深圳博物馆编著的《宝安三十年史（1949—1979年）》一书中，记录了宝安县建设十大水库的历史背景，但未见到宝安县就文物保护工作研究三洲田水库重新选址的历史文献资料。

宝安县建设深圳水库情景

一、三洲田文物保护工作回顾

三洲田庚子首义近现代史迹保护工作跨越了中华民国和中华人民共和国成立前后两个历史时期。大致分为三个阶段：第一阶段是1912年中华民国成立后，在孙中山的关怀下，三洲田村落废墟得以恢复重建；第二阶段是1949年中华人民共和国成立后，当地政府和海外华人对庚子首义旧址和遗迹的保护与重建；第三阶段是从1978年改革开放开始，在20世纪80年代国家文物保护法规的制定与不断完善的背景下，当地政府按照"保护为主，抢救第一"的方针，对三洲田和马峦山的文物资源开展了保护和管理工作。

　　1912 年，中华民国成立后，孙中山于 1 月 1 日正式宣誓就任中华民国临时大总统。4 月 1 日正式解除了这一职务。孙中山何时派副官到宝安县慰问，这段历史最早见于《宝安县志》（1997 年版）。但《深圳市盐田区志》（2001 年版）的记载较前更为具体。当时孙中山派副官来到宝安的目的是重建三洲田村落，并对烈士家属给予抚恤。"给义军家属每人 200 元白银慰问金，重建三洲田村，另拨 3000 元白银给三洲田重建校舍，以作纪念。"① 民国二十一年（1932 年），广东省国民政府批准建立"三洲田庚子革命纪念亭"。但不知何因，该"纪念亭"一直未建。直到 2003 年盐田区启动孙中山庚子首义雕塑园项目时，在岭坑山顶建了一座纪念亭。

1982 年罗湖区政府在三洲田重新建设了"庚子首义中山纪念学校"

　　1978 年改革开放后，随着文物保护工作的开展，三洲田历史文物保护工作也得到了政府重视。1982 年，深圳市罗湖区政府在三洲田小南山重建了一座"庚子首义中山纪念学校"。

　　1998 年盐田区成立后，重视保护和利用三洲田历史遗迹。2001 年，深圳市政协和盐田区政府在三洲田庚子首义中山纪念学校广场

---

① 《深圳市盐田区志》，第 557 页。

隆重举行了"孙中山庚子首义雕塑园"奠基仪式。2005 年盐田区政府公布"三洲田村落遗址"和"打鼓岭石墙"为第一批区级文物保护单位。

二、三洲田村落何以被水库淹没

1959 年，宝安县建设三洲田水库时淹没的村落和学校是中华民国成立后重修的。究竟是什么原因未作为文物而保留下来呢？新中国成立初期，针对大量文物流失和遭到破坏的情况，国家出台了一系列政策。如："1956 年 4 月 2 日，国务院发出《关于在农业生产建设中保护文物的通知》，要求在既不影响生产建设，又使文物得到保护的原则下，采取紧急措施，组织群众性的文物保护小组，开展群众性的文物保护工作。"[1] 并提出："对妨碍农业生产建设的一般古文化遗址随时进行紧急处理，重要古遗址随时上报。"三洲田的水库建设就是在这一背景下进行的。从三洲田水库工程顺利推进的情况来看，并未受到当时文物政策的影响。这是什么原因呢？

第一，新中国的文物保护事业尚处于初创时期，虽然国家制定了相关文物保护规定，但由于当时各地的基本建设任务很重，需要因应不同的政治和社会问题，基本建设势必会放在突出位置。因此，广东省批准了宝安县建设深圳水库。

第二，1958 年 9—10 月，文化部在安徽合肥召开了"文物博物馆文物跃进现场会议"，这次会议将一般考古的发掘和清理批准权下放到县、社。[2] 实际上，这次会议给"大跃进"和"人民公社"

---

[1]　刘建美：《1949—1966 年中国文物保护政策的历史考察》，《当代中国史研究》2008 年第 3 期。

[2]　刘建美：《1949—1966 年中国文物保护政策的历史考察》，《当代中国史研究》2008 年第 3 期。

时期的基本建设开了绿灯。另外，1958—1959年，连续两年中央没有出台新的文物保护政策；加之，民国成立后重新修复的村落为新建，且时间短暂，无法纳入文物保护范畴。

第三，根据"深圳原居民大联盟"发布的消息，1958年因建水库需要，三洲田廖氏村民将所有村舍、山地和农田全部无偿献给了国家。从三洲田迁出去的村庄有：大康村、碧岭嘉绩、观澜马坊、南山区西丽光前村及东莞炉竹田、古楼岭、松木岗、小塘村等。

三洲田村落和学校的搬迁与当地村民对水库工程的支持分不开，绝大多数人搬到了山下。对于一些不愿意离开的村民，政府在岭坑山下建设了排屋和一座小学校。总之，廖氏村民的搬迁配合了宝安县水利工程的建设，解决了三洲田农田灌溉和长期存在的缺水干旱问题。

1958年为建设三洲田水库，三洲田村庄被水库淹没。图为在岭坑高坡重建的村庄

三、庚子首义历史遗迹保护

1958年11月，惠阳县将龙岗（包括横岗、坪地）、坪山（包括坑梓）、大鹏（包括葵涌、南澳）划入宝安县。但由于这三个公

社面临水少、粮食不能自给自足，需要从外面调拨等实际困难。因此，必须通过发展水利工程解决当时"靠天吃饭"带来的困难。

1959 年 6 月，佛山地委书记李富林兼任宝安县委第一书记。于是，宝安县决定举全县之力兴建十大水库。为了做好水库建设，还成立了水利工程指挥部，由县委书记李富林任总指挥。其中，三洲田水库被列为宝安县十大水库之一。县委把涉及水库建设的事务交由沙文生负责。当时，宝安县委提出了"苦战一冬春，彻底消灭水旱灾"。这项水利建设工程将改变宝安县农田"三天下雨受淹，七天无雨受旱"的被动状况。[①]

三洲田水库建成后，被水库淹没的三洲田村落遗址还要不要保护？经讨论，鉴于三洲田村落遗址在中国近代史上具有重要的历史地位和影响，应该进行保护。由于遗址在水下，怎么保护让文物部门颇为困扰。当时在国内的文物保护案例中，很少遇到保护水库下遗址的情况。

为了解决遗址的保护问题，2005 年，盐田区文化部门专门就这一问题征询了文物专家意见。文物专家在对三洲田村落遗址现场考察后，对三洲田村落遗址的保护工作提出了建议。虽然村落遗址已经被水库淹没，但仍须按照国家文物保护"四有"规定，把"三洲田村落遗址"列为近现代革命史迹，公布为区级文物保护单位。

（一）三洲田村落遗址整体暴露

1999 年春天，深圳遇旱季，三洲田水库干涸见底，村落遗址全部暴露出来。笔者接到三洲田打来的电话，让我们马上赶到三洲田遗址来看看，村落全暴露出来了。笔者立即和本馆同事一道前往

---

① 深圳博物馆编著：《宝安三十年史（1949—1979 年）》，文物出版社 2014 年版，第 218—219 页。

左图：1999年天气干旱，三洲田村落遗址首次暴露

右图：1999年天气干旱，"庚子首义中山纪念学校"遗址首次暴露

三洲田。去的时候我们专门带了一个大口袋，心想去村落遗址捡一捡，说不定能捡到什么"宝贝"。

当我们翻过三洲田茶园，站在高坡上观望时，顿时被一片凹凸不平的村落遗址所震撼。它有点像圆明园的视觉效果。于是，同事们地毯式地在村落遗址中捡"宝贝"，果真捡到了一口袋民国瓷片和完整的小瓷器、烛台、钱币和子弹壳等。后来，这些捡来的民国物件被用在"孙中山与三洲田起义"展览中，效果还真不错呢！那次，同去的还有本馆历史顾问、深圳博物馆黄崇岳馆长。他很有经验，在一间房屋旁捡到了一个五系陶罐。

暴露的村落遗址面积大约有1.5万平方米。主要建筑遗迹有：倒塌的房屋基址、打谷坪、道路和学校；散落于村落遗址的建筑石构件有：门楣、门墩、石柱、柱础；生产加工工具有：石臼、石磨盘等。生活瓷器碎片很多。房屋墙体为三合土墙、青石门框，屋顶结构不详。中华民国成立后孙中山拨款建设的小学校遗址位于村落上围禾坪冈北侧。2005年8月10

2005年盐田区政府公布 三洲田村落遗址为文物保护单位。图为保护标志碑

日，盐田区政府批准并公布三洲田村落遗址为第一批文物保护单位。同时公布的还有三洲田"打鼓岭石墙"。

（二）三洲田"打鼓岭石墙"

2005 年盐田区政府同时公布的还有三洲田打鼓岭石墙防御工事

"打鼓岭石墙"位于三洲田打鼓岭山顶。它是因山势作环形掩体石墙。据传，石墙是清代早期当地群众为抗击海盗所建。庚子起义曾借作为瞭望哨和练兵场。起义失败，革命军余部返回三洲田后被用作抗击清兵的掩体。石墙局部倒塌。现存石墙周长为 300 米，宽 1 米左右。

四、罗氏大屋司令部旧址

马峦山在坪山区建立之前属于龙岗区管辖。2006 年 7 月，龙岗区政府在公布区级文物保护单位时，将文物保护单位名称"罗氏大屋司令部旧址"写成了"庚子首义旧址"。"庚子首义旧址"应包括三洲田和马峦山两地的历史遗迹。马峦山是"庚子首义旧址"，而盐田区是"三洲田村落遗址"，如此不规范的命名，在客观上会给游客和市民造成马峦山是庚子首义旧址所在地，而三洲田只是一个村落遗址的印象。这一现象的发生正是由于庚子首义历史文化资源"分区而治"的结果。

2008 年，马峦社区在海内外的罗氏后裔纷纷捐款修复了罗氏宗祠。这是一次自发性的来自民间的捐资修缮。2016 年 9 月 12 日，

国务院批准组建坪山
区。2017 年 1 月 7 日，
坪山区举行揭牌仪式。
辖区除了马峦山郊野
公园的"庚子首义旧
址"外，还有坪山客
家村、大万世居、金
龟村、曾生故居。坪

马峦山新民村罗
氏宗祠和罗氏大
屋（祠堂后）

山新区成立后，政府对马峦社区新民村罗氏大屋的文物保护工作很
重视，已投千万元对罗氏宗祠、罗氏大屋和强华学校的建筑物进行
修缮。这次修缮是在坪山新区成立后确立的文物保护项目。据了
解，项目已于 2019 年底完成。

（一）罗氏大屋

　　龙岗区在第三次全国文物普查中，将马峦山罗氏大屋申报为第
三批文物保护单位。它是这样描述的："庚子首义旧址位于广东省
深圳市龙岗区坪山街道马峦社区马峦山罗氏大屋，坐东北朝西南。
面阔约 25 米，进深约 30 米，建筑占地面积约 1144 平方米，围墙
正中开一正门和两侧门，中轴线上为一开间的前、中、后三室的罗
氏宗祠。围内由三横三纵单层排屋组成。南面和北面各建一座炮
楼。南炮楼高三层，天台女墙方桶式；北面炮楼高三层，瓦坡腰檐
炮楼，均用三合土夯筑而成。整体结构布局尚存。"马峦村是起义
的基地之一，罗氏大屋是当时司令部所在地，抗日期间，东江军委
曾在此指挥解放斗争。

（二）强华学校

　　晚清时，马栏头只有一间私塾。村里有一个老中医兼作私塾先
生，专给罗氏子弟讲授国学经典。1900 年 10 月，庚子首义失败后，

官府派清军在三洲田"清剿"后，来到马栏头放火焚烧了罗氏宗祠和罗生大屋，铲平了地面所有建筑。

2019 年笔者采访了本村罗天应和罗日星两位老人。据罗日星回忆，中华民国成立后，国民政府只给三洲田村民发了补助，还建了一所学校。作为庚子首义司令部所在地的马栏头既没有得到补助，也没有建学校。罗氏海外华侨罗生、罗福等人捐款重建了罗氏大屋，并在罗氏大屋旁新建了一所学校。

关于社会上传闻的孙中山曾给强华学校题写校名的事，罗日星老人询问了本村德高望重的罗天育老人（罗生侄孙），老人家对此是否认的。罗天育老人认为，在马栏头，唯独罗生大屋司令部旧址与庚子首义有关。罗天应回忆，民国新建的学校设小学 1—6 年级，有三四个教师。孙中山去世后学校曾悬挂孙中山遗像。20 世纪 40 年代，他读小学时，上课前要先读《国父遗嘱》，并对国父遗像默哀 3 分钟才开始上课。强华学校专供罗姓子弟入校读书。20 世纪 70—80 年代，政府在山下新建了马峦小学。1985 年，村民搬到山下坪山定居后，就没有学生去强华学校上学了。

中华民国成立后，宝安县曾出现了一批近代学校，其中最著名的是孙中山命名，并于 1925 年由孙科亲笔题写的"庚子革命首义中山纪念学校"。对于这所学校的命名，已得到文物证实。

五、庚子革命首义中山纪念学校

中华民国成立后，孙中山十分关心三洲田烈士家属及其子女的读书教育问题。国家强盛必须从教育抓起。孙中山正是基于这一理念，把革命和建设紧密地结合起来。他认为中国近代化的道路，首先在于发展教育，以及教育的变革。

1912 年中华民国的成立，实现中国政体由封建君主

2005 年盐田区政府重新改建的"庚子首义中山纪念学校"

专制主义统治向民主共和资产阶级政治体制转换，中国的教育也发生了巨大的变化。这个变化的主要标志是民国政府教育废弃清末学部确立的教育体制。重新确定了新的教育方针和章程，废去忠君、尊孔的传统教规，确立德、智、体、美与新时代相适应的教育方针。为中国教育由精英主义教育向国民教育、素质教育、实业教育转变奠定了基础。①

三洲田庚子革命首义中山纪念学校自民国建立后，由孙科题写了校名。这所纪念学校，虽历经百年沧桑，但它的历史沿革基本上是清晰的。民国初年，孙中山在派员重建三洲田村落时，还在禾坪冈建了一座小学校。2005 年 12 月 20 日，笔者在前往小三洲采访八旬老人廖乙时，他说："庚子革命首义中山纪念学校的地点在三洲田上围村（或称'禾坪冈'），学校门头挂有'庚子革命首义中山纪念学校'校牌。校门左右两侧分别挂有对联'革命尚未成功；同

_____

① 林家有：《孙中山与辛亥革命史研究的新审视》，广东教育出版社 2007 年版，第 449 页。

情景雕塑:《同志仍须努力》

志仍须努力。'"①

　　1959 年，宝安县建设三洲田水库，村落和学校迁到了岭坑，不仅重新建设了供村民居住的排屋，还在村尾建了一所"三洲田小学"。但这所学校在开发三洲田旅游项目时未能保留下来。1982 年，深圳市罗湖区从传承保护历史文化出发，在三洲田小南山投资建设了一座三层教学楼，并恢复了孙中山命名的"庚子革命首义中山纪念学校"。此举为当地的孩子提供了更好的上学读书的条件。当时由于学生不多，采取复式教学。学校的教学活动一直延续到 2003 年。由于山上居民陆续搬迁到山下、学生生源少而临时停办。

　　2005 年，为配合东部华侨城旅游项目开发建设，盐田区政府决定将三洲田"庚子革命首义中山纪念学校"迁到山下，把东港小学改建为"中山纪念学校"。5 月 25 日，"庚子首义中山纪念学校"② 揭

---

　　①　廖乙老人说三洲田有一个名叫廖荣玉的地主，三洲田学校是廖荣玉申请资金修建的。

　　②　孙科手书校名匾早年遗失，此次校名采用孙科遗书拼字，缺失"革命"二字，尚待后补。

牌暨孙中山先生铜像揭幕仪式在盐田东海道洪安二街举行。改建后的纪念学校建筑面积九千多平方米，设计大气，布局合理，设施完善。在改建纪念学校的工作中，中英街历史博物馆承担了布置校史展览和联系孙中山铜像的委托设计工作。学校改建工作完成后，学校的基础建设不断向纪念学校的方向转化。

1958 年因修建三洲田水库，新建三洲田小学

为小学配套建设的教师宿舍

党的十八大以来，国家主席习近平在不同场合多次强调教育发展问题。他指出"教育兴则国家兴，教育强则国家强"。"教育决定着人类的今天，也决定着人类的未来。人类社会需要通过教育不断培养社会需要的人才，需要通过教育来传授已知、更新旧知、开掘新知、探索未知，从而使人们能够更好认识世界和改造世界、更好创造人类的美好未来。"2013 年，中山纪念学校举全校之力，集众人之智，重构纪念学校的理念体系，创设了以中山精神为核心的学校文化。以"博爱做人、博学成才"为办学理念，以"学贯西中，习通书山"为校训；确定了"博爱胸怀、博学志向、博雅情趣"的培养目标；制定了"爱国笃志，明理厚德"的校风和"爱生尽责，求是崇实"的教风，以及"尊师律己，求知向上"的学风。该校师资力量雄厚，现有教职工 90 人，在校学生 1497 人。

第二节　铭记与纪念

庚子首义虽然在中国近代历史的长河中只是短暂一瞬，但它却是辛亥革命运动的首发起义，具有重要的历史意义。庚子首义虽然失败了，但它却唤醒了民众，推进了革命向前发展，从而为民主革命高潮的到来奠定了基础。

从 1900 年庚子革命到 20 世纪中叶，东方世界接连发生了许多重大历史事件，推动了历史车轮滚滚向前。在这些历史事件中，或以暴力手段推翻帝制，或以反抗外来侵略拯救灾难深重的国家和人民。从孙中山在旧民主主义革命时期提出"驱除鞑虏，恢复中华，创立合众政府"，到毛泽东在新民主主义革命时期推翻压在中国人民身上的"三座大山"，废除了帝国主义强加给中国的不平等条约，建立了新中国。还有俄国十月革命，这些发生在十月的历史事件让金秋十月变成了"红色十月"，成为人类社会一道独特的风景线。

1912 年 1 月，列宁在为俄国社会民主工党布拉格代表会议起草的《关于中国革命》的决议中指出，中国人民的革命斗争将产生给亚洲带来解放，同时使欧洲资产阶级的统治遭到破坏的世界意义。1956 年 11 月 12 日，毛泽东高度评价孙中山"在辛亥革命时期，领导人民推翻帝制、建立共和国的丰功伟绩。……他在政治思想方面留给我们许多有益的东西。现代中国人，除了一小撮反动分子以外，都是孙先生革命事业的继承者"[1]。

---

[1]　毛泽东:《纪念孙中山先生》,中共中央文献研究室编:《建国以来重要文献选编》第 9 册, 第 408 页。

一、铭记"红色十月"历史记忆

1900 年 10 月 6 日庚子革命首义是兴中会发动的规模最大的一次武装起义，它打响了 20 世纪辛亥革命运动第一枪，推动了辛亥革命运动准备阶段从革命理论的初创到武装革命斗争实践的一次伟大转折。

1911 年 10 月 10 日，以文学社和共进会在新军中发展革命力量，成功策划了武昌起义，辛亥革命结束了绵延两千余年的封建专制，建立了亚洲第一个共和国。宋庆龄先生高度赞扬辛亥革命的伟大意义，她说："二十世纪最伟大的事件之一，滑铁卢战役后最伟大的事情是中国革命。这一非常光辉的业绩，意味着四万万人民在君主专制制度的奴役下解放了出来。"

1917 年 10 月 24 日（俄历）俄国苏维埃武装起义，这是人类历史上第一次获得胜利的社会主义革命。世界上第一个社会主义国家由此诞生。它推动了中国新文化运动和中国共产党的诞生。从此，中国革命的面貌开始发生了深刻变化。

1949 年 10 月 1 日，中华人民共和国成立。它开辟了中国历史的新纪元。中国结束了 100 多年被侵略和遭奴役的屈辱历史，成为独立自由的国家。中国人民从此站了起来。是年 9 月 30 日傍晚，在人民英雄纪念碑奠基现场，毛泽东主席宣读了他亲自为人民英雄纪念碑撰写的碑文：

> 三年以来，在人民解放战争和人民革命中牺牲的人民英雄们永垂不朽！三十年以来，在人民解放战争和人民革命中牺牲的人民英雄们永垂不朽！由此上溯到一千八百四十年，从那时起，为了反对内外敌人，争取民族独立和人民自由幸福，在历次斗争中牺牲的人民英雄们永垂不朽！

此碑文内容由周恩来总理手书镌刻在纪念碑上。中国共产党人不仅把在新民主主义革命中牺牲的革命烈士镌刻于纪念碑上，同时，上溯到 1840 年中国近代史的开端。它包含在鸦片战争、甲午战争、太平天国运动、义和团运动和辛亥革命等重大历史事件中，为争取民族独立解放和人民幸福牺牲的人民英雄。

2015 年 9 月 2 日，习近平总书记在颁发"中国人民抗日战争胜利 70 周年"纪念章仪式上的讲话中指出："近代以来，一切为中华民族独立和解放而牺牲的人们，一切为中华民族摆脱外来殖民统治和侵略而英勇斗争的人们，一切为中华民族掌握自己命运、开创国家发展新路的人们，都是民族英雄，都是国家荣光。"他说："一个有希望的民族不能没有英雄，一个有前途的国家不能没有先锋。"

二、为首义英雄树一座历史丰碑——孙中山庚子首义雕塑园建设纪实

孙中山庚子首义雕塑园入口广场

2000 年是庚子首义 100 周年。深圳市盐田区政府决定在三洲田建设一座大型郊野公园——孙中山庚子首义雕塑园。这是地方政府为纪念庚子首义革命先烈投资 1000 多万元，为首义树立的一座历史丰碑。

这是一座以辛亥革命为题材，占地一百多亩的大型雕塑公园。当时的建设思路主要是铭记首义历史，开展以青少年为主的爱国主义教育；另从保护和挖掘地方历史文化资源出

发，以雕塑艺术所具有的艺术感染力再现鲜活的历史人物形象，纪念庚子首义历史事件以及在首义中牺牲的仁人志士。虽然庚子首义只是中国人民在实现近代化征途中短暂的一瞬，但雕塑园落成后，可以启迪和教育后人弘扬庚子首义精神，以"雕塑说史"的形式普及历史知识，使之成为市民、游客和青少年了解中国近代史的校外课堂。

令人惊奇的是，雕塑园尚未落成，已陆续有美国、日本、澳大利亚以及我国台湾、香港、澳门地区的客人慕名而来。这些客人分三种，一种是当年参加起义历史人物的亲属。像从澳大利亚赶来的，庚子首义总司令郑士良的嫡孙、嫡孙女；也有专程从日本千叶县赶来寻找舅公山田良政的冈井礼子女士。也有人是怀着对三洲田首义策源地的敬仰之心前来凭吊的。1999 年，有一位从台湾返乡参加客属省亲的广东梅州籍国民党将军温怀燊夫妇，通过朋友介绍来到三洲田，笔者陪他到三洲田水库边，给他介绍了三洲田村落1958 年已经被水库掩埋的情况后，他久久凝视着水面，凭吊在起义中牺牲的先烈，其情景感人至深。笔者对庚子"惠州起义"在国民党历史上享有的地位曾有耳闻。邹鲁在其撰写的《中国国民党史》的开篇就提到了"惠州起义"。三洲田在国民党元老的心中早已是革命圣地了。

（一）奠基仪式

2001 年是庚子首义爆发 101 年的时间。10 月 30 日，三洲田突然热闹起来了。深圳市政协和盐田区政府的领导和嘉宾来到三洲田庚子首义中山纪念学校操场，参加孙中山庚子首义雕塑园奠基仪式。中英街历史博物馆已将提前制作的图片展带到现场，向出席活动的领导介绍庚子首义的历史。2003 年，东部华侨城生态旅游项目启动后，盐田区从发展旅游业大局出发，放弃了位于茶溪谷小南山项目用地，雕塑园重新选址岭坑山。

（二）雕塑园立足高端设计

从 2002 年开始，雕塑园的筹备建设工作启动。雕塑园的规划景区设计特聘请深圳世界之窗著名景观设计师任焕章，世界之窗艺术总监、著名雕塑家铁恩厚作为雕塑园艺术总监。在雕塑设计方面主要依靠国内美术学院的雕塑家参与。如主题雕塑《第一枪》，特邀从英国归来的中国美术学院雕塑系主任、著名雕塑家李秀勤教授设计。还有中央美院雕塑系毕业来深圳创业的雕塑家余鹏等。雕塑园占地面积 69195.4 平方米（约 103 亩）。建有不同材质和类别的雕塑（浮雕）18 座（套）。

（三）首义故事从"小舟军事会议"开始

在雕塑园的内容设计中，寻找故事切入点是一项重要课题。怎么能够让参观者走进庚子首义的历史呢？当时，笔者想到"孙中山为何要选择三洲田"这是观众普遍关心的历史问题。于是将此作为雕塑园开始的切入点。即把 1900 年 6—7 月间孙中山偕杨衢云和郑士良等人乘"印度"号从日本来到香港九龙海面，召集中日同志在舢板开会作为雕塑园的主题雕塑。一组群雕《激浪滔天》创造思路便诞生了。一条船，以孙中山为中心，杨衢云、陈少白、郑士良、黄耀庭和宫崎寅藏等人围在两旁，站在船边远眺三洲田方向的情景。作为入口的群雕，为追求艺术效果和突出世纪伟人孙中山审时度势的形象和各位民主革命家的气势与风度，在雕塑人物身高、站立姿态等方面作了一些艺术夸张。

主题雕塑之二《第一枪》的位置在山顶。它主要表现 20 世纪初"打响第一枪"的主题，特邀了中国美术学院李秀勤教授设计。这座雕塑采用钢板焊接，颇具张力。雕塑高约 13 米，重约 60 吨，是雕塑园的核心雕塑。这是一件写意的巨型艺术作品。从远处望去，它既像是一杆枪，又像一座崩裂的山峰，象征着腐朽的清王朝行将覆灭。

（四）情景雕塑

情景雕塑是"雕塑说史"的主要内容。共建有 16 座。它们是《海外联络》《台北议事》《运送枪械》《枪械训练》《祭旗起义》《沙湾大捷》《海外急电》《突出重围》《梅沙捐躯》《烈火永生》《怀念战友》《同志仍须努力》等。另外，还有一组反映起义首领郑士良、黄福、黄耀庭的人物雕塑。

在情景雕塑中，由深圳雕塑家余鹏设计的《运送枪械》《海外急电》《祭旗起义》《沙湾大捷》《同志仍须努力》等作品堪称精品，凡来过雕塑园参观的艺术家和海外归侨无不对此给予好评。这些雕塑均以写实为主，按照起义发展的顺序排列。从《激浪滔天》开始，钢板制作的《第一枪》是高潮。接下来开始转折，由于革命军得不到枪械接济，起义开始走下坡路了。最后一组《同志仍须努力》主要表现起义失败后，人们建设学校、培育后人和憧憬未来的情景。

雕塑园内容设计是以庚子首义的史料为依据，但雕塑毕竟是艺术品，在历史人物的处理上只能参考人物历史照片。当时，雕塑园在建设方面遇到了很大困难，由于山势陡峭，如何才能把建筑材料和雕塑从平地运到山上，有点像当年革命军往山上运送弹药一样，用骡马驮到山上。为了把大型雕塑运到山顶，还专门制作了一个平板，使用了一辆大马力的挖掘机拖了上去。

（五）缅怀革命先烈

孙中山在海外华人华侨中享有崇高的地位和影响。当建设"孙中山庚子首义雕塑园"的消息传到海外后，随即引起了海外侨胞和外国友人的关注。他们除了打听相关建设情况外，还来到深圳市盐田区三洲田雕塑园参观或凭吊。有的外国友人参观后还撰写文章，把在雕塑园的所见所闻和雕塑的建设情况以及塑造的庚子首义历史人物介绍给本国人民，引发人们的关注。

1. 郑士良嫡孙、嫡孙女来深圳寻找祖父雕像

郑士良是孙中山亲自任命的庚子首义总司令。大约在 2008 年，久住澳大利亚的郑士良嫡孙郑国光和嫡孙女听说深圳为祖父郑士良铸造了青铜雕像的消息后，专门从香港来到深圳。他们通过深圳特区报记者联系到笔者。由于雕塑尚未竣工，无法前往雕塑园参观。郑国光便约笔者在香蜜湖一家西餐厅见面。笔者前去赴约并带去了刘中国《打响世纪第一枪——三洲田庚子首义纪略》一书。郑国光翻开图版页，用手指着一幅照片询问笔者：你能否辨认照片上的三个人哪一个是郑士良？原来这是一幅广州起义失败后，孙中山偕郑士良、陈少白赴日本的三人合影。郑国光原来是想试探一下，当笔者指给他看时，他们开心地笑了。当时，笔者仔细端详，发现郑国光的长相果然与郑士良十分相像。遗憾的是当时太匆忙未带相机，来留下照片。但与郑士良嫡孙（女）见面时的情形至今仍记忆犹新。

2. 澳门著名教育家刘羡冰先生来雕塑园访问

2010 年 10 月，在"孙中山庚子首义雕塑园"竣工前夕，澳门特别行政区筹备委员、中华教育会原理事长刘羡冰先生来大梅沙参加会议。笔者向她介绍了三洲田尚未竣工的雕塑园，她表示很想去看看，于是，我们驱车前往。当时，雕塑园还比较凌乱，但她仍饶有兴致地听介绍。刘羡冰先生从事教育逾 48 年。1990 年曾获澳门总督颁授文化功绩勋章；2002 年获澳门特区政府颁授首届教育功绩勋章。那天，我们在雕塑园的合影被她用于完成的新书中。不久，刘羡冰先生从澳门寄来了《辛亥百年再思考》一书。

三、为了寻访"第八个铜像"——一位八旬日本老人的心愿

2013 年清明节前夕，一位年近八旬的日本老人冈井礼子女士，为了寻找舅公山田良政的"铜像"，千里迢迢从日本千叶县来到中国。

2010年，冈井礼子听说中国广东省某地建了一座雕塑园，并为自己敬仰已久的舅公山田良政铸造了一尊铜像。从此之后，她四处打听，有一天，她无意中收看了日本NHK电视台播出的"辛亥革命100年"专题节目后，才知道自己寻找的舅公山田良政的"铜像"竟在中国广东省深圳市东部一座郊野公园里。于是，她把自己想前往中国瞻仰舅公山田良政铜像的事告诉了好友——日本宋庆龄基金会的周桥

2013年清明节从日本赶来的冈井礼子（右一）给舅公雕像献花后和大家合影，左起：笔者、吴天其村长、周桥女士、冈崎裕武等

女士。在周桥女士多方联系与协助下，2013年4月5日清明节，冈井礼子女士终于来到了三洲田孙中山庚子首义雕塑园。

（一）山田良政与《海外急电》

来深圳寻找铜像的日本中国语教育学会名誉会员冈井礼子所寻访的正是雕塑园第八个铜像《海外急电》（按入园顺序，此铜像排在第八位）。雕塑园的情景雕塑《海外急电》表现的正是山田良政受孙中山派遣后，前往潮州发动起义，从海丰转往惠州前线送电文的情形。当冈井女士走进雕塑园后，看到一尊尊反映中国民主革命

时期的历史人物塑像时很激动，从走进雕塑园入口处主题雕塑《激浪滔天》开始就献花，之后在《台北议事》和《海外急电》山田良政雕塑前献花祈祷。尤其是当她站在第八个铜像《海外急电》雕塑前时，把鲜花放在"铜像"下面，双手合掌说："舅公，我终于找到你了！"

雕塑设计塑造的山田良政躬腰伏在马背上，双手紧抓马缰，人物神态和马儿飞奔的形体塑造得非常传神。他的头发被风吹得向后散开，马的尾巴与地面几乎平行，仿佛能听到马儿奔跑时发出的气喘吁吁的声音。这尊铜像表现了山田分秒必争地把孙文的电报送到郑士良手中的情景。"终于见到了山田良政的雕塑"，"我把带有菊花的一把鲜花供在铜像前，心情万分激动地合掌拜了又拜"，冈井女士激动地说。

山田良政的胞弟山田纯三郎在家乡弘前菩提寺为其建碑，孙中山应约题写了山田良政君石碑铭文以示彰显。1918年9月，孙中山曾指示朱执信寻找山田良政牺牲地点和遗骸但一无所获。只从西辕门取回一包黄土交给纯三郎带回日本，权当故物，以慰英灵。1919年孙中山派廖仲恺为代表前往日本弘前举行葬仪。[1]1920年，孙中山又派陈中孚等前往弘前菩提寺，参加建碑仪式，以示隆重。

（二）把雕塑园首义故事带回日本

冈井礼子返回日本后，即在爱知大学东亚同文书院纪念报22号发表了她撰写的《访问庚子首义雕塑公园》一文，她把孙中山庚子首义雕塑园介绍给日本读者。她写道："还在我当小学生的时候，外婆常对我提到过她有一个表哥叫山田良政，和他弟弟纯三郎曾一起帮助过为中国革命在日本留居多年的孙逸仙。"她说："这座公园

----

[1]　1919年9月，孙中山派廖仲恺为代表前往日本弘前参加山田良政碑落成葬仪，廖带去了9月29日孙中山为山田良政碑书文（见《中山墨宝》，北京出版社1996年版，第202页）。

是 2003 年深圳市盐田区政府投资兴建的，项目总用地面积近七万平方米，建成后的雕塑公园将是一个融爱国主义和革命传统教育以及生态旅游为一体的旅游地。"

"公园里还有一组雕像，题目是'台北议事'，坐在沙发上的是孙文，站在旁边的一位是平山周，另一位是山田良政。说明牌写道：'1900 年 9 月，孙中山乘船来台湾筹划起义。在台北建立了庚子首义指挥部。'孙文穿着西服坐在椅子上，正面左侧站着穿西服的平山周，右侧是手拿着一卷书的山田良政。地上的石板，水泥的墙根，用楒木做的横木，四周种了茂盛的棕树和夏草等营造成了台湾的气氛。除了这些铜像之外还有以'激浪滔天'为主题的一组雕塑，其中还有宫崎滔天的铜像。滔天长着胡子身穿和服。以孙文为中心的六位勇士毅然决然的表情使我感动。"她望着山上的雕塑兴奋地说："我终于找到机会寻访百年前为中国革命而牺牲了的先人的足迹。作为山田良政的亲戚，我觉得非常光荣，同时对盐田区政府表示感谢。现在因为领土问题东海有点儿不稳定。我希望日本人和中国人通过庚子首义雕塑公园，想想一百多年前辛亥革命前的这

冈井礼子女士站在雕塑园《台北议事》山田良政的雕像旁

冈井礼子女士在日本《东京外语会会报》介绍庚子首义雕塑园的文章

段历史。日本和中国志士携起手来为中国革命而奋斗。我们不应该辜负志士们的愿望。"

2015 年 4 月 15 日，周桥女士再次陪冈井女士来到深圳。此次来访，笔者陪同她们一起前往惠东县多祝镇西墟门——山田良政遇难的地方凭吊。那天，由于不清楚山田良政遇难的具体位置，就在附近选了一棵古树，冈井礼子给山田良政敬献了鲜花。冈井女士此行深圳，笔者送给她《孙氏家族一脉》一书，她看到后非常喜欢，决定译成日文介绍给日本读者。2017 年，日本版《孙文爱女的波澜人生》一书由日中语言文化出版社出版了。

从冈井礼子来深圳寻访"铜像"这件事，牵出了日本弘前人山田良政和纯三郎兄弟支持孙中山民主革命这段故事，以及她的外婆中村满津子、满津子的哥哥小池作三；同时，通过日本媒体的追踪报道，即《东奥日报》"山田良政兄弟已经给了我们要日中友好的启示"的报道，从中又反馈了日本民间对日中关系未来发展的期待。

（三）日媒对冈井礼子参拜山田家族石碑的报道

2014 年 4 月 24 日，日本弘前地区青森县的《东奥日报》报道了冈井礼子去中国广东省深圳市寻找铜像的行踪：协助过享有"中国革命之父"孙文的弘前人山田良政兄弟的远亲，居住在千叶县柏市的中文老师冈井礼子（80 岁）21 日拜访了弘前市新寺町贞昌寺里的山田良政兄弟的石碑。

山田良政兄弟出生于弘前市在府町。哥哥山田良政 32 岁时和孙文相识于东京。为了孙文的革命思想，他参加了庚子首义不幸遇难。山田良政牺牲后，弟弟纯三郎继承哥哥的遗志，随后数十年一直追随孙文的革命事业，担任孙文的秘书。冈井女士 2013 年访问深圳的一所公园，追寻山田良政的塑像。在日本的贞昌寺里立有两座石碑。一座是为怀念良政的功绩孙文挥笔的石碑，另一座是蒋介石为纯三郎写的碑文。

日本《东奥日报》"支持孙文中国革命的山田两兄弟"的报道

冈井礼子女士分别向山田两兄弟的石碑献上鲜花，感慨万分地说："很久以前我就很想来这里为他们合掌献花，今天我的愿望终于实现了。"她接着说："以后我要研究山田良政兄弟的事迹，我希望日本人和中国人都应当了解为中国革命而牺牲的日本人。"冈井女士当天下午还访问了山田良政兄弟的母校——东奥义塾高等学校。

"天地人"是日本青森县《东奥日报》的专栏。它介绍了山田良政的事迹："一百年前，弘前人两位兄弟做中日两国之桥梁作用。这是又高兴又骄傲的事。他们就是山田良政和纯三郎。清朝由于辛亥革命而倒下，中华民国诞生

冈井礼子在日本贞昌寺给山田两兄弟献花后在石碑前留影

了。山田良政兄弟不懈地协助着伟大的革命家孙文。良政作为孙文的同志参加革命活动，革命成功之前战死了。他弟弟纯三郎继续哥哥的遗志，担任孙文的秘书帮助孙文。孙文弥留之际，山田纯三郎是唯一守侍在旁的日本人。山田良政家世代生活在弘前市。贞昌寺院内建立着两座石碑——山田良政和纯三郎纪念碑。这两个石碑反映了两位兄弟的伟大。听说政见不同的中国人都敬仰孙文。昨天，报纸报道了山田良政兄弟的远亲第一次访问这寺庙，并在石碑前供花合掌了。她现在 80 岁，以前当中文老师。她说她去年访问中国深圳盐田区，那儿的一所公园里安放着山田良政的铜像，她也献了花。这次能够来到兄弟俩的故里看到纪念碑感慨万分。"

四、"共建人文湾区"——整合庚子首义资源思路

2016 年 11 月 11 日，国家主席习近平在纪念孙中山先生诞辰150 周年大会上发表了重要讲话。他赞扬"孙中山先生是伟大的民族英雄、伟大的爱国主义者、中国民主革命的伟大先驱"。给予孙中山先生很高评价。2019 年 2 月 18 日，中共中央、国务院正式发布《粤港澳大湾区发展规划纲要》（以下简称《纲要》）。它标志着粤港澳大湾区建设开始启动。《纲要》提出："支持中山深度挖掘和弘扬孙中山文化资源"。由此，"孙中山文化"正式成为国家命题。这对于湾区凡具有孙中山文化资源的城市无不是巨大的鼓舞。

《纲要》第八章第二节提出了"共建人文湾区"，"塑造湾区人文精神。坚定文化自信，共同推进中华优秀传统文化传承发展，发挥粤港澳地域相近、文脉相亲的优势，联合开展跨界重大文化遗产保护，合作举办各类文化遗产展览、展演活动，保护、宣传、利用好湾区内的文物古迹、世界文化遗产和非物质文化遗产"。

"共建人文湾区"涉及的人文领域非常广泛。深圳与港澳地区、

广州和中山等城市均有丰富的孙中山文化资源。可以加强与湾区相关城市的交流与合作，推进深圳孙中山文化资源的整合与建设。在深圳孙中山文化资源中，孙中山亲自领导的三洲田庚子首义是具有国际影响的历史事件，其资源有：三洲田村落遗址、打鼓岭石墙、庚子首义纪念馆、马峦山罗氏大屋、庚子首义中山纪念学校、强华学校、南山中山公园和孙逸仙心血管医院。笔者以为，关于整合庚子首义历史文化资源，可以通过召开国际性研讨会，邀请湾区的孙中山文化专家出谋划策并进行交流，通过策划、研讨和制定规划，推进深圳孙中山文化能够更好地融入粤港澳大湾区的孙中山文化圈，通过开展国际交流，提高深圳孙中山文化的知名度和影响力。

（一）树立文化自信，提升人文精神

深圳的孙中山文化经过长期积淀已形成了自身的特点。它分布在教育、文化和卫生医疗系统。如：创建于1925年，位于深圳市南山区的中山公园占地49万平方米，迄今已有70多年的历史。它是宝安县原县长、香港绅士胡钰为纪念孙中山先生筹建的。是深圳最早以孙中山名字命名的一座历史悠久的公园。该公园有著名雕塑家钱绍武主持雕刻的全国最大的孙中山雕像。

孙中山在选择革命前，曾是一位著名的医生。1992年，孙中山的孙女孙穗芳博士参与了深圳孙逸仙心血管医院的创建。这是深圳唯一的一座心血管专科医院。据2017年4月18日《深圳特区报》报道，作为深圳重大卫生项目的一座规模更大的孙逸仙心血管医院南山分院已于7月1日正式启用。

庚子首义是兴中会成立后发动的规模最大的起义，我国著名近代史学者金冲及和胡绳武认为它"确是历史重要转折关头"的一次重要起义。由于起义打响了20世纪辛亥革命运动第一枪，而成为推动辛亥革命运动发展的一次伟大转折。中华民国成立后，孙中山是以"庚子革命首义中山纪念学校"命名三洲田小学的。将"首义"和"教育"紧密结合是孙中山教育救国思想的体现。

深圳在孙中山文化建设上应坚持文化自信，把握粤港澳大湾区"建设人文湾区"的重要发展机遇，通过对庚子首义的规划与整合，促使其资源得到进一步优化和提升。

（二）整合首义资源，"共建人文湾区"

如前所述，深圳作为与港澳地区、广州共同的四座核心引擎城市之一，首先需要对深圳孙中山文化中的核心文化，即庚子首义历史文化资源进行优化整合，争取解决该资源目前存在的"分区而治"和"效益低下"的问题。争取通过资源整合，使之成为"首义统一体"。如何整合则需要通过综合调动策划、研究、挖掘、功能提升和资源优化配置的智慧，从多视角提出新方案，争取使庚子首义所具有的丰富历史文化资源成为深圳孙中山文化的主力军。

在孙中山文化资源的利用和整合等方面，港澳、中山和广州不乏可以借鉴的成功经验。1996年，香港开始整合孙中山资源。香港中西区议会设计了一条"孙中山史迹径"。它由香港岛西营盘、上环及中环的13个景点站组成。景点站均设有站牌。如：皇仁书院旧址、中央书院旧址、辅仁书社旧址、香港兴中会总部旧址、中国日报社旧址等，将孙中山生前在香港活动过的地点串联起来。包括他在香港读书、做礼拜、居住，以及与革命党人聚会的地方。经过整合后，凸显了孙中山早期革命时与香港的密切关系，提升了香港近代历史的厚重感。

由于中山市在孙中山文化资源上所具有的"中山故里"的特别优势，2019年3月12日，中山市政协主席丘树宏在《孙中山文化与粤港澳大湾区建设》一文中提出："以翠亨村孙中山故居为原点，建设粤港澳孙中山文化史迹径，进而扩大到全球华侨华人的范围，从而形成强大的文化认同和凝聚力。提升大湾区的软实力和美誉

度，建设成为全球华人华侨共有的精神家园。"他还谈到以孙中山
文化为重要载体，建设粤港澳人文湾区，将此扩大到海峡两岸的人
文交流合作，以及建设孙中山文化国际交流中心的宏伟目标。笔者
以为，这一目标在对接《纲要》"建设人文湾区"的目标上具有前
瞻性和可行性。

据《中山日报》2019 年 6 月 21 日报道，中山市已启动了"孙
中山文化粤港澳行"，采访组在深圳市政协常务副主席刘润华的陪
同下，中山市政协主席丘树宏带领"孙中山粤港澳行采访组"深入
鹏城，共话两市情谊。2019 年 11 月 8 日，中山市委副书记陈文锋
率市委宣传部、市文广旅局、市社科联等部门，赴上海、广州两地
开展专题调研孙中山文化资源。由此看来，拥有丰富的孙中山历史
文化资源的中山和广州两市，已在《纲要》精神指引下，启动了实
施"共建人文湾区"的发展目标。

（三）整合庚子首义资源的探索

从未来粤港澳大湾区建设的长远目标出发，深圳有条件依托庚
子首义历史资源，规划建设"辛亥革命庚子首义纪念园"。因为过
去有不少游客不知道"庚子首义和辛亥革命究竟是什么关系"。深
圳能否实现这一目标，主要看深圳能否对庚子首义历史资源进行整
合。唯有经过科学规划和整合，才能够提升深圳在辛亥革命历史中
的地位和影响，进而融入"共建人文湾区"孙中山文化圈。

120 年前，在广东深圳（原惠州归善县）诞生了两座追随孙中
山实现共和理想的英雄村落。一座是庚子首义策源地三洲田；另一
座是马栏头罗氏大屋司令部旧址（马峦山罗氏大屋革命旧址）。实
际上，他们是"庚子首义共同体"（见本书第二章）。由于两地在历
史上具有共同的革命目标，因此，两地应从融入"共建人文湾区"
的目标出发，探讨"整合庚子首义历史文化资源"的可行性。争取
融入粤港澳大湾区孙中山文化圈，充分利用庚子首义历史文化的地

域特色，统一命名、优势互补，形成合力，凸显深圳孙中山文化的魅力，使之形成深圳东部地方人文历史旅游资源的一大亮点。

1. 规划"辛亥革命庚子首义纪念园"

从融入"共建人文湾区"孙中山文化圈的战略目标出发，争取把庚子首义的资源整合纳入全市的文化发展规划中（便于从全市的角度协调相关行政区）。力争高水准、高质量完成对庚子首义历史文化资源的整合。第一，研究并解决庚子首义资源存在的"分区而治"的现状。第二，提高庚子首义文物保护单位级别。将 2005 年盐田区政府公布的"三洲田村落遗址"（含打鼓岭石墙）和 2006 年龙岗区政府公布的"庚子首义旧址"（应更名为"罗生大屋司令部旧址"），提高为深圳市级文物保护单位。第三，挖掘新的首义资源，争取将庚子首义打响第一枪的兰花庙所在地沙湾小学改建为纪念学校，以传承首义精神。改校名为"沙湾共和小学"，并增加相关纪念性雕塑。如：黄福塑像和"首义第一枪浮雕墙"等。第四，争取由具有旅游业丰富经验的企业介入设计和管理。以下为规划"深圳辛亥革命庚子首义纪念园"（以下简称"纪念园"）的思路。

"纪念园"由三个参观区域组成。

纪念园一区——三洲田：A. 改造庚子首义纪念馆，扩大容量，增加配套服务项目（东部华侨城茶溪谷）；B. 三洲田村落遗址（在纪念馆制作村落模型及 3D 庚子首义战役播映厅）；C. 打鼓岭石墙防御工事；D. 孙中山庚子首义雕塑园；E. 沙湾小学兰花庙第一枪旧址（今沙湾小学内）。

纪念园二区——马峦山：F. 罗氏宗祠；G. 罗氏大屋司令部旧址；H. 复原制作罗氏大屋司令部旧址旧址原貌和兵工厂；修改文物保护单位标志碑"庚子首义旧址"为"罗氏大屋司令部旧址"。

纪念园三区——小三洲：I. 庚子首义中山纪念学校；J. 黄豆窝"义冢"（待修缮）。设计两条参观专线。一条是从三洲田走跃进水库走

绿道到达马峦山（含小巴专线）；一条是深圳东部首义景点线路（从
东部三洲田孙中山庚子首义雕塑园连接南山中山公园）。将深圳孙
中山文化连接起来。条件成熟后，可开辟第三条旅游交通专线：庚
子首义惠东地区古战场专线。参观佛祖坳、平潭西枝江、皇思扬
（明清古村落）等历史景点。

2.选择最佳资源配置设计和管理模式

关于庚子首义历史资源的整合，一个具有丰富的旅游运作和
管理经验、具有一流策划能力和经济实力的企业的加盟非常重
要。东部华侨城具备优势条件。加之，三洲田村落遗址、打鼓岭
和首义纪念馆均在茶溪谷。可以将政府的宏观指导和企业的开发
眼光有机结合起来。打破传统运作机制，发挥深圳特有的速度和
创新思维，制定一个合乎各方利益、能够尽快见效、操作性强的
运作方案。从整体上提升"辛亥革命庚子首义纪念园"旅游项目
的文化品位和质量。

五、铭记历史，传承首义精神

孙中山一生最伟大的贡献是辛亥革命。因为辛亥革命结束了中
国两千多年的君主专制，建立了亚洲第一个共和国，实现了革命目
标。庚子首义是辛亥革命运动历史上一面鲜红的旗帜。革命军在这
面旗帜指引下，打响了对清王朝封建壁垒的第一枪，向着实现共和
的理想迈出了重要一步。在孙中山"恢复中国"的步骤中，"覆满"
只是第一步，改造中国是第二步。

1924年1月，孙中山在中国国民党第一次全国代表大会宣言中说：

> 吾党之士，追随本党总理孙先生后，知非颠覆满洲，
> 无由改造中国，乃奋然而起，为国民前驱，激进不已，以
> 至于辛亥。然后颠覆满洲之举始告厥成。故知革命之目

的，非仅仅在于颠覆满洲而已，乃在于颠覆满洲之后，得从事于改造中国。依当时之趋向，民族方面，由一民族之专横宰制过渡于诸民族之平等结合；政治方面，由专制制度过渡于民权制度；经济方面，由手工业的生产过渡于资本制度生产。循是以进，必能使半殖民地的中国，变为独立的中国，以屹然于世界。[①]

孙中山通过庚子首义推进并完成了第一步的历史进程。参加庚子首义的仁人志士并未看到革命的结果，也没有人考虑身家性命。他们不图名利，只是英勇杀敌，去实现革命誓言，彰显了强烈的爱国主义情怀和不怕牺牲、坚贞不屈的献身精神。由此形成的"首义精神"则成为激励后人的精神财富。实际上，"首义精神"是孙中山革命思想与庚子首义仁人志士革命精神的结合。如果没有孙中山 1894 年制定的《兴中会章程》等一系列革命思想的驱动与引领，也就不会产生"首义精神"。

（一）"振兴中华"的爱国情怀

孙中山始有志于革命是从 1885 年"中法战争"结束后"始决倾覆清廷、创建民国之志"。1894 年，孙中山的忧患意识已无法抑制了。他在《上李鸿章书》中连续 5 次提出了"富强"。当时 28 岁的孙中山具有初生牛犊不怕虎的气概。他信誓旦旦地向权高位重的北洋大臣李鸿章大谈经世之道：中国和欧洲的差异不在于"快艇、飞车、电邮、火械"的船坚炮利，而在于人能否尽其才，地能否尽其利，物能否尽其用，货能否畅其流。[②] 这是孙中山"拯救斯民于水火，切扶大厦之将倾"忧患意识的一次喷发。当时，他非常自信

[①]　林家有：《孙中山与辛亥革命史研究的新审视》，第 207 页。

[②]　参见《孙中山全集》第一卷，第 8 页。

地认为，如果清政府采纳他的主张，"以中国之人民财力，而能步武泰西，参行新法，其实不过二十年，必能驾欧洲而上之"。

当时，李鸿章借口军务繁忙，拒绝延见。却让罗丰禄代领农桑会出国筹款护照。情绪郁闷的孙中山在考察京津和长江流域的形势后去了檀香山。当地华侨多不愿意参加反清组织，孙中山只联络到数十人成立了兴中会，拟定革命纲领并在中国首次提出"振兴中华"的口号。

自鸦片战争后，西方列强的入侵加速了中国人民的觉醒。一批仁人志士开始关心时局，探求民族复兴之路。孙中山在面对帝国主义侵略和清朝腐败无能的严峻历史背景下，产生了强烈的振兴中华和复兴中国的思想。此后，孙中山以强大的革命信念和爱国情怀矢志不渝，当他派郑士良等人前往三洲田发动起义，取得沙湾大捷后，革命军继续东进获得佛祖坳、平潭、崩冈墟、黄沙洋等战役的胜利。郑士良坚决执行孙中山放弃省城，进军厦门的决策。为了实现孙中山的战略目标，革命军将士勇敢战斗，视死如归，以生命为代价实现了自己"跟孙中山要跟到底"的誓言。当时，如果革命军没有强大的革命信念和爱国情怀，要想以少胜多、以弱胜强是不可能的。

1901 年春，孙中山与林奇谈话时，对自己的伙伴赞扬有加。他说："他们的高超智慧、他们的模仿力以及学习新事务和汲取新思潮的能力，都超过日本人。日本人用三十年才办到的事情，我们最多用十五年就能办到。"[①] 看来孙中山的确是一位预言家，17 年后他终于实现了以共和政体代替帝制统治的目标，成为中华民国临时大总统。列宁曾这样评价："用共和国取代封建君主制，是一个世界性的进步，一个伟大的进步。"

———————————

① 孙中山:《建国方略》，第 209 页。

（二）不怕牺牲、坚贞不屈的献身精神

庚子首义爆发后，革命军将士不怕牺牲、勇敢杀敌的献身精神极大丰富了"首义精神"的内涵。台湾作者王怡在《侠骨忠魂——郑士良传》一书中记述了1886年郑士良在广州博济医院结识孙中山，受其革命思想影响，拥护孙中山的革命主张，发动洪门会党参加革命的历史。

惠州起兵前，郑士良从山打根召回黄福以发动会党，并争取绿营首领加盟以加强兵力；为了解决武器弹药，郑士良不惜冒险赴港押运。在清军重兵"围剿"、山寨岌岌可危时，他下令祭旗起义，派黄福率兵攻打沙湾，首战告捷。队伍在挺进厦门途中势如破竹，连战连胜。诸多战事是在郑士良的直接指挥下获得胜利的。他在白沙接到孙中山电文后宣布队伍解散。他带领部分人避往香港。次年受人所邀在香港琼林酒楼进餐，遭歹人陈林仔下毒身亡。

为纪念革命先烈，王怡在《侠骨忠魂——郑士良传》一书出版时请台湾政治家秦孝仪写序。他在序言中写道："贤者之所以能拨乱世反之正，就是因为他们愿意竭其良知、毅力来改造社会，转移风气，而绝不为社会风气所转移，且良知、毅力愈加激扬奋发，则其所影响、所成就者亦必愈益磅礴伟大。"[1] 这是对郑士良的赞美之词。

首义中牺牲的最年少者是在广州负责策应的史坚如。他为了配合起义，变卖了家产，在两广总督德寿后花园附近租了一间民房，挖地道至后花园，准备用炸药炸死德寿。不想炸药未全部爆炸，只将德寿从床上震了下来。史坚如因暗杀两广总督德寿未遂而被清兵抓获。据萧平编《辛亥革命烈士诗文选》记录，官府派斐景福审讯他，让他招供"同党有多少？首领是什么人？"他回答："同党有四万万，首领就是我。"审讯官看问不出什么，便于9月13日，对

---

[1]　王怡：《侠骨忠魂——郑士良传》，第1页。

其动用酷刑。他们扒去他的上衣，从炭炉中夹出烧红的铜钱，一个个放到他的背上。皮肉嗤嗤地响，冒着青烟，史坚如痛不可忍晕了过去。18 日，史坚如就义于广州天字码头。

（三）庚子首义的国际主义精神

庚子首义之所以是一次具有国际影响的历史事件，它体现在孙中山在海外开展革命活动时，把中国革命与亚洲民族解放运动结合起来。他不仅支持和声援菲律宾革命党的解放运动，答应协助在日本采购枪械。同时，他在构想把亚洲国家和地区争取独立和解放的力量团结起来，结成统一战线。为了实现这一目标，他的足迹遍及朝鲜、越南、新加坡、菲律宾，以及中国香港、台湾等地区。尤其是孙中山留居日本期间曾联合日本同志一起支持菲律宾民族独立革命。十几位日本同志在给菲律宾革命军运送武器时不幸遭遇台风而牺牲。

这种国际互助精神是相互的。1897 年孙中山留居日本时，为寻求日本对中国革命的支持，他同时也得到了日本朝野人士的帮助。以及一批日本友人如梅屋庄吉、宫崎寅藏、中野德次郎、儿岛哲太郎、岛田经一等人为中国革命捐款捐物。参加首义的军事顾问还有英国人摩根。山田良政更是告别父母与新婚妻子，奔赴惠州前线。

在宫崎滔天的笔下，山田良政是一个性温和而寡言，志高迈而热烈的人，同时也是一位有志向的人；山田良政和弟弟纯三郎相继投身中国革命的故事更为生动感人。1899 年，山田对孙中山做过承诺，他决定参与惠州起事的计划，并且做了周密的准备和安排。山田的想法不仅遭到会长近卫笃磨、干事长陆羯南在内的东亚同文会高层的反对，而且也遭到南京同文书院监督田锅安之助的激烈反对。[1] 但他却坚持自己的想法，并毅然辞去了教职。

---

[1]　易惠莉：《关于山田良政的研究》，《中国近代》(第十七辑)2007 年 6 月 1 日。

　　孙中山领导的庚子首义只是他革命事业的短暂一瞬，他的革命理想和抱负是对中华民族未来发展的期盼。他曾说："以四百兆苍生之众，数万里土地之饶，因可发奋为雄。无敌于天下。""惟愿诸君将振兴中国之责任置之于自身肩上。""中国如果强盛起来，我们不但要恢复民族地位，还要对世界负一个大责任。"

　　继庚子革命首义之后，从 1907 年到 1911 年春，孙中山在广东和西南地区与他的战友共同策划了八次武装起义，他直接或间接地领导了起义。由于诸多原因，虽然这些起义都失败了，但革命者始终坚信推翻封建帝制的革命必须是在不断顿挫中前进和发展的。1911 年的武昌起义使辛亥革命运动在经过 17 年的艰苦奋斗后，终于实现了推翻君主专制的目标。

附 录^①

　　①　附录内容摘自《孙中山全集》、孙中山：《建国大纲》、冯自由：《革命逸史》、深圳市档案馆编：《深圳档案文献演绎》（明清两朝）、刘中国：《打响世纪第一枪——三洲田庚子首义纪略》。

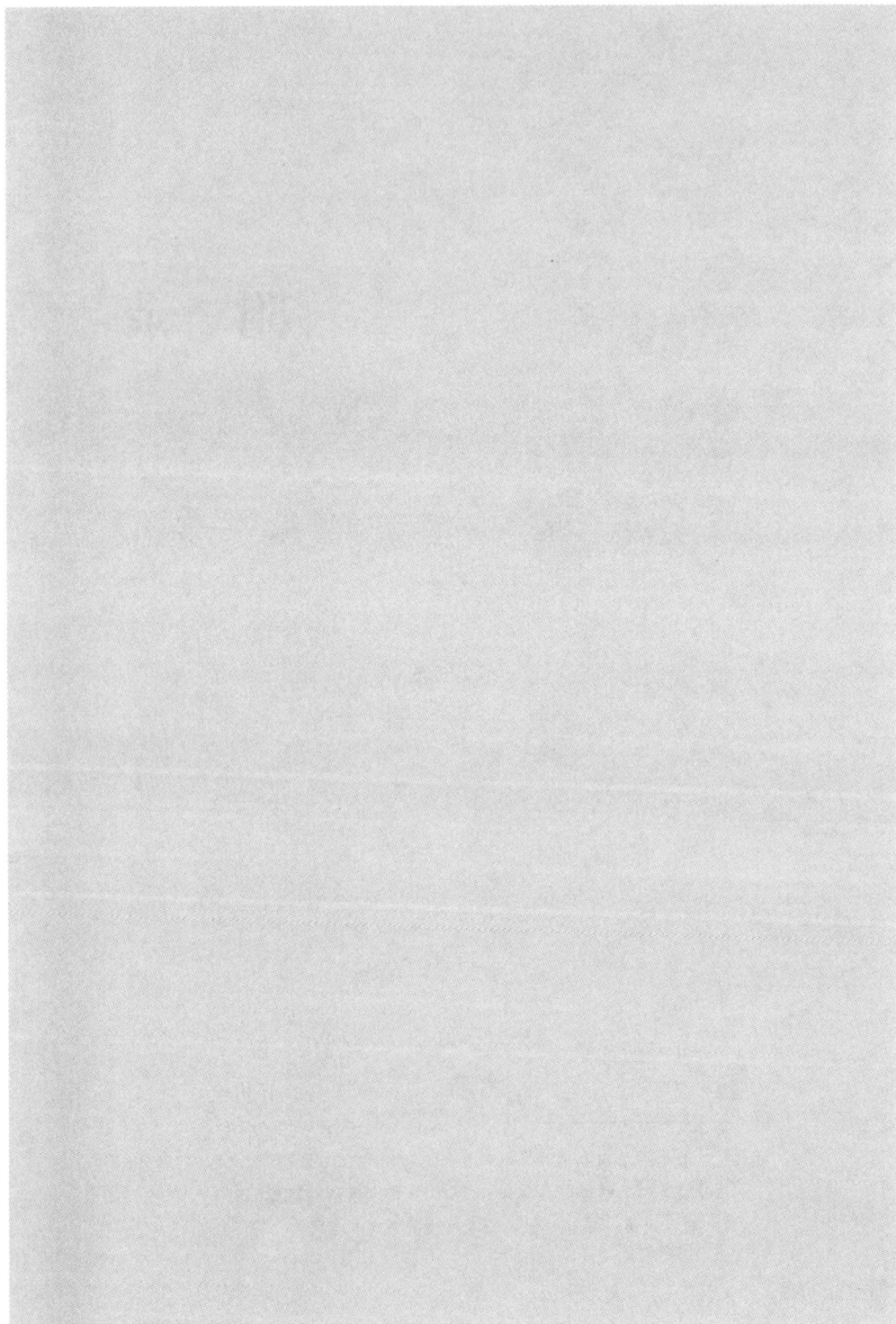

大事记

1899 年

1 月 14 日，郑士良乘英国轮船"卡普克兹库号"由香港到横滨与孙中山洽谈"相关事务"，数日后返港。

7 月，孙中山结识山田良政。二人在东京神田三崎町旅馆，山田"感于国父对世界对人类之崇高理念，遂发誓为东亚前途而奋斗"。

10 月 11 日，兴中会、哥老会及三合会首领在香港成立兴汉会，公推孙中山为总会长。之后杨衢云辞去了兴中会会长一职。

11 月 19 日，谢缵泰、洪全福在香港谋划起义，准备组织力量攻夺广州后成立联邦政府。但这次起义事先未与孙中山商议。

1900 年

1 月 13 日，日本外务省档案记：清国流亡者郑弼臣乘"日本丸"由香港来横滨，住在孙中山寓所。

1 月 31 日，宫崎寅藏奉孙中山命赴香港说服急于起事的广东地区革命派；是月，内田向煤矿业资本家中野德次郎借日金五万元以资助广东起义。内田从其亲戚儿岛哲太郎处亦筹得日金三千元。

3 月，上海文廷式在东京谒见孙中山，说："山东方面的义和团日渐猖獗，定四五月起兵，此吾党革命之好机会。"孙文大喜，加紧做起义准备。孙中山令内田往大阪拜访正在旅行的大隈重信及犬养毅，请予援助。并托内田组织日本志士，待机出发。

3 月 31 日，谢缵泰、杨衢云在香港开始与容闳密商合作，后来，并与陈少白筹备惠州起义。

4 月 26 日，杨衢云从香港乘船去日本，与孙中山商议惠州举义。

　　6月5日，孙中山偕杨衢云、郑士良、温炳臣返回香港筹划起义前，自横滨到东京，向犬养毅告别。同时，刘学询经李鸿章同意，致书孙中山，请孙中山速来粤商量广东独立。孙中山"颇不信李鸿章能具如此魄力，然此举设使有成，亦大局之福，故亦不妨一试"。

　　6月6日，犬养毅、头山满、福本诚等在红叶馆为孙中山等人饯行，"主客谈论支那现状"。孙中山买了日本刀剑数十口供起义使用。他在东京走访了法国驻日本公使朱尔斯·哈马德，希望从法国政府得到武器，或由法国军事顾问来训练其追随者。但此事未果。

　　6月8日，孙中山与杨衢云、郑士良、陈清、宫崎寅藏、清藤幸七郎乘法国轮船"印度"号离开横滨赴香港筹备庚子起义。临行前，孙中山发表谈话称：当紧密注意情势，如清政府势力失坠，当奋力发动国内起义。并表示其最终目的是要在南方建一新共和国。

　　6月17日，孙中山偕杨衢云、郑士良等6人乘"印度"号抵达香港海面。召集中日同志在舢板上开会。会议决定：由郑士良督率黄福、黄耀庭、江恭喜等人赴惠州准备发动起义。史坚如、邓荫南赴广州，组织起事及暗杀机关，以资策应；杨衢云、陈少白、李纪堂在港担任饷械事务；日本同志留港协助杨、陈、李等办事。李鸿章派出一艘炮舰已在码头等候。孙中山委派有外交豁免权的宫崎寅藏、内田良平和清藤幸七郎三人前往广州和刘学询谈判。宫崎提出：一、对孙中山所定的罪名应予特赦，并保障他的生命安全；二、希给予贷款10万两。

　　7月17日，孙中山一行抵达香港海面。与中日同志在船边的小舟上召开紧急会议。议定：由日本同志福本诚全权负责香港的准备工作，铃木力等人辅佐；过一段时间后再交由郑士良代为领导，以近藤为参谋，其他日本人辅佐；占领某地后，分兵一半进驻厦门附近；那时，孙中山则亲自由台湾潜入内地，与队伍取得联系。

　　7月18日晚，孙中山继续在船上召集会议。福本诚、清藤幸七郎、近藤五郎、平山周、宫崎寅藏一致赞同孙中山提议：起义时以郑士良为总司令，黄福为大元帅，何祥为二元帅，黄耀庭、何崇飘、蔡景福为元帅，陈怡、林海山、廖庆发为先锋，唐梦尧为书记，廖萼楼为军医。近藤五郎、杨衢云为参谋，福本诚为民政总裁，平山周为副总裁。会议以孙中山意见为准。

7月20日，孙中山与宫崎、清藤乘"左渡丸"离港返日，25日抵达东京，继续筹备起义。内田良平提议，由他挑选敢死队40人前往上海、南京、武昌谋杀李鸿章、刘绅一、张之洞，如果其中一二人被杀，长江流域必起动乱。但此提议遭到孙中山坚决反对。

9月28日，孙中山抵达台湾基隆。据台湾民政长官是日电报：孙逸仙本日到达。有6名清国人和2名本地人因孙逸仙来此，由广东渡台。

9月30日，据《江亚二供词》，10月30日"黄公喜"等7人在九龙押运武器弹药时被警察拘捕（"黄公喜"即"黄恭喜"，是黄耀庭）。船只由于无人看守而丢失。郑士良抵港知道黄耀庭等人出事后，一边设法搭救，一边让同义兴松柏公司装船。郑士良于10月3日押运武器弹药顺利返回深圳沙鱼涌。

10月2日，日本外务省发布"通告取缔参与中国革命嫌疑之日人名单"。在日本政府公布名单中共有45位与孙中山交往的日本朋友和同志。

10月3日，郑士良押运武器弹药顺利返回马栏头司令部后，得知清军进驻深圳墟、前哨已抵横岗的消息，立即召集将领开会商议，决定提前2日起义，5日祭旗，6日起义。令黄福率队袭击驻扎在沙湾兰花庙的清军。

10月5日，革命军先后在三洲田山寨和马栏头罗氏祠堂举行祭旗宣誓仪式。在罗氏宗祠的祭旗宣誓仪式由革命军书记唐梦尧主持。

10月6日清晨，黄福率领80名壮士偷袭了驻扎于沙湾兰花庙的清军，打响了辛亥革命运动第一枪。郑士良决定按原计划与江恭喜会合，合力进攻新安和广州，但于途中接到孙中山复电后队伍折回横岗挺进厦门，失去了与义军中路统兵司令江恭喜数千义军会师的时机。

10月7日，革命军抵新墟，队伍夜宿新墟。

10月8日清晨，革命军于秋长与小股清军遭遇，打响了进入惠州地界第一仗，义军获胜。当天晚上，郑士良和黄耀庭率义军智取佛祖坳。此役打死了严宝泰。夺得洋枪700余杆，弹5万发。9日队伍在镇隆休整；10日前往永湖途中与阻拦义军的麻溪团练发生小股战斗后占领了麻溪围；11日义军抵达永湖。由于革命军沿途纪律严明，秋毫不犯，乡民皆燃爆竹迎送，群众以酒食慰劳。当晚驻扎白芒花关帝庙。

10月12日，郑士良按事先约定，率领队伍来到良井上洋围，与杨发新组建的500余人的"杨发大队"会师，任命杨发为副统兵和大队长。部队当晚住在上洋围围龙屋和宗祠。同一天，革命军书记唐梦尧在坪山谭公庙被俘遇难，于马栏头枭首示众。

10月13日，革命军先头部队到达平潭新墟，与清军提督刘邦盛、都司莫善积率领的1500名清军在三角湖遭遇。双方交战，义军获胜。这天正逢新墟墟集（闰八月二十日），不少赶墟的老乡听到江边传来的枪声。

10月14日，梁慕光、江维善率领千余人围攻博罗县城，并分兵扑向惠州城。惠州官府拆除浮桥，阻止义军，并随即调兵援救。和平、河源县均有义军响应。郑士良派一支队伍增援围攻惠州城的义军。但由于官府从广州调集人马，义军寡不敌众，相持未久便不能支。

10月15日，两广总督获悉清军失败后调集兵力支援惠州。省垣大吏马维骐派部下区某亲率"介"字营，欲往平潭防堵；革命军闻知后，多支队伍设伏于平潭芨仔园与鹤湖蔗林中。当清军六七千人抵达西枝江甘蔗林后即中义军埋伏，清军提督邓万林中枪落马，狼狈而逃。县丞杜凤梧落江中被俘。革命军取得平潭伏击战大捷。

10月16日，郑士良派了一支队伍逼近距惠州府城约20里地的马鞍墟。"革军乃虚竖红旗数面，飘扬林际，时提督邓万林株守城内，见革军逼近，乃率兵向蔗林进发，以枪遥击，讵料革命军分两翼包抄而至，所用无烟新枪，锐不可当。官军不能抵御"。

10月17日，海丰县大樟山有数千义军，河源、和平两县也有千余人围攻县城。海丰县调署石镇总兵莫善积率队"围剿"，义军败退。18日夜，义军开始进攻河源县城。知县唐镜沅竭力抵抗，义军退至黄沙砖瓦窑。20日（闰八月二十七日）黎明，石玉山带清兵来到，纵火围攻，义军被俘斩首百余人。曾金养率众焚烧南门被俘遇难。

10月18日，革命军抵达崩冈墟。郑士良传令侠琴"据高地为防"，布阵接战，另派黄耀庭联系当地人协助攻打黄沙洋和三多祝。革命军在西枝江南边，清军六七千人在江北，双方隔江而战。后革命军夜袭清军大营，获得胜利。

10月19日，黄耀庭与周亚祥率领的农民军会合，三多祝卢百良也召集众人举义。义军从四面包围了黄沙洋围村。由于围村是高墙大院，有清兵和萧、郑家丁守护不易攻入。是日晚10时，"红头军"从四面发起进攻仍"久攻不下"。凌晨3时，杨冠军让族人打开西门，"红头军"杀入围村，全歼守城清军和家丁，并放火焚烧30多座房屋和粮仓。

10月20日，革命军从20日清晨开始与清军在洋口沙洲尾坝村交战，洋口首战失利，黄耀庭率队撤退到双金路口设伏再战获胜。清军乘机收复了三多祝和黄沙洋。

10月21日，革命军仍在洋口与广州调集的清军决战。清军借助火炮攻击，义军伤亡不少，但此役义军打败了清军。队伍迅速撤回安徽白沙扎营。曾捷夫奉孙中山命偕山田良政和南京同文书院学生椊引武四郎来到白沙大营，给郑士良送来孙中山的电文。

10月22日，清军包围革命军于白沙。郑士良在宣读了孙中山电文后，宣布队伍解散。只保留了 1000 人的洋枪队分水陆两路突围。山田良政和同乡栉引武四郎在突围中走散。山田良政因迷路被俘，穿着清朝服装，清军以为是义军，将其和其他俘虏一起押解三多祝西墟门外坡地杀害。根据官府奏折，惠州官府派清军前往三洲田山寨和马栏头司令部所在地"清剿"，并放火焚毁，随即返龙岗驻扎。留练勇六百名屯平山。

10 月 28 日，史坚如在广州谋炸两广总督德寿，事败被捕遭遇清军刑讯逼供。坚如宁死不屈，大义凛然，于 11 月 9 日（庚子年九月十八日）在广州天字码头英勇就义，年仅 21 岁。

10 月 30 日，清水师提督何长清、张邦勇带水师靖勇、炮勇乘船驶往时，革命军余部已经上了船向深圳方向进发了，但有 7 条船只在清军的炮火攻击中沉没。

11 月 2 日，郑士良率领一批义军骨干乘船返回香港。并在安抚家人后前往日本横滨向孙中山报告战役情况。

11 月 7 日，革命军余部在动员三洲田村落的村民离开村庄后，队伍开始撤离，革命军解体。部分骨干潜至香港或亡命海外谋生。

11 月，革命军余部撤离三洲田后，清军游击陈良杰率清兵来到三洲田"清剿"扑了空，于是恼羞成怒对山寨进行"清剿"和焚烧。"惟有三位不愿意离开家园的老人方凤、方德富和廖纪秀被烧死在山野。"清军又到马栏头罗氏大屋司令部旧址进行"清剿"，放火焚烧，铲平了建筑物。

11 月 10 日，孙中山偕陈清、陈礼和乘"横滨丸"返回日本，于 11 月 15 日抵达日本门司港。在横滨等候孙中山的郑士良向孙中山报告了革命军东进惠州的战斗和失败情况。

11 月底，陈良杰还率领清军对三洲田山下的盐田墟鸭宿墩（今盐田三、四村）曾投军的义士和无辜村民进行了屠杀。1903 年秋，盐田鸭宿墩村的村民把无主骨骸放入罐中，众人捐资在小三洲黄豆窝修建了一座"义冢"，并立碑纪念。

1901 年

1 月 10 日，杨衢云在香港宅中教授室遭到不明身份人士的枪击，送到医院后次日卒于医院。杨衢云被刺杀，李家焯是主谋。炮船管带陈林仔，营勇童祥、徐福及李桂芬是主凶，港人吴瑞生负责接应。

8 月 27 日，郑士良接受《中国日报》郑贯一邀请去水坑口宴琼林酒楼聚餐。同去的还有郑贯一的朋友郑梦唐、李玉林。原来清吏以巨款买通郑梦唐在酒中下了毒。郑士良感觉身体不好便起身告辞。车行至《中国日报》门前，郑士良去世了。孙中山在日本得知这一消息后非常悲痛，特派黄士龙到香港唁慰。

1913 年

2 月 23 日，孙中山在日本东京考察时，参加了追悼山田良政纪念会，于东京下谷区谷中初音町全生庵为山田良竖碑纪念。并撰写了"山田良政君，弘前人也，庚子又八月，革命军起惠州，君挺身赴义，遂战死。呜呼！其人道之牺牲，兴亚之先觉也，身虽殒灭而志不朽矣"的碑文。1918 年，山田良政胞弟山田纯三郎奔赴岭南，携朱执信从三洲田带回抔土归葬故里祖坟旁，孙中山派员代为致祭；1919 年 9 月，孙中山派廖仲恺携手书碑文赴弘前，该碑竖于菩提寺内。还亲自为迁葬的事发表了《山田良政君建碑纪念词》。该纪念词称"举君死事本末而表出之"，"愿斯人为中国人民自由奋斗之平等精神，尚有嗣于东"。①

---

① 《庚子首义大事记》参阅陈锡祺主编：《孙中山年谱长编》；段云章编著：《孙文与日本史事编年》；何博儒：《三洲田首义》。

首义战役梳理比较一览表

历史事件	时间	比较前	比较后	问题
押运武器弹药（三洲田发动阶段的转运军火问题和队伍迅速壮大问题在早期研究中被忽视，至7月初，义军人数已达2600多人，军火陆续运抵三洲田和马栏头）	1900年6月至10月起义前	1．"起义爆发后，郑士良从香港偕孙中山复电返回"。2．"时有健儿600人，而洋枪仅300杆，子弹各30发"。3．"杨衢云、陈少白、李纪堂在港担任接济饷械事务"。见冯自由《革命逸史》；宫崎滔天、陈春生等著述	1．梅屋庄吉通过九龙土瓜湾同义兴公司分5次把采购的军火转运深圳；2．新增400杆快枪，600把手枪；加上先前的有长枪700杆；3．郑士良、黄耀庭等将领参与了此事。7月初有参加"乌石岗起义"的义士加盟。参阅吴亚发、江亚二等人"烈士供词"；王卫宾《深圳掌故》	1．6月陈少白押运军火到深圳白石洲再转运三洲田；这是梅屋庄吉采购的；与"由附近清军防营密购枪械若干"是一回事；2．9月，郑士良派黄耀庭押运，人员被拘；郑赴港并10月3日押运返深。梅屋先后捐赠长枪700杆，手枪600把，共计1300支
司令部搬迁马栏头罗氏大屋	7月初	"初设司令部于三洲田廖氏祖祠"，因廖氏耆老反对，乃移于马栏头同志罗生之大屋中。早期文献未交代迁移时间。参阅冯自由《革命逸史》	1．7月初，何松等人各率400人从土瓜湾来到三洲田。2．队伍壮大，义军将司令部迁到马栏头。三洲田留守80人守寨。3．廖氏反对是因为家族有人在官府当差。参阅《吴亚发供词》；采访马峦山罗日星	6—7月，郑士良在日本和香港开会；经分析，司令部搬迁的时间是在7月初何松率三合会成员来到之后；由于人数突增，趁分散人员到马栏头时，顺便将司令部迁到马栏头

历史事件	时间	比较前	比较后	问题
祭旗宣誓与歃血祭旗出征仪式	10月5日（闰八月十二日）	1.分别在三洲田和马栏头两地祭旗宣誓仪式；2.郑士良起义爆发后返回；3.早期文献资料中未涉及祭旗等事宜。参阅何博儒《三洲田首义》；《盐田区志》廖虹雷"三洲田起义"等	1.两地祭旗宣誓基本相同；2.郑士良离开前有安排任命交代军事给黄福，押运军火返回后未再去香港；3.郑士良并非在港拿到电文才返回；4.郑是在起义爆发后，与江恭喜会合途中接到电文的	孙中山在台湾忙于寻求台督儿玉支持，一时顾不上回复；孙是在闻知起义爆发后回复的电报
沙湾之役	10月6日（闰八月十三日）	"乃于是月十五晚，由统将黄福率敢死士80人袭清军于沙湾，阵斩40人，夺洋枪40杆"。参阅冯自由《革命逸史》	1.由于清军逼进三洲田，起义时间从原定8日提前至6日清晨；2.黄福采取"三面包抄"；郑士良派300人的队伍支援。参阅张友仁查访资料；戴焕扬口述；何博儒《三洲田首义》等	1.早期文献和著述对沙湾之战的记录比较简单，是因为作者未掌握第一手资料；2.早期著述对沙湾首战的战役特点未交代清楚，对其意义认识不足
秋长之役	10月8日（闰八月十五日）	早期文献资料未提到此役。也有书籍写"禾町冈之役"。参阅《盐田区志》廖虹雷"三洲田起义"	1.义军进军惠州第一战，义军获胜；2.有客家子弟投军。参见何博儒《三洲田首义》	1."打禾冈"之役即"佛祖坳"第二次大捷，只是名称不同；2.但秋长之役是过去忽视的材料

续表

历史事件	时间	比较前	比较后	问题
佛祖坳之役	10月8日晚(闰八月十五日)	1.10月15日（闰八月二十二日）趋镇隆，清兵已出佛祖坳，扼险而阵。2."革军人数仅六百……无洋枪者皆执矛在前"。3.杀守备严某，擒归善县丞杜凤梧。关于擒杜凤梧却未交代清楚，平潭也抓了杜凤梧	1.义军闰八月十四日在新墟造反；准备明天摸镇隆；把较差的枪械编为先行部队，好枪压后随行；2.此役计划周密，义军打了胜仗，缴获甚丰，杀了严守备	1.冯自由不了解义军枪械补充情况，仍按6月"400健儿，300枝枪"去写；时已有枪械千余，何须"执矛"呢？2.冯采用闰八月二十二日这一时间与战役前后历史脱节
麻溪之役	10月10日（闰八月十七日）	1.10月10日，义军与麻溪乡团练激战；攻占麻溪围；2.佛祖坳、麻溪之役后，义军在惠州声势大振；3.谈到杨亚发带五六百人队伍参加队伍。参阅刘中国《打响世纪第一枪——三洲田庚子首义纪略》	1.官府对义军东进惠州很恐慌，令各乡围追堵截，麻溪是镇隆到永湖必经之地，发生冲突符合历史；2.杨亚发带队伍投军发生在10月12日上洋围大会师。参阅何博儒《三洲田首义》	麻溪之役从口述历史材料看意见不一致；由于麻溪地盘较大，发生冲突事非人人皆知
上洋围大会师	10月12日（闰八月十九日）	早期著作未见记录。见何博儒《三洲田首义》	12日义军如约前往上洋围会师。杨发拉了一支500人队伍，与主力部队在上洋围会师。杨发被任命为副帅和大队长	此义军大会师过去被忽略。义军队伍在此壮大近万人；派队伍支援了围攻博罗的梁慕光等义军；部署了平潭芨仔园伏击战

续表

历史事件	时间	比较前	比较后	问题
平潭芨仔园伏击战	10月15日（闰八月二十二日）	10月17日（闰八月二十四日）义军在永湖和五六千清军遭遇并获胜	10月15日，义军在平潭芨仔园获得大胜。材料源于亲历人毛冬的口述材料	本是一场伏击战，却被冯自由写成了义军和清军在永湖的遭遇战，不仅失去了战役的特点，还搞错了时间
马鞍墟探营	10月16日（闰八月二十三日）	此役仅见陈春生《庚子惠州起义记》：1.郑士良派了一支队伍前往距惠州府城约20里地的马鞍墟探营；2.革军乃虚竖红旗数面，邓万林株守城内，见革军逼近，乃率兵向蔗林进发，以枪遥击	讵料革命军分两翼包抄而至，所用无烟新枪，锐不可当。官军不能抵御。而各勇皆系新募未经战阵，枪炮器械，亦鲜精良，相率弃械逃溃，革军俘获守备一名诛于佛祖坳	1.郑士良得知梁慕光等在博罗围城的消息，派队伍去马鞍墟，一来探其虚实，二来声东击西，以迷惑敌人；2.此役过去少有提及，它虽规模不大，却体现了郑士良的用兵方略
崩冈墟之役	10月18日至19日（闰八月二十五日至二十六日）	"乃据高地以为守，布阵接战，入夜出小队袭敌"。参阅冯自由《革命逸史》"第四次之大捷"	1.义军17日离开梁化墟，于18日抵达崩冈墟；2.郑士良令黄耀庭联合地方义军围攻黄沙洋围村	义军已有万余人，已改变作战方式。上洋围会师后，郑士良常采取多路分兵进击
黄沙洋之役	10月18日至19日（闰八月二十五日至二十六日）	1.三多祝卢百良起义，配合义军围村；2.陈亚湘带杨冠军写给郑士良的信交给黄耀庭，准备配合义军攻打黄沙洋，约定在闰八月二十九日晚让人打开围村西门放义军进村。参阅何博儒《三洲田首义》	1.郑士良于18日抵达崩冈墟，与江对岸的清军开战前，派黄耀庭联络当地刚建立的卢百良义军和周亚祥的农民军配合攻打黄沙洋；2.18日晚10时开始攻打，久攻不下，19日（二十六日）凌晨，杨冠军让人打开西门	1.冯自由等早期著作和文章未记录；2.约定在闰八月二十九日开城门的时间不对，晚了2天。参阅蔡心畊口述《张友仁查访录》

续表

历史事件	时间	比较前	比较后	问题
攻占三多祝	10月19日（闰八月二十六日）	1.三多祝墟镇驻守的清军并不多；听说"红头军"来，全躲进了黄沙洋；2.守护黄沙洋的清军和护院兵丁全部被歼灭；3.要求入伍参军的青年很多。参阅何博儒《三洲田首义》	1.前后内容基本一致；2.义军占领三多祝的时间很短，20日（二十七日）即被清军收复。参阅蔡心暇口述《张友仁查访录》	1.黄沙洋和三多祝墟镇紧挨在一起；2.官府奏折夸大其词，说"红头军"毁了900多间房屋；3.蔡心暇的口述材料真实可信
洋口三战： 1.沙洲尾之役 2.洋口盆地 3.洋口江边	10月20日（闰八月二十七日）	1.黄耀庭令廖庆发设伏平山多祝之间河岸，偷袭何长清水师；2.令何松和杨发各率一千人设埋洋口盆地，打莫善积；3.黄耀庭亲率一支队伍对付吴祥达。参阅何博儒《三洲田首义》	1.黄耀庭与吴祥达开战，义军不支，兵退双金路口，二次接仗再打获胜；2.何松和杨发在盆口与莫善积开战，杨发等将领中弹牺牲；3.廖庆发在洋口江边获得胜利；4.这是既有联系又相对独立的三次战役 山田良政晚抵三多祝，21日参加突围被俘，22日遇难	1.洋口三战发生于10月20日（闰八月二十七日），打了一整天，官府奏折写道"匪亦分路拒敌，自晨刻战至日昃"，打得非常惨烈，刘运荣、何崇飘、杨发等将领牺牲；2.清军此役收复了三多祝和黄沙洋；3.当晚义军撤往白沙扎营

注：1.经梳理，义军主动出击的战役共12次（不含突围时被动的还击）；其结果与郑士良给孙中山汇报的战役情况基本一致。2.冯自由《革命逸史》等早期著作中出现的部分问题，主要是未掌握惠州前线的第一手资料引发的；另在战役数量上表述不足。

庚子首义群英谱一览表

姓名	职务	籍贯	经历
陈少白（1869—1934），原名闻韶，号夔石	中国日报社长，庚子首义在港负责枪械后勤，香港同盟会会长	广东新会	孙中山得力助手。香港西医书院毕业，"四大寇"之一。著有《兴中会革命史要》
杨衢云（1861—1901），名飞鸿，原名兆春	兴中会首任会长	福建漳州府海澄县三都乡	皇仁学院毕业。1901 年 1 月 10 日在港遭陈林仔枪杀，次日在医院逝世
谢缵泰（1872—1938），字重安，号康如	兴中会会员，工程师	广东省开平县，出生于澳大利亚悉尼	毕业于皇仁学院，研制飞艇、创作《时局全图》。著有《中华民国革命秘史》
郑士良（1863—1901），字弼臣	总司令，兴中会会员，惠州三合会首领	广东惠阳淡水墟	广州博济学院毕业。1900 年 10 月率领义军取得多次胜利，起义由于后援不继而失败；1901 年在港宴琼林酒楼遭郑梦唐下毒身亡
黄耀庭（1863—1913），原名黄恭喜	副总司令，先锋官，兴中会会员	广东深圳沙头下沙村	起义失败后携家眷经香港返新加坡
黄福（生年不详，卒于 1903 年），又名黄远香、黄大福	统兵元帅，先锋官，兴中会会员	广东深圳宝安区龙华镇早禾坑村	起义失败后返回南洋。在新加坡牛车水悬壶行医；后在新加坡、吉隆坡创"中和堂"，1903 年病逝于新加坡
唐梦尧（1866—1900），又名唐皮	书记，文书	广东归善县坪山黄沙坑村	1900 年 10 月 5 日在马栏头主持祭旗宣誓仪式，12 日在坪山谭公庙被俘惨遭杀害，在马栏头枭首示众
林海山（1871—1936），	兴中会会员，惠州三合会首领，义军东路先锋官	广东惠东安墩乡朱湖村	庚子首义协助郑士良甚得力
江恭喜（生卒不详），又名黄江喜、江公喜、盲公喜	兴中会会员，中路统兵司令，新安县三合会首领	广东新安县大步涌（今深圳沙井镇步涌村）	曾于虎门组织 3000 绿林聚集新安西路，欲与主力会合攻打新安；由于队伍改途东向，队伍解散后逃往香港到南洋

姓名	职务	籍贯	经历
邓子瑜（1878—1925）	兴中会会员	广东归善县	"为粤省追随总理最得力者"；起义失败后偕黄福、黄耀庭等经港赴南洋新加坡谋生
山田良政（1868—1900），原名良吉，字子渔	军师，兴中会会员，1900年出任南京同文书院教授兼干事	日本青森县弘前	10月8日孙中山派遣赴潮汕发动未果，从海丰送电文到白沙给郑士良，归途迷路被俘遇难。1913年孙中山撰写碑文，在日本参加追悼山田良政纪念会
史坚如（1879—1900），名久纬，字经如	兴中会会员	广东广州府番禺	广州格致书院毕业。起义爆发在广州负责策应，后暗杀两广总督德寿未遂遇难
邓荫南（1846—1923），名松盛，字荫南	兴中会会员	广东开平县	平公学堂及檀香山华文学院肄业。变卖家财充革命经费。先后参加广州、惠州起义，1923年病逝于澳门
梁慕光（生卒不详）	兴中会会员，博罗等地三合会首领，南粤兴汉大将军府总司令	广东博罗县	曾于10月14—15日配合主力围攻博罗县城。并在1902年参加李纪堂独资支持的洪全福大明顺天国革命
李植生（生卒不详）	兴中会会员，化学师	同上	首义协助梁慕光，壬寅年曾助洪全福在广州发难
罗蕴光（生年不详，卒于1932年），又称罗生、罗三	兴中会会员，革命军总管	广东深圳坪山马栏头	据"烈士供词"，他与何松曾在九龙创办同义兴松柏公司，起义失败后出走美国
何松（生卒不详），又名何云彪、何崇飘	副统领，兴中会会员	广东深圳盐田梅沙	曾与罗蕴光在九龙创办同义兴松柏公司；在洋口突围阵亡（官府奏折）
廖官秀（生卒不详）	先锋官	同上	起义失败后在队伍突围时被俘遇难
廖庆发（生卒不详）	先锋官，总管，兴中会会员	广东归善县三洲田	起义失败被俘，被清军杀害遇难。留有《廖庆发供词》

续表

姓名	职务	籍贯	经历
林海山（1871—1936）	先锋官，兴中会会员	广东惠东县	10月5日祭旗后，林海山率东路义军从金龟润出新墟，有咸水枪300多支；1936年3月病逝于虎门
杨发（生年不详，卒于1900年10月20日）	兴中会会长，将校，副帅，杨发大队大队长	广东惠阳	于1900年10月20日在惠东县洋口战役阵亡（官府奏折）
廖官娇（生年不详，卒于1900年10月6日）	同上	广东归善县三洲田	参加沙湾首战阵亡于沙湾兰花庙
廖三（生年不详，卒于1900年10月6日）	同上	同上	同上
廖萼楼（生卒不详）	军医	同上	1900年11月，在清军对三洲田屠村时遇害
廖金姐（生卒不详）	阵前校尉	同上	同上
廖凤（生卒不详）	同上	同上	同上
廖德富（生卒不详）	同上	同上	同上
廖纪秀（生卒不详）	同上	同上	1900年11月，清军"清剿"三洲田，被烧死在山野
方凤（生卒不详）	本村居民	同上	同上
方德富（生卒不详）	同上	同上	同上
蔡牛（生卒不详）	惠州兴中会会员，阵前校尉	广东新安县	1900年11月，在清军对三洲田屠村时遇害
黄杨（生卒不详）	惠州兴中会会员，副帅	广东归善县	在惠东平潭战役前线被俘遇难（官府奏折称黄伪副帅）
刘运荣（生卒不详）	兴中会会员，军师	广东博罗县	在惠州洋口突围时被俘遇害。官府奏折中称他为"伪军师"
蔡亚生（生卒不详）	先锋官	不详	同上
陈福（生卒不详），亦称陈亚福	惠州兴中会会员，义军将校	广东河源	同上

姓名	职务	籍贯	经历
曾捷夫（生卒不详）	兴中会会员	广东归善县	庚子助郑士良联络会党，甚为得力
黄阁官（生卒不详）	兴中会会员，新安县绿林首领	同上	新安县所属绿林多受其节制
林侠琴（生卒不详）	兴中会会员，会党骨干	同上	起义失败后避居香港
廖和（生卒不详）	同上	同上	不详
卢灶娘（生卒不详）	会党骨干	广东新安县	失败后避居香港
蔡尧（生卒不详）	香港兴中会会员	同上	曾受李纪堂派遣赴穗为史坚如收尸葬之
曾仪卿（生卒不详）	兴中会会员，会党骨干	广东归善县	起义爆发后，曾发动惠州平海会党响应起义
曾金养（生卒不详）	河源兴中会会员，庚子惠州义师别动队司令	广东河源	10月15日率河源会党起义，围攻和平县城。20日在围攻河源的战斗中阵亡
陈怡（生卒不详）	兴中会会员，会党骨干	广东归善县	三洲田义军将校，事败赴南洋

　　注：由于起义阵亡、出走和失踪人数很多，遗漏难免。表中所列只是参考了冯自由：《革命逸史》；何博儒：《三洲田首义》；刘中国：《打响世纪第一枪——三洲田庚子首义纪略》等资料。

庚子首义评价辑录一览表

作者	内容	书目或文章
孙中山	……前后相较，差若天渊。吾人睹此情形，心中快慰，不可言状。知国人之迷梦已有渐醒之兆……有志之士多起救国之思，而革命风潮自此萌芽矣	《建国方略》，中国长安出版社 2011 年版
黄兴	堂堂正正的革命者，首推惠州之役	《黄兴集》，中华书局 1981 年版
[日] 宫崎滔天	拯救中国四亿的苍生，雪除东亚黄种人的耻辱，恢复和维护世界的和平和人道，关键只在于我国的革命	《三十三年之梦》，林启彦译注，广西师范大学出版社 2011 年版
谢缵泰	1900 年 10 月 5 日，郑弼臣将军在惠州升起了独立的旗帜	《中华民国革命秘史》，载《南华早报》
金冲及、胡绳武	惠州起义，起了重大的革命宣传作用……而当更多的爱国知识分子倾向革命时，孙中山自然成为一个伟大的令人倾倒的先行者，成为革命火炬的当然象征	《辛亥革命史稿》第一卷，上海人民出版社 1980 年版
（台湾）彭泽周	1900 年是中国最不幸的一年。自此以后，中国的殖民地化日趋严重，反之，推翻清朝的革命狂潮，也就一天比一天的高涨起来	《近代中国之革命与日本》，（台湾）商务印书馆 1989 年版
陈胜粦	惠州起义是兴中会时期一次重要的起义，也是孙中山领导的"十次起义"中规模最大的一次。起义失败后，失败者的处境大为改观，而"胜利者"的反而声名狼藉。中国资产阶级民主革命进入了一个新的时期	《孙中山与辛亥革命史研究：庆贺陈锡祺先生九十华诞论文集》，中山大学出版社 2001 年版

续表

作者	内容	书目或文章
张磊、张苹	惠州之役是兴中会策划的规模最大的起义，也是首义展开的反清武装斗争。预定的目标虽未实现，却产生了深远的政治影响	《孙中山传》，人民出版社 2011 年版
俞辛焞	惠州起义是孙中山领导的十余次起义中与日本关系最为密切的一次起义。日本友人参加筹划起义，是孙中山革命运动与日本关系初期的一大特征	《孙中山与日本关系研究》，人民出版社 1996 年版
林家有	惠州起义是辛亥革命时期一次重要的武装起义。孙中山、郑士良在起义中表现了不屈不挠的革命精神。起义虽然失败了，但在国内造成很大震动，加深了进步人士对革命党人的了解，进一步提高了孙中山的威望	《辛亥革命运动史》，中山大学出版社 1991 年版
［美］史扶邻	孙中山的代理人撒在农村的火星，在惠州引起了一场较大的武装起义烈火。这次起义显示了革命的潜力，给人以深刻的印象	《孙中山与中国革命的起源》，中国社会科学出版社 1981 年版
李吉奎	19 世纪末叶，尤其是甲午战争以后，中国国势危殆，民族危机深重。随着民族资产阶级的发展壮大，一种发展近代化、变革政治现状的要求不断被提了出来。中国民族资产阶级在救亡图存的呼声中登上历史舞台	《孙中山与日本》，广东人民出版社 1996 年版
刘蜀永	兴中会的第二次武装起义惠州之役失败了，但革命党人的英勇行动逐渐唤醒了越来越多的群众	《刘蜀永香港史文集》，（香港）中华书局 2010 年版
［日］冈井礼子（山田良政外甥孙女）	我终于找到机会寻访百年前为中国革命牺牲了的先人的足迹。作为山田良政的亲戚，我觉得非常光荣	2013 年清明节，冈井礼子女士来到庚子首义雕塑园凭吊舅公山田良政。返日后写的一篇回忆文章

续表

作者	内容	书目或文章
周兴梁	庚子惠州起义是孙中山力图以武装革命手段，来实现民主共和国理想的最早尝试	《孙中山庚子惠州起义的性质和特点》，《广东社会科学》2001年第3期
（澳门）刘羡冰	1900年孙中山在香港组织惠州三洲田起义，深圳市的文章为"打响世纪第一枪"	《辛亥百年再思考》，澳门理工学院2012年版
莫世祥	三洲田起义虽然失败了，但它却是孙中山与兴中会的革命事业最终从密谋策划走向公开斗争的转捩点，在近代民主革命运动中具有破天荒的历史意义和率先垂范的影响	《三洲田起义二题》，《深圳文史》第四辑，海天出版社2002年版
（台湾）王怡	这些光辉历史，原就是由于先烈们以其赤心、鲜血、热泪熔铸而成的丰碑	《侠骨忠魂——郑士良传》（序），近代中国出版社1983年版
李恭忠、黄云龙	惠州起义是一次大规模的、真刀实枪的行动，对于传播、扩大革命党的政治影响，对于鼓舞有志之士的革命意志，都起到了很大的作用	《发现底层：孙中山与清末会党起义》，中国致公出版社2011年版
刘中国	孙中山策划的这场起义打响了20世纪推翻封建帝制的第一枪，它不仅意味着一个绵延数千年之久的旧时代的完结，还意味着一个更具挑战性的新世纪的来临	《打响世纪第一枪——三洲田庚子首义纪略》，香港公元出版社2001年版
廖虹雷	孙中山领导深圳三洲田起义，打响了20世纪反清的第一枪	《三洲田起义》，《深圳市盐田区志》，方志出版社2011年版
蔡惠尧	1900年对近代中国来说，是一个大转折；政治格局的递进推演预示自1840年以来未有之变局将向纵深发展	《三洲田起义五题》，《深圳文史》第四辑，海天出版社，2002年版

续表

作者	内容	书目或文章
（台湾）王丰	孙中山发起的第二次起义，就在开头一路斩将搴旗，高奏凯歌的情况下，最后落得功败垂成，烟消云散	《孙中山大传》，现代出版社2017年版
彭全民	庚子首义是孙中山先生进行反清斗争的第一次成功的尝试。并为以后的多次起义及辛亥革命的成功取得了经验	《深圳掌故漫谈》，深圳报业集团出版社2015年版
孙霄	一百多年前，以"驱除鞑虏，恢复中华，创立合众政府"为己任的、以孙中山先生为首的革命党人，为推翻清王朝、建立资产阶级共和国而奔走呼号，英勇斗争。他们的强国之梦，只有在共产党领导下的社会主义新中国才能实现	《庚子首义，英魂永存》，《中国文物报》副刊1999年9月12日
邹瓒	三洲田起义使孙中山先生看到了革命事业胜利的曙光和希望，给革命注射了一支巨大的强心剂，带来了无限的生机和活力，增强了孙中山先生革命必胜的信心	《庚子三洲田起义三题》，《民国档案》2001年第4期
胡江半	它是孙中山第一次在家乡举行的既具规模又富影响的起义；就国际影响而言，它是第一次有日本人参与、有菲律宾人捐助的起义，起义坚定了他武装推翻清王朝的信心	《三洲田庚子首义历史遗存对打造文化高地的现实意义》，《广东省纪念辛亥革命100周年理论研讨会论文集》，2011年

孙中山与林奇谈话报道（1901 年春）①

　　孙逸仙乐意地谈及他最近组织的革命活动。他取下地图，指出作战地点和起义者的进军路线。说明他们失败的原因，仅是由于缺乏弹药，他们指望从一个日本承包商那里取得弹药，但那人欺骗了他们。

　　孙逸仙说："对于斗争的结局，我们毫不气馁，事实上恰好相反。因为起义表明，我们的人一旦获得适当的武装并且作好大举的准备，就能轻易地打败清军。"接着，他谈及起义的详情。战斗仅仅持续了二十天。他从不到六百人开始，这些人只有三百支来福枪，每支枪三十发子弹。十天之内，他们从清军手中夺取了一千支来福枪。到二十天结束时，他们的人数也由六百增加到二万。第一场战斗发生在沙湾附近，这里紧靠英国新领土香港对面的边界。边界由英国人管辖，由于英国人偏袒清军，在这里逮捕了不少起义者。因为这个缘故，他们朝东北方向挺进，并在沙湾与三多祝之间进行了十二场战斗，所有这些战斗都打了胜仗。在最后一仗中，他们的弹药完全耗尽。打完了最后的弹药，显然已无法守住阵地，他们便悄悄解散回家。孙说："但即使到了那个时候，他们也不愿意解散，要是我能及时赶到那里，他们没有弹药也将坚持战斗。可是当时我正在邻国忙于准备工作，他们就只好解散了。"起义者一共只牺牲了五个人，而清军有五百人被击毙，一百人被俘。起义者占领了两个重镇和许多村庄，他们严禁任何劫掠和纵火行为，人民很快转而拥护他们。

　　……在听了孙关于这个小战役经过的叙述以后，我问他是否认

_____

　　① 《孙中山全集》第一卷，第209页。

为，除进行一次革命外，中国便没有实现改革的希望？他回答说：
"凡是了解中国朝廷，了解包围和影响皇帝的那些人物的，谁都应
当知道，清朝皇帝没有能力去有效地实行中国所需要的激烈改革。"
孙逸仙及其朋友们的抱负，是发动一次有如三十年前日本所发生的
革命，希望在中国实现日本化。他满怀信心地认真谈论这一题目。
我问及中国人民是否会象日本人那样，准备实行改革，他答道：如
果中国人民得到合适的领袖人物的率领和指导，他们是一定愿意
的；大多数人民都会依照他们所得到的指示去做。于是，他就以热
烈的态度，简直是热情洋溢地谈到了他的同胞的优越性——他们的
高超智慧、他们的模仿力以及学习新事物和汲取新思潮的能力，都
超过日本人。他说："日本人用了三十年才办到的事情，我们最多
用十五年就能办到。"他并且提出很多技艺和工业的例子来支持他
的论点。……他久久地畅谈他的目标和计划。他拥有一批优秀的、
被他称为新式中国青年的追随者，他们曾在英国、火奴鲁鲁和日本
等地受教育，其中一些人家道殷实，必要时能为革命提供需要的资
金，因为他们相信这是拯救祖国的唯一方法。

　　孙逸仙说："我们开始下一次努力将会遇到极大的困难，当一
次起义或暴动扩展成革命规模之时。"他希望西方国家将保持中立，
不要加以干涉。

　　我评论说："这确是一个伟大的抱负。"

　　他喷出一大口雪茄烟，开始在房里踱步，徐缓地说："是的，
这是值得人们为之奋斗终生的理想。"然后他继续谈及中国，谈到
它的辽阔土地、众多人口和尚未开发的资源，谈到一旦发生像日本
有过的那样一场伟大觉醒时中国未来发展的可能性。

　　我暗示，实现他的抱负将会酿成真正"黄祸"，他回答说，中
国人本质上是一个爱好和平的而不是好战的民族。他说："我们已
达到了这种地步，这是你们正在开始以召开海牙会议来努力达到
的。产生黄祸的唯一可能会是在工业竞争的形式之中；但在变动了

的情况下，生活舒适的程度和工资的比率将会很快上升，因此，无需再把中国劳工廉价输出到世界其他地方去。"他以日本近三十年来工资和物价的迅速增长作为例证。他笑着说："你对新式的中国人有些什么想法？我料想你没有见过我们当中的许多人，尽管他们在美国和日本比你想象的还要多，他们都被共同的希望和抱负所鼓舞。"

我很少碰见过比孙逸仙更有趣的人物了。……以联邦或共和政体来代替帝政统治，这是孙逸仙的愿望。而且，正如他所说的，当外国人劫掠了京城，亵渎了神明，皇权的威信扫地已尽，位于北京中心的神圣不可侵犯的皇宫遭到侵略者铁蹄蹂躏的时候，变革的时机就在成熟了。

孙中山离横滨前的谈话 ① （一九〇〇年六月上旬）

一、我离日本后也不能确保人身安全，所以今后想在星加坡居住，或根据情势游历南洋各岛。但目前北京风云变幻，是一个亟需注意的时机。如果说清政府最终完全丧失实力之时正是我们成事的好机会，那么，我觉得目前的状况正应特别加以注意。

一、清政府在康有为公开致力于种种运动或采取恐吓政府的手段之际，对他的党派抱有严重警惕，并因而对我们党派的注意逐渐放松，这在某种程度上正是我党的幸事。

一、菲律宾的"乱党"对我们寄予期望，而我们也有希望日后借助他们的力量以成事的想法，故已将数百人员密运往菲律宾，给他们以各种帮助。这些潜往的人员，其中有不少曾在清政府内从事过军务。令人难过的是，前去的退职士中已有一人为美军所俘虏。尽管如此，我仍然认定今后应给他们以更多的方便和帮助。

一、我们的最终目的，是要与华南人民商议，分割中华帝国的一部分，新建一个共和国。为此计划要汇集众多同志，并徐待时机。

一、此次赴星加坡途中，拟在香港停留一昼夜，因有事须与陈面商。

---

① 转引自《孙中山全集》第一卷，第 188 页。

孙中山致犬养毅函 ①

木堂先生足下：

十月六日郑军起惠州，前经电达，想得尊览。自起事以来，连获胜利，所向无敌，势如破竹。今已据有惠州，为进取之地。此外，陈君起海丰、陆丰，而进取潮、嘉二州；吴君 ② 起香山、顺德二县，而进迫广东省城以牵制清兵；史君 ③ 起西江，以窥梧州、肇庆；邓君 ④ 起阳江、阳春，而据高、雷等府。清兵处处败北，吾徒人心大振。

惟当草创之初，百事未备，徒手奋起，铳炮弹药皆从清兵夺来而用，初未尝如他人之有资财数十万而运用之也，所恃者人心勇敢而已。敌兵败后，举国兴师，南省大兵已陆续云集。清朝虽颓，犹俨然一大帝国也；北地虽糜烂，而南部尚金汤无缺。广州城内之铳炮弹药，犹有取不尽而用不竭之多；吾徒人心虽勇，而兵器弹药尚乏接济之源。久持非计，不得不先作未雨之筹谋。敢乞先生一为尽力，游说政府，为吾人借一臂之助。若今得洋铳万杆，野炮十门，则取省城如反掌之易耳。广州既得，则长江以南为吾人囊中物也。时不再来，机不可失，支那兴亡，在此一举。贵政府如允济弱扶危，则各物可从台湾密送，文当划一切施行之策，可保无虞。如何之处，务乞早示佳音。专此谨托，既候

道安不备

弟孙文拜启

十月二十一日书

---

① 《孙中山全集》第一卷，第 200 页。
② 吴君，似指吴义如。
③ 史君，指史坚如。
④ 邓君，指邓荫南。

孙中山致菅原传函 ① （一九〇〇年十月二十三日）

菅原君足下：

近以事急离京，未及告别，良用为憾。然日前相约之事，想不忘怀也。今者闻贵同志已握政权，而吾人义兵亦起，此真适逢其会，千古一时也。举旗至今十余日，连克大敌，数破坚城，军威大振，人心附从，从来举事成功之速，未有及此也。惟现下万事草创，人才、兵械多形不足，今特托足下代转求贵同志政府暗助一臂之力，借我以士官，供我以兵械，则迅日可以扫除清朝腐政，而另设汉家新猷矣；务望向伊候星君 ② 等力为言之。如蒙允诺暗助，即望移驾到横滨海岸九番地佛国邮船会社，通知同志黎焕墀君，托他即用电报通传为幸。此祷，即候

大安不一

弟孙文谨启十月廿三
幸祈将此信秘密，切勿登报。

---

① 《孙中山全集》第一卷，第 201 页。
② 伊候星君，指伊藤博文。

庚子惠州三洲田革命军实录 ①

冯自由

起义之筹备

　　兴中会在惠州起事之计划，在己亥庚子间（民前十二三年）已渐告成熟。杨衢云、郑士良等在香港布置既竣，而驻三洲田。新安、博罗等处之健儿，咸静极思动，急欲一显身手。杨衢云乃于庚子（民前十二年，清光绪二十六年）三月二十七日乘阿波丸赴日本，与孙总理商议大举。适时拳匪事起，全国震动，总理认为时机可乘，遂于六月中旬，偕杨及日人宫崎寅藏、平山周、福本诚、原口闻一、远藤隆夫、山下稻、伊东正基、大崎、伊藤、岩崎等十余人，乘法轮烟狄斯至香港。二十一日在船旁一小舟开军事会议，列席有孙、杨及陈少白、谢缵泰、郑士良、史坚如、邓荫南、李纪堂、宫崎、平山诸人；议定由郑士良督率黄福、黄耀庭、黄江喜等赴惠州，准备发动；史坚如、邓荫南偕英人摩根赴广州，组织起事及暗杀机关，以资策应。杨衢云、陈少白、李纪堂在港担任接济饷械事务，日本诸同志则留港助杨陈李等办事。自偕英人摩根乘原船赴越南西贡，宫崎则以运动孙康两派合作往新加坡，竟被康徒控诸英警厅，谓其欲谋行刺康有为，以是被逮下狱。总理在西贡闻耗，即赴新加坡为之营救省释，事毕，同乘佐渡丸返港。

---

　　① 　冯自由：《革命逸史》（下），第 826 页。

孙总理入惠之被阻

总理拟至香港，即偕日本志士入内地，亲率郑士良等发动，讵香港政府因新加坡宫崎事件，预派水警监视，不得登陆。六月二十一日总理召集中日同志在舟中开军事会议，将惠州发难之责委之郑士良，而以远藤为参谋，平山、福本则助理民政事务，自折回日本，转渡台湾，拟俟义师达相当地点，即由台湾设法潜渡内地。盖是时台湾总督儿玉源太郎因中国已陷于无政府状态，颇赞成中国革命，曾令民政长官后藤新平与总理接洽，许以起事之后，设法相助，故总理令郑士良相机发动，并改原定计划，不直逼广州，而先占领沿海一带地点，俟总理来，乃大举进取。

三洲田之根据地

惠州归善县属之三洲田、稔山等处，向为会党啸聚之区。郑士良奉命运动起事，即以其地为根据。时有健儿六百人，而洋枪仅三百杆，子弹各三十发，虽由附近清军防营密购枪械若干，但仍不敷所用。总理至香港时，因上陆计划失败，故传令郑暂勿发动，以待后命。郑及黄福、林侠琴、罗生、曾捷夫、黄耀庭、廖和、唐皮、林海山、何松、卢灶娘等静候数月。初设司令部于三洲田廖姓祖祠，以廖姓耆老起而反对，乃移于马栏头同志罗生之大屋中。因粮食渐缺，乃令所部分居附近乡村。仅以八十人留守大寨，因恐风声外泄，凡近乡樵牧入山寨者，皆拘留之，不许外出。以是谣言大起，纷传内有乱党数万人揭竿起事。庚子闰八月上旬，粤督德寿据各方警报，乃令水师提督何长清抽拨新旧靖勇及虎门防军四千余人，于初十日进驻深圳。陆路提督邓万林率惠州防军镇扎淡水镇隆，以塞三洲田之出路。何邓闻党军势大，不敢深入。郑士良以战机日迫，电台湾求总理速予接济，总理复电，谓筹备未竣，令暂解散。然革命军诸将领皆以为敌军不足虑，乃续电总理，谓当率兵向沿海岸东上，仍请设法赶速接济。

第一次之大捷

总理第一次复电未达三洲田司令部，而清将何长清已移前队二百人驻新安县属之沙湾，哨骑及于黄冈，将进窥三洲田。革命军思坐以待敌之不利，乃于是月十五晚，由统将黄福率敢死士八十人袭清军于沙湾，阵斩四十人，夺洋枪四十杆，弹药数箱，生擒三十余人，皆令剪辫服役，清军不知敌军多寡，皆骇溃奔还，革命军军威为之大振。

新安虎门之停顿

同时新安及虎门同志黄江喜[①]等亦集合数千人，专候三洲田大军之至，以共薄新安城，讵革命军克沙湾后，方待天明乘胜进取，而郑士良适自香港带总理复电以至，乃集众横冈，改变军令，取道东北，以向厦门，于是新安虎门之军遂不及会合，而其势一涣焉。

第二次之大捷

清军既失利，何长清仍控众三千，阵于淡水之上，革命军拟向镇隆前进，而清将邓万林率兵千余堵截要道。革军人数仅六百，谙军事者不及半数，乃于平山龙冈间号得千余人，二十二日趋镇隆，清兵已出佛祖坳，扼险而阵，革军令军中无洋枪者皆执戈矛在前。持枪者分左右两翼，乘敌军不备，匍匐上山，薄垒大呼，敌复惊

---

① 笔者经比较后认为黄江喜应为中路统兵司令江恭喜的别名。

溃。杀伤甚众，是役生擒归善县丞兼管带杜凤梧，及敌兵数十人，杀守备严某。夺洋枪七百余杆，弹五万发，马十二头，旗帜袍褂翎顶等物不计其数，是夜革军宿营于镇隆。

博罗之响应

是时梁慕光、江维善等亦率驻博罗附近之革军别动队，纷纷响应，二十一二等日聚众千余人，围攻博罗县城。另以一小队进扑惠州府城，惠州知府沈传义预将博罗至惠州之浮桥截断，以防偷渡，并募士勇二百名，极力守御。粤督先后檄调提督马维骐、刘邦盛，总兵黄金福、郑润琦，都司吴祥达、莫善积等，各率所部驰往救援，迭在府城外白芒花平潭等处，与革军接战，互有胜负，革军以众寡不敌，遂分作多股，退驻乡村间，城围始解，自是清军乃得注全力于三洲田革命军。

第三次之大捷

革军大队以新安博罗两路均未得手，而清将刘邦盛、马维骐、莫善积诸军云集，有众万余，声势甚盛，乃计非出奇制胜不可。率队望永湖而进，途中历二三小战，所向披靡，一路秋毫无犯，中处乡民皆燃爆竹迎送，群以酒食慰劳。各地同志来投者数千人，兵数大增。二十四日自永湖出发，未数里，即遇自淡水退回及惠州派来之清军大队，约五六千人，革军仅有洋枪千余，率先进攻，战数时，清军大败，向惠州城淡水白芒花等处四散逃窜。邓万林中枪堕马，复逸。夺洋枪五六百杆，弹数万发，马三十余头，生擒敌兵数百人，皆令去发。是晚，革军派兵蹑敌至白芒花，不见清军残众只影，乃收兵回。

第四次之大捷

二十六日，革命军至崩冈墟，见隔河敌军麇至，数约七千人，乃据高地以为守。布阵接战，入夜出小队以袭敌，清军稍却。次晨遂压敌以为阵，苦战数时，清军大溃。因弹药不继，未便穷追。是日进至黄沙洋，获乡民之为清军间谍者杀之。二十八日至三多祝，四乡同志来投者日益众，前后二万有余，乃编列队伍，厚集粮饷，以备三多祝至梅林间五日之程，是晚宿营于白沙。

运械计划之顿挫

总理时在台湾，以革命军连战俱捷，乃致电宫崎，令将前向菲律宾独立军代表彭西（Ponce）预商借用之械，速送惠州沿海岸接济。一面向台湾总督儿玉接洽，请其协助武器，讵日人中村弥六棍骗菲岛军械案竟因是败露，而日本政府适于此时更换内阁，新首相伊藤博文对中国之外交政策，与前大异，禁止台湾总督，不许协助中国革命党，又禁止武器出口，及不许日本武官投效革命军。因是总理潜渡内地及接济武器之计划，完全失败。乃派日本志士山田良政偕同志数人，从香港经海丰而达革命军大营，传令郑士良等，谓政情忽变，外援难期。即至厦门，亦无所得。军中之事，请司令自决进止云云。山田后以归途失路，为清兵所害。

革命军之解散

革命军在白沙得总理传令，全军二万人皆慷慨激昂，呼声振野，乃开军事会议，解决进止。金以厦门一路既不能行，不如沿海岸退出，渡海再返三洲田大寨，设法自香港购取弹药，复会合新安虎门同志，以攻广州。议定后，乃解散附从之同志，留洋枪手千余人，分水陆两路回三洲田，时三洲田尚未入敌手，清将何长清已移驻深圳之军于横冈，众乃谋袭横冈以擒之，然军中饷弹两乏，卒致解体。郑士良、黄福、黄耀庭诸人先后抵香港，旋避地海外。计是役将领阵亡者仅四人，所耗军费，除总理直接支付及拨给李纪堂二万元令司度支外，余额多由纪堂解囊捐助云。

庚子惠州三洲田起义查访录 ①

张友仁等

　　1900 年爆发的庚子惠州三洲田起义，是孙中山领导、组织的多次武装斗争中时间较早和规模较大的一次。关于三洲田起义的经过，孙中山本人未曾有过详细论述，与闻此役的宫崎寅藏所著的《三十三年落花梦》一书以及冯自由和陈春生搜集整理的有关史料中，也缺乏比较详确的记录。省文史馆为了解这一段时期的史料，曾进行过两次实地调查访问。第一次是在 1960 年 5 月 17 日至 29 日，由我同何博、秦咢生等同志先到惠阳平山，找到戴德芬同志（住在平山的省文史馆馆员），由他联络有关与闻此次战役的老者，然后到平潭庚子起义军打过胜仗的茇子园（茇子即番石榴）视察，并在平潭人民公社敬老院和有关的老人们举行座谈。最后到多祝人民公社，同样在敬老院约集老人们座谈查访。第二次是 1961 年 5 月 13 日至 20 日，我同何、秦两同志沿广九路到惠阳镇隆，经过当年战地的佛子凹（即佛祖坳），转淡水，至宝安到坪山，由致公党成员钟金向导，走了十五里的崎岖山路，到过三洲田大寨的所在。此外，还与宝安县档案局廖茂扬同志到过当时曾经激战的兰花庙等地方。前后访问的老人很多，提供了一些不同于过去记载的宝贵资料。接受查访的人员计有：

　　袁仁昌：86 岁，惠阳坪山墟人。

　　廖毓秀：76 岁，惠阳三洲田人。

　　戴焕扬：77 岁，惠阳沙湾厦村人。

---

① 《辛亥革命回忆录》第二集，第 263 页。

罗国荣：86 岁，惠阳镇隆人，三洲田起义的参加者，现执业外科医生。

叶承源：61 岁，惠阳大山下村人，清举人叶蓉煌之侄，曾任惠阳县府工程员。

张寿宜：77 岁，惠阳平潭鸦鹊地村人，现住平潭敬老院。

魏来发：71 岁，惠阳樟树潭人，现住平潭敬老院。

朱少梅：70 岁，惠阳新墟人，现在新墟做医生。

戴德芬：75 岁，惠阳水口乡人，省文史馆馆员。

蔡心遐：72 岁，惠阳多祝墟人，现任多祝公社中学教员。

黄水友：83 岁，惠阳多祝鹤湖人。

杨衍秀：81 岁，惠阳多祝墟人。

曹老 × ：70 岁，惠阳多祝墟人，当时救护过清伤兵的医生曹老山的儿子。

邱火乾：82 岁，惠阳多祝墟人，做过清管带吴祥达的卫兵。

何存波：79 岁，惠阳横沥何洞人，致公党党员。

罗桐：75 岁，惠阳白芒花思茅龙村人，华侨，致公党党员。

毛冬：79 岁，惠阳城人，做过归善县丞杜凤梧的帮带，被俘后又做过起义军右先锋钟作梅的卫兵，现在平山人民公社医院任外科医生。

杨纯修：67 岁，惠阳县平山人。

杨璿：75 岁，惠阳县上洋围人，同盟会会员，曾任小学教师三十多年，后移住惠阳县城。

杨文先：70 岁，惠阳县上洋围人，业商，后移住惠州镇。

梁镜球：78 岁，惠州城人，当时是惠州中学堂学生，同盟会会员，曾参加过辛亥“三月廿九日之役”和光复博罗等战役。

以下是查访纪要：

三洲田发难，进攻沙湾和镇隆

三洲田大寨所在是个很肥沃的盘地，往西北翻过打鼓岭，走山路落到平原，就是碧岭。碧岭和三洲田大寨都是廖姓，人家约有八十来户，三四百人，历代耕田渔猎。因地近香港，来往的人甚多，所以被选做起义的地点。起义失败后，大寨被烧过几次，群众被杀的被杀，逃走的逃走。如老围廖观秀，碧岭廖庆发都是被清政府杀害的。现在这里已衰落不堪。（袁仁昌）

庚子年起义之前，我见到两个很生疏的青年人来到大围开小店仔，后来才知道一个面庞方中带圆、双眉粗直的是郑士良，一个面黑而麻斑的是黄远香，花名叫做黄大福。他们借开小店为名，暗地里搞革命活动。店里常有人来来往往，开秘密会。那时我十五岁，在私塾读书，出于好奇心理，曾进店里去看过，他们也不阻挡。闰八月十三晚，大寨一时热闹非常，马兰头的五间烂屋地就是他们起义祭旗的地方，人来人往十分紧张。月光照得如白昼，我看到岭冈顶上竖起大红旗，闪亮着刀光剑影。黄远香红布包头，身上挂着大红绣球，精神凛凛，被前后约六七百人簇拥着。祭旗后，他们下山分两路进发，东边一路从金龟洞出禾冈，打新墟，直扑镇隆，在那里和清军接火，把清军打得丢盔弃甲，死伤甚多，起义军也死了两个人。西路从横冈出沙湾攻兰花庙，清军闻风便逃，后驻深圳营军来救援，但也终归大败。（廖毓秀）

兰花庙住有清军四五十人，是宦仓蔡总，龙潭蔡茂青所带领的，闰八月十四大清早，我在冈边放牛，忽然一声枪响，惊动了村人。原来村背坳顶缺口的山路上涌出一队红布缠头的人，其势汹汹地冲下来，他们边跑边大声呼喊："大家莫慌，我们是来捉四由哥的！"谁也不懂四由哥是什么人，横直与自己无关，心里不害怕，就站开来看。红头军跑到半山，驻兰花庙的清军慌做一团。接着，从庙正面又冲来一队，清军前后受敌，来不及发枪，便落荒而逃。不料在落麻石扳山而下之时，又来一队红头军，拦腰一截，清军就被三面包围而溃败了。有的下河夺路而逃，登时就给打死了十多人，其余约有三十多人向深圳方面窜去，在过河时，又被打死一个，红头军缴获十多支快枪，但也被打死两个兄弟，遗尸一在田边，一在庙后。当时红头军已陆续到有三百多人，得手后回到横冈。沙湾清军接到兰花庙打仗的消息，立即驰援，及见红头军已去远了，便不敢再追。（戴焕扬）

庚子三洲田起义是闰中秋的前一夕。约在八月尾，林海山从香港来到三洲田，住了半个月，天天都很忙碌。到了祭旗之后，就分两路出发，一路攻沙湾兰花庙，一路打从金龟洞山路出新墟，这一路是林海山率领，有"咸水枪"三百多支，我就在这队。当晚（闰八月十四）在新墟造反，准备明天去摸镇隆，把较差的枪械编为先行部队，好枪压后随行。在新墟住了一夜。十五日早饭后出发。约行四五里许，大队传来探报消息，说敌人已派队前来，着我们赶速扳上山凹，在树林中设伏，以待迎头痛击。我们按照命令布置定妥之后，天已渐黑，清军果然来到坳顶，我们就一声"杀呀！"把他们打得东逃西窜，打死清兵十来个人，缴了他们枪械，捕杀了他们一个连长（即哨官花翎补用游击严宝泰）。我们旗开得胜，就在夜间占领了镇隆。十六日早，在镇隆早饭后进占麻溪，没有发现敌踪，又连夜行军，十七日天才放亮，到达了永湖。过了两天，我们又到距永湖十多里的上洋围。这里也已经被我们兄弟队伍占领，很热闹，为首的是杨发，看见我们到来，就杀猪摆酒，开会欢迎。绅士们缩头缩脑，不敢过问我们。再过两天，有人报道莫善积带领清兵前来，已给我们的队伍在菱子园打败了，缴获他们百多支枪。（罗国荣）

我的伯父叶蓉煌，是光绪二十三年举人。三洲田起义失败后，

他当上了惠州中学堂监督。后因思想有了转变，曾对我说过："当
三洲田起义时，约在这年闰八月中秋日早上，镇隆有人来报告说新
墟到了一帮造反的人，大约有几十个，枪支不好，看样子快要到镇
隆来。我就据以飞报惠州陆路提督邓万林、惠州知府沈传义及归善
知县郑业荣。邓当即派哨官严某率领一哨百余人到镇隆。时已入
夜，清兵不敢立即扎上佛子凹险要的地方。我很焦急，认为佛子凹
是个必争之地，应先行占据，就容易消灭那些敌人，再来打新墟就
势如破竹了。哨官不相信我的话，不肯上凹，我就去找到牛子坑张
姓大商人的儿子张某等请求他们帮助严哨官，做向导带官兵上凹。
严哨官只好带兵开进佛子凹。那知凹上树林中已有许多人埋伏，乱
枪打来，当场打死官兵数十人，严哨官被捉杀死。顶好的枪弹都被
缴去。当时我大吃一惊，以为这是我出主意的错误，怕担当不起，
不料沈知府倒保举我水晶顶戴。"（这事我自己也曾听叶蓉煌说过，
只是简单些——张友仁注）（叶承源）

平潭、黄沙洋二次大捷和多祝失败

　　庚子闰八月十六（应是廿日），我在鸦鹊地家里，听说七脚发
到了良井。十六、十七日住了两夜就过白芒花，那时已有千多人，
枪甚靓，归杨发统带。十八日，我因事上平山，传闻有"红头"
来[①]，乡人纷纷拖男带女逃避，我也躲进了一间当铺。后来没有见
到红头来平山，我立刻赶回家（鸦鹊地）。次日早晨，见"红头"
由鹤地过河，约有四十多支快枪，冲向新墟。我在河边站立处距离
新墟里多路，看得清楚。闻得清军莫善积部先到达新墟，等待"红
头"来。那知道红头已有过河的人，并早已埋伏在芰子（番石榴）
园的莽丛里了，就在芰子园打起仗来。从鹤地刚要过河的红头，人
多，看到芰子园已接火，就从四面沿江岸飞跑地到鸡公石，樟树

------

① 红头，即"红头军"，这是老乡对义军的称呼。

潭，穿过皮子寮渡江到平潭，来包围清军。莫善积知道"红头"兜他的屁股，就转向平潭，适"红头"渡河赶到，莫不敢停留，拔队又跑，"红头"追上去俘获了他的一个哨官，又砍掉他部下三个人头，这样"红头"就占领了新墟。在新墟没有住宿，随即过梁化进多祝。沿途秩序很好，没有骚扰人民，"红头"兄弟只死一人，姓何，西山月人。（张寿宜）

新墟之役，我在樟树潭，村人树起红旗欢迎"红头"，老老少少在村前观看。"红头"皆便衣，过渡的四十多人，到刚出太阳的时候，就在荙子园打起来。只见"红头"沿河向清兵追击，又从樟树潭这边沿岸包抄上去。那时清官军人数较多，但隔江一望，看到"红头"比他们还要多，迫得他们夺路撤退，被打死或淹死的有一百多人。（魏来发）

庚子那年，我住在新墟。闰八月廿二日那天是新墟的墟期。赶墟的人还未上集的时候，纷传红头"贼"来。我和家人一起随着大众走避，有人同我说三点会员已经从白芒花经鹤地来了。话还没说完，忽然听得必必卜卜的枪声，愈来愈密，原来官兵喜字营从平潭到荙子园，遇着三点会员过河冲杀而来。他们枪好人强，官兵不是敌手，抵挡不住，只得边战边走。又见到对岸还有千多人追击而来，清军更着了慌，就沿河岸窜退，死伤很多。左堂（县丞）杜凤梧也被擒，听说后来给他们当上了文书。三点会这边也死了一个当头的人。三点会乘胜追到平潭煮早饭食。后来清军派了吴祥达率领大队人马前来反攻。（朱少梅）

我家乡距离平潭荙子园两里多路，当庚子八月二十二日早餐后，听说发生战事，心里很高兴。在起义军已离去后，我们前去看过，还见有清兵的尸体十多具，正由乡人把它掩埋。当时去看的有很多

人，大家好像看路边卖药摆武档一样，还当作新闻来传说。(戴德芬)

　　庚子闰八月黄沙洋之役，起义军是于廿六早攻入的。那时清军只有一哨兵（约几十名）守多祝，一听说起义军来，怕多祝难于抵挡，即退守黄沙洋。黄沙洋乡居民有郑、萧、杨三姓，萧、杨两大姓素不和睦，但清兵又不得不联萧、杨两姓和郑姓来共同抵抗义军。在此情况下，萧、杨两姓耆绅虽然在表面上暂释旧嫌和官府合力御"贼"，可是杨姓一位禀保杨冠军早与义军取得联系，约定内应。当起义军进攻黄沙洋整天相持不下的时候，杨冠军在深夜里叫他的族人开了西边闸门迎接起义军，围内官兵腹背受敌，挣扎到天亮，就被攻破了。清军全数就歼，萧姓丁壮死了几十人，萧族绅士心如就在这一役被打死，村内被烧去的粮仓等也不少。清军既败，惠州震动，统领吴祥达从海丰兼程赴援。二十七日，吴率队反攻，在洋口正面派一哨绕黄沙洋迤下的沙洲尾堵截。这时候起义军受到敌人优势的压力，战斗虽很激烈，终以弹尽势蹙，先后向赤石方面退却。下午三时许，清军复夺黄沙洋，占据了多祝墟，义军退却时，二个日本人被清军杀死。杨冠军服鸦片烟膏而死，同时死的，尚有亲信一人。(蔡心遐)

　　庚子闰八月中秋后，红头军由良井分路进军：一、经白芒花在鹤地渡河，到新墟荚子园；二、经樟树潭逼鹤湖，两路都先后到平山河河边。抵鹤地的一部分红头军，迅速渡河，绕过新墟，埋伏在荚子园的蔗林中，大部分还未过河，而埋伏蔗林的就已和清军打起来了。一排排枪火直打得清军招架不住，打死他很多人，撒得满地尸骸，还捉了两个生公，清军急忙撤退。红头军还未渡过河的，就继续渡河，由鹤湖沿梁化之北扑向仙洞，向平潭线作了一个大包围，同时在东面和鹤地鸡公石一路相对作包围。清军不知红头军有多少人，看见形势不佳，就拼命向平潭方面逃窜。(黄水友)

　　庚子闰八月红头军起义时，我在三多祝墟。二十六日红头军攻入黄沙洋有二千多人，百多支洋枪，约来参加的有百多人，其中有崩冈下寮山墟的谢志、大埔坐的周亚祥（绰号天子祥）、大和的卢百良（当大哥）和黄沙洋的杨新才（当时磨豆腐）等，声势浩大。驻多祝的清官兵不过五十多人，一听说红头军来就缩入黄沙洋。红头军探知实情，就把黄沙洋包围起来。乡内官兵只百余人，红头军有了内应，一鼓打进去，攻下黄沙洋之后，就进入多祝。当时我见到天子祥头插雉鸡尾，胸挂红绣球，很像做戏的打扮。红头军都是头缠红布，腰缠红带，裤头插着一支红旗子，裤脚一边卷高，一边放低，十分神气。他们进墟时，全墟安宁，并没有骚扰。次日（二十七日）清军官吴祥达高骑白马，率大队来攻，红头军就去接仗。在沙洲尾的坝上大战一场，清兵抵挡不住，吹号收兵，败下。到了下午，吴祥达得到了增援，打了两个钟头，打得很惊人。红头军因弹少，无援，打不下去，就一声"水急，松人"，向距两里路远的双金退去。黄沙洋又为官军所占领，举行清乡，杨姓多被勒索，杨坚辅的家被抄，他家里的白银被用箩筐抬去。（杨衍秀）

　　红头军曾打入多祝，住了一夜。我见过杨亚发，他骑着细细的马，胸挂红绣球在巡街。第二日，吴祥达带了大队人马来反攻，在洋口接仗，打得很剧烈。头一仗就打死清兵三十多人，伤的不少。当时我父亲曹老山给吴祥达叫去当救护，还见到清军的伤兵抬到我家里医治。我的父亲见得这样激烈，伤兵续有抬来，就把伤兵移到别处去扎药。第三天，吴祥达来要伤兵，喝问："我的兵哪里去了？"声势凶恶。我就给他说明去处，并斟茶接待，他才点头说我父亲做事妥当。（曹老×）

　　己亥年，我在多祝墟卖水果为活，对面就是吴祥达的衙门。那里的兵勇纪律很坏，随意取食我的柑橘等，不给钱，我不敢抵抗。

不久吴祥达叫我去当差，我就去了。但有一次他拿花红单叫我带路捉人，单上写有猪肉店档的卢百良、做小猪贩的陈龙标、三点会员陈亚发、造脚（意谓好动的英俊人物）曾亚老和长江来的沈木桂等。我想自己和他们无仇无怨，带了路，会被他们寻仇，决计不给他带路。庚子闰八月时候，吴带两营人驻扎海丰，十八日下午在汕尾接到一封火烧三角的信来告急，说惠州城池快失陷了，催即拨兵援救。二十日我跟吴祥达从海丰出发，日夜兼程行到埔心。二十一日三点钟到了多祝，吴命令即转船下惠州，一路顺水。廿三日过平山，下午到了马安，当晚赶到惠州城，才知道城里并没有贼。于是又回到马安，驻了一夜。廿四早拔队上平潭，廿六夜到了崩冈，赶程往多祝。廿七早，天才发亮时分，在洋口就遭到红头军黄远香部队三百多人拦途截击，吴立刻散开迎战，却挡不住红头军以逸待劳的一击（但据德寿奏疏附录口供，有说当时在对岸缴了许多红旗以及在某地指挥炮兵截击——张友仁注）。这一仗，吴输了，一营死了几十人，有的逃跑了，剩下只有十多人。可是吴祥达还不死心，再整顿他所有兵马约一千多人，加强枪炮的力量，又来接战。吴率队才到江边，就被红头军枪手准准地打了一枪，射死他的坐马，他换过了马，边战边走。这一仗打得十分剧烈，自早上战到下午未申刻，双方死伤不少。红头军势渐疲弱，收队由黄沙洋撤退向赤石去了。（邱火乾）

二十五日，我于乡间随同三合会的十余人，奉到三洲田起义军命令去参加起义，我由三洲田赶船直到多祝，起义军已将撤走。当时起义军和吴祥达相持大半日，因没有子弹，第一日被打死两人。起义军走了几小时，吴军才知道，但不敢入村，我等得安然回乡，后来怕人查究，我就去了南洋。（何存波）

我在白芒花墟，听见"贼乱"，回到思芳龙村，闻得起义军在墟中关帝庙住过，在白芒花没有打过仗。（罗桐）

　　庚子年我当归善县左堂（即县丞）杜凤梧的护兵。我父亲本是江西人，在惠州养马。我当杜凤梧护兵时十九岁。闰八月中秋节前后，传说三洲田造反的事。这个惊人的消息，吓得惠州知府沈传义立刻下令闭城，而在乡间招募新兵百多人编为一营，即靖字营勇。所谓营勇不过是身穿红背心，头戴竹夹帽，腰间插两把烂鬼单刀，并驮着鸦片烟枪，有肿骨高耸过耳的病夫罢了，这靖字营勇派由刘邦盛的义子杜左堂管带，我当帮带。廿一早奉命出发，我穿细蓝衫裤，黑布包头，背上插一把刀，拿着枪，骑上马，领着三十多人先行。杜左堂骑黄色马随在后头。从县城南门出，到了平潭歇了一夜。次日（二十二日）向平山进发，离平潭四里就到鹤湖村边，经过一个菱子树很多的园里，看见东南面一片密麻麻的莽草和蔗林，大家不提防就被蔗林里乱枪打来，登时手忙脚乱，知道陷入埋伏圈里，又不知敌军有多少人，便急向后退。但后头又有敌军截击，后来的营队和我们又联不起来，就给打成四段，乱窜。我们这一队的许多人都不能不跳落河里，企图游过对岸，河水虽不深，但心惊胆战不由自主，给水淹死的不少。当时我还拿着枪站在河边，只见杜左堂载浮载沉地流来，我便急急撇马丢枪，一跃跳到江心，泅入水底出死力用膊头托着他，推到近岸，他才有气无力地爬上岸边。我又一个回身泅到一处人少的地方上岸，不料刚把头浮出水面的一刹那，突然有人揸住我的辫子，拖上了岸捆缚起来，满身湿淋淋地做了俘虏，立被拉去平潭。第二天到了梁化墟，第三天即廿四日，起义军在梁化墟拜斗开会，会场上有粉红旗子，间有写上青天白日的，白日实在是大红日。平时看到的"贼军"则是执红旗的。开会后，天色已晚，入夜里，我们一批俘虏被提到一块地方，听得有人大声叫道："懵的站到右边去，醒的站左"。登即有人走动，我看看走向左边的只有两人，右边的就人多了。我不解什么是醒是懵，只跟同人多的那边站过去。哪知道所谓懵的是不服从的表示，一概要杀头的。正在这生死关头，眼前忽显出一个拿着大马刀的彪形大汉站在面前，他揪着我的辫子，往后一提，退了几步接着。这个大眼浓眉、面赤的人用马刀割断缚住我的绳索，我双手松了站立起来，那人便说"跟住来"，从此就给他背挑行李。我是起义军刀下留情的。在梁化，我见过黄福，他身材高大，手指如香蕉那么粗。他是个耕田佬，那时当了大元帅。我也见过黄耀庭和郑士良。黄耀庭即黄远香，约二十八九岁。郑士良直眉，方圆脸孔，肥大，着官纱长衫。这些人都很温和。廿五日，我随队伍到了崩冈围，和同行的住在赵姓的书房。原来那个大汉叫我不要挑行李，并给我一支枪，当了他的护兵，这时才知道他是钟和，范和冈人，别字钟作梅，担任右先锋。廿六一早向黄沙洋进攻，过了午才攻进乡里去，杀了很多敌人，乘胜进占多祝。廿七凌晨，紧张的战斗就开始布置了，我听得吴祥达就要到来，就谨慎地侍候钟和。不久，吴祥达的大兵果然涌来，我站在山冈边，没有去交锋。只看见一个人用枪向吴军射击很出力，可是不久就被敌人枪打死了。那时我还跟着钟和。吴祥达一再增援，大家走散了，我不见钟和，跟着一些退却的人行了一夜。到埔心附近的横坑，忽遇到官兵用排枪打来，大家避走。我被挤落坑底，缓缓爬上大路，已是夜间，月黑无光，见路上边卧着一排人都熟睡了，我也疲倦极了，怕惊醒他们，就悄悄地挨近他们倒下，一会儿睡着了。一觉醒来，天已微明，才看见熟睡的一排人有十七个，都是没有头的，我的身上也染了斑斑的血，于是，心慌意乱地瞎走。走到萎埔，又遇着钟和等多人，即跟同他们走回大山径，到达一个地方，像是平政或黄埔，有民团杀鸡招待。我们一行带的十多支枪一一交给他们收管。接着回到范和围，住钟和家中。钟和有弟钟合也住在家里，记得住了二十多天，钟和说要去香港，给了十块白银，叫我回家。但我一直没见过杜左堂，后来才知他也被俘，并说投降后，做了起义军的文书。而我所知，他是没有什么文墨的，是抽大烟的，又是刘邦盛的义子。（毛冬）

我知道杨冠军一些事。杨冠军是廪生，和林海山相好，早就有造反的思想。他听到郑士良到了梁化，即写信给起义军约进攻黄沙洋，并称有粮饷可靠。这封信落到已被俘虏、充当文书的杜左堂手上。杜左堂就是刘邦盛的义子杜凤梧。他和黄耀庭相识，所以新墟之役被生擒投降，由耀庭委派他管理文墨事。他收到冠军的信时，还给带信的二十元。起义失败后，杜凤梧回到吴祥达部队中，指证杨冠军通匪，冠军逃走不了，只好食鸦片烟膏自杀。我也认识蓝灶背的黄海，是做海贼的，民国十几年我还见过他。当黄沙洋之役，他和吴祥达对过垒，他是最轻视吴祥达的。他常说带着十一支枪在洋口跟吴祥达对仗，就打得吴七零八落，狼狈不堪。闰八月间，黄远香率领农民起义军由梁化进攻多祝。多祝驻清军一连，不守多祝，退入黄沙洋乡，与该乡萧、杨、郑各大族固守待援。萧、杨素来不睦，又恐杨姓靠不住，清军连长遂召集三姓族长在本乡关帝庙开会，敲锣打鼓，赌誓捐除旧怨，其保此乡，并决定杨姓负责守乡西，萧、郑二姓守东南北三面。那知杨冠军早与红头军有联络，并为黄远香作内应，他的密信由二人带去梁化，黄远香还着令杜凤梧赏带信人银元。后来杜凤梧证实杨冠军通起义军。

闰八月廿六日进攻黄沙洋，双方激战一整天，到深夜，杨冠军果开西门引红头军入境，清兵和萧、郑二姓壮丁前后受敌，全部被歼。萧慕颜之子萧汝钧阵亡。慕颜逃到平山。因为和我家相好，他在我家把事情说得很清楚，我虽年少也记得清楚。廿七日，清军统领吴祥达再增援，战于多祝属之洋口。起义军弹尽援绝被打败了。林海山和黄远香等绕道赤石至马鬃港入海丰。杨冠军自杀，复被清军发棺枭首。（杨纯修）

我于十五岁时在归善县城闻"反贼乱"，就于闰八月十几，急急由归善县城迁回老家——上洋围居住。十九晚，归国华侨杨发，突然鸣锣召集乡人说开大会欢迎起义军。大会在村旁沙岭顶小山上的"平顶沙"举行，到会的约有千余人，我也到场了。杨发穿长衫，胸前结红绣球。当晚杀猪八头，酒数十坛，大家痛饮一夜。次日，编成队伍，约五六百人，发为队长，出发白芒花、平潭转进三多祝，杨发战死。（杨璿）

杨发很能跳远，一跳能过七块菜地，被叫做七脚发。他的弟弟银鬼担任起义军财政。杨发手下有数百人，枪百余支，他与起义军已有联络，先由良井出白芒花，进平潭，在上洋围一夜之间即召集队伍五六百人，后来增加到二三千人，大受各村的欢迎，威胁到惠州。当时刘邦盛接到情报，只道"反贼乱"，即调兵勇往截，却不料被起义军歼击于芰子园。及其败退，起义军也不知惠州空虚的实况，如果勇敢一冲，惠城可得，形势就不同了。（杨文先）

惠州、归善两城的情况

庚子那年我虽年幼，而革命思潮已澎湃于胸中，不过当时还没有投身进去。起义前，孙中山先生已命郑士良在三洲田集合洪门兄弟组织武装起义，推翻清廷。郑以黄远香为统兵大元帅，何松副之。起义军发动后立即向新墟（东莞属）的佛子凹清驻军进攻，仅遇小抵抗，一下子便把它扫清，缴获枪支十余杆，清哨官严宝泰当场被打死。严是湖南人，其所率哨兵除打死者外全作俘虏，辫发尽被剪去。不数日，起义军人数增到千余，声势益大，惠城震动。广东全省陆路提督邓万林驻惠州城，慌张失措，惠州知府沈传义，归善知县郑业崇尤为惶恐，立命将城门关闭，堆置沙包，加上板闸，并急电广州清兵。社会一般人奔走相告，呼之为"反贼乱"，不知有革命名称，更不懂什么革命意义。闰八月中一个晚上，明月当空，忽然全城鼎沸，闾里交呼，妇孺哭哭啼啼，惊相传告说："贼兵已抵城下来了。"保长则逐户叫健壮男女担运砖头，堆在城墙上，以备敌人临城时，以石块投掷。这样扰攘了半夜，及至天明，遥望天险的飞鹅岭毫无动静，人们亦渐散去。但城内有一群人，乱播大鼓，不知何意，有人说昨夜系惊营，并非贼至云。就在那夜间，惠州府召集两城绅商会议，强迫富户捐题军糈，我家也被派定白银三十两。又闻昨日擒获贼首一名，搜出结成花朵的红色布带一条，连同轿夫二名，斩首号令，故情形稍为安定。当时谣言大起，城门关闭，壮汉出入城内外则用巨绳作梯，谣言就由这些人从城外再回城内传开。又有人把义军告示抄白传阅，我尚记得有如"堂堂中国，岁岁来朝""逆我者死，顺我者昌"的四字文。两广总督德寿闻惠州危急，调水师提督何长清及防务统兵官莫善积率所部集中惠州。又特派前驻惠州陆路提督刘邦盛为统兵（查刘已卸了署理提督，当上军务会办），先在惠州招募新兵，实行"会剿"。约在二十日前，刘邦盛已在附城各乡募集新兵数千，即匆匆率领由西江进发。闻那时起义军在平山一带，往来游弋，又距城三十里之一良井乡已有绿林杨发等拜台，大集弟兄数百人加入活动，而东江下游距城四十里之青塘乡则有梁慕光为首领，暗集附近洪门兄弟，杀猪宰羊，准备攻占隔江相距八九里的博罗县一城。二十二日平潭一役，起义军大捷，事后流布着传奇般传说。孙中山密令郑士良、梁慕光等各率队出福建，在厦门接收军械。因此，义军就必须从多祝出海陆丰，打从潮汕挺进厦门。部队抵达平山墟，据探报，清兵水陆大队沿江而来。于是曾捷夫、林海山带同日本人山田良政等乘夜勘踏地形。看到平潭近河地面，蔗林丛密，一望无际，可以在蔗林埋伏，估计清兵必由此经过，可一举而歼灭之。二十二晚，果然清兵大队纷扰而过，其先头部队为莫善积所领的喜字营，跟着刘邦盛的新兵，后队为何长清的水师（都是传闻的）。蔗林埋伏的义军候喜字营官兵过尽，突然发枪猛射，那些还不知散开站列的新募清兵一时争相溃窜，但蔗田前临大河，受到前后袭击，无路可逃，纷纷弃械，跃入河中，企图侥幸泅水过河逃生。但争相践踏，不死于火，便溺于水。提督刘邦盛仓皇逃回惠城。归善县丞杜凤梧在溃窜中为义军所掳。杜籍浙江，夙嗜鸦片，在清官场佐杂班，俗称叩头虫。义军在这一役获得大捷后，军威大振，人数益众，便从三多祝前进。在三多祝驻营时，通知居民不必闭户，必须在门前点一灯为标志，取其复明之意。但正在这个时候，忽传到孙中山先生密令说：日人中六代购军械，因故不能接应，虽到厦门亦无法得到补给，不若暂行收伙。于地各洪门首领率部分散。适清兵吴祥达带大队围攻，就在三多祝洋口地面混战竟日，义军已无斗志，分别散退。日人山田良政于纷乱中牺牲。但吴祥达还不知道义军准备退却，反以为自己兵力单薄，忙收队到平山宿营。次日，义军已经分散，没有战斗了。因此，吴祥达在清政府领了大功，以一个烂崽、在街市卖武出身的刽子手，竟升为陆路提督。当他回到惠城时，乘匹黄栗马，头缠黑带，身穿紧身黑衫裤，腰悬大刀，足穿草履，一群褴褛兵勇前呼后拥地招摇过街，一些城绅狐鼠之辈还在门前摆列香烛欢迎呢。（梁镜球）

　　庚子闰中秋节后一天上午，城内风声不好，街头巷尾尤其是商店老板们都表露惊惶的神色，三五成群地谈论着"反贼乱"的事。刚用过早饭，忽传陆路提督邓万林、知府沈传义，饬归善知县郑业崇把府县两城城门立即紧闭。一时城里扰扰攘攘如大难临头，奔相喘告，说："镇隆一带反贼乱了"。保长在这时间，就大呼："上边命令各人火速上城。"边叫边挨户迫丁壮出动，同时也有的打叠衣物；有的带啼带哭地呼儿唤女；也有的拿起木棒或练武的大关刀，真是所谓"城池鼎沸"的换朝气象。正在这日下午，就从县署传出镇隆佛子凹兵败消息。

　　闰八月十七大清早有三栋乡民进城，据说：三栋还没有贼到，只是麻溪十五那天有一大队人马经过。不见有什么敌人对仗，就安详地入了村，并没有伤害人畜和抢劫事情，又从东北方向去了。事过之后，村人们谈论着从来没有听过这样的"反贼乱"。于是城中纷纷传说闰中秋夕佛子凹官兵被三点会打死百几人，夺去好多枪等等。后见起义军没有到城来，各人心绪渐渐归于宁静。但官府却异常紧张，遣兵调将，忙着布防，还在提督衙门口设下两门开花炮。刘邦盛在这时做军务会办，立即下令招新兵，又命令守备、都司等加紧调齐绿营兵来集中训练。

一般青年，则被迫随时上城防守。绅士们如梁蔼人、任晓山、廖玉如等十多个人都奉着官府的命令，在大只梁（协镇梁义忠）、郑业崇的直接领导下，领到了些火绳枪、粉药、子弹、抬枪等，于府城文昌宫内搞团练，要民间也练习射击备战。

城内因兵单力薄，而军情探报又不灵通，亦不准确，因而虚惊自扰的情形，就日有几次。习见，容易成为疲玩，老百姓除了出城进城有些麻烦之外，别的还没有什么。不过听到上洋围等乡人加入，全村都从"贼"时，大家感到很惊异。二十日早，刘邦盛从城里的懒汉和失业的人们中招得百多人，编成了邓万林的立捷军，与喜字营、哲字营、熊字宫、靖字营等等，约有二千多人，分发到附城至马安一带驻扎。

到了二十一日早上，我跑到四牌楼十字街一望，见提督衙门没有什么动静，回到我住的房子，只见同街陈家祠，集合有一部十分零乱的新兵和担架伕役等，约百多人，正在待命出发。询知这些兵士，就是这两天知府沈传义所募集的士勇，编为靖字营的。他们有些穿上胸背间贴着一帖圆形白布书黑色勇字的布背心，戴上竹夹帽，足穿快马草鞋，腰间掩映着锈刀和烟枪，打扮成个尴尬的鬼怪相。就在这样的队伍里面，有一个骑着黄马、身穿京青缎袍的高大军官，就是归善县左堂杜凤梧。他是刘邦盛的义子，看他的样子是个管带。随着他后头的约三十多人，一路向大东门，过浮桥，望县城而去。

隔了一天，街上传说官兵大败，官方狼狈不堪言状，才知道在平潭吃败仗。

　　廿二日午后，这一班败兵就有几个人陆续回来，我便问一个记不起他的姓名而又很熟悉的人，他说："在平潭蔗林里面遇着贼，不知他们多少人，给打死的和跌入平潭江中很多。杜凤梧攒了圈子了（即投降的意思）。"

　　这时，街谈巷议，总是说那里有三合会人，不知多少，打新安城，打海丰城，打博罗城，打和平城，满天风雨，却没有大惊慌的情况。倒是官方震动，各衙门都纷乱，乱发电报，外间人却不晓得它说些什么。后来知道总督德寿奏保莫善积正在得手之际，忽有四处乡人助匪以致撤退。又知道陶模奏报刘邦盛措置乖方几误大局。报上的宣传有说在永湖大战，正进围惠州城，而香港报纸又称在距城二十里的马安诱杀清兵等等，传说纷纭。这时我因为在办团练局绅任晓山家中教他儿子念书，所以听到事情也较多一些。

　　到了廿四日，吴祥达带了几百人进城，不知从何处来，突然晚上又开出城外马安等地方去。隔了两天，就有捷报，说打散了会匪了，四城贴有紧急布告多张。廿八日，吴祥达又带兵回来，团练局就传知水东街商店等，大放爆竹，欢迎吴营，一时官方气焰又高了起来，不像日前颓丧了。但到底起义军如何失败，找不到一些真实情况。

　　过了些时，有些人传说，当起义军到上洋围的时候，杨发领着全乡的人开大会欢迎，大张宴会，绅士们不但不敢走报官府，甚至连讥弹反对的也没有。这却是可怪的事。上场围是归善县所谓衣冠巨族、人才鼎盛的一个乡村，像举人杨寿昌、武进士杨殿昌等，对这回事也不置一词。这就使当时许多人对这次所谓"反贼乱"，发生了很大的怀疑。一般老百姓特别是土绅，初时极端惊恐，如绅士叶蓉煌争先报官府死力对付造反的人，但不上几天，就化恐惧为熟视无睹，甚至寄予同情。这是由于起义军军纪良好，而且声势浩大，四处联络都没有骚扰行动，和清军对比一下，就容易看出好坏，使一般人相信清朝腐败，是必需而且可以打倒的，起义军是可能成功的。这也说明了这次起义，虽然没有成功，而启发了人们后来对革命的认识，起了很大的教育作用。甚至连香港总督梅氏，也在香港《德臣西报》极力赞扬起义军的军纪良好。粤督德寿和陶模先后在奏疏中一则说当时村民群起协助起义军；一则又说起义军能谋善战。其词虽有夸大，希图借以邀功讨赏，但亦足以反映起义军的部分实际，以及清官方的震动事实。又叶蓉煌做了惠州中学监督，颇知中学堂学生多革命党人，却准代领毛瑟枪百支为体操之用，不能不说自从番石榴园一役之后，他心理已大为转变。当时，团练局绅如廖玉如、李烺烘竟请提督秦炳直对起义军退让。根据以上种种情况，使我体会到庚子之役所起的作用。（张友仁）

江亚二给香港辅政司骆克供词 [①]

1900 年 11 月 7 日（光绪二十六年九月十六日）

　　我是西路新安县大埔涌本地人，受雇监视新安乱党活动，闰八月初八（1900 年 10 月 1 日）我离开香港前往沙鱼涌，与郑士良同行。他是客家人，曾在香港当师爷。他懂得多种语言，到处漫游。他和黄福是首领，我原在山打根。郑士良给在山打工的黄福、黄公喜拍去电报，招他们回来，并要带我同行。他们意在举旗作乱。我是回国人员之一，我刚刚到达即看见了郑士良。我是三合会成员。我刚到时还看见了杨衢云，他负责军事行动。与我同去沙鱼涌的有黄福、何祥、黄羽、郑士良、何寿、吴培，大概有 10 人。闰八月初六（9 月 29 日），郑士良把 400 箱炸药、300 支毛瑟枪、40 箱子弹装到一条船上。闰八月初七（9 月 30 日），黄公喜等 7 人被警察拘捕。此事使情况为之一变。因无人照看船只，致使该船失踪。

　　闰八月初十（10 月 3 日），我们由沙鱼涌抵达马笼头山（马栏头）。那里约有 2000 人，其中大约 75% 是归善、惠州、博罗和海洋（阳）的客家人。所有平底船来自南海、番禺、东莞、新安、顺德、香山、新会。黄福任总兵大元帅，何祥任二元帅，黄公喜为左先锋。李跛谭统带归善岩灶背之 200 人，李波统带中营，有 500 人，我本人归郑士良和黄福指挥，统带 100 人。所有在马笼山集合者，俱为三合会之人。

---

　　① 《国外中国近代史研究》第 18 辑，刘蜀永译。经与译者了解，由于是音译，文中地名和人名与原地名人名有差别。如译文中的马笼头即马栏头，杨花墟即梁化墟，七石即赤石，黄公喜即江恭喜。

闰八月十二日（10月5日），队伍开往三洲田，当地村民支持我们，大约100人加入我们的队伍。十三日（10月6日）晨，我们抵达沙湾墟，那里大概驻有50名清军，归何长清指挥，战斗中，大约10名勇丁被打死，其余皆受伤，乱党死亡2人，清军所有武器皆被缴获。沙湾民众拒绝帮助任何一方，沙湾之战发生在上午7时，当日我们又前往横岗，并在那里用饭。沙湾与横岗之间的村民未出来帮助我们，我们亦未打扰他们。我们在横岗用过早饭，即动身前往龙江①，并在那里过夜。横岗和龙江之间的村民纷纷逃散，但乱党并干涉他们。当晚，我们一到龙江即与一支大约1000人的队伍会合。我们的队伍最初大约4000人，现在增到5000人。龙江这1000人的首领叫陈廷，是归善当地人，曾在台湾当军官。

十四日（10月7日），我们开往佛祖坳新墟。在龙江与我们会合的1000人即龙江和新城之间的村民。当晚我们在新墟过夜。十五日（10月8日）晨，我们穿过清军防线，并与之交战。②20名勇丁被打死，一些勇丁受伤，15名勇丁被俘，11名被黄福、郑士良下令斩首。乱党还缴获60支步枪，6匹马和许多旗帜，他们自己却毫无损失。我们由新墟向平坦（潭）前进。大约三四百名村民与我们作对，占据了许多隘口。乱党从背后绕过他们，他们只得逃走。乱党焚毁了新墟和平坦（潭）之间的20个小村庄。所有妇女皆逃往山丘地带，没有任何村民被害。我们在平坦（潭）停留了两夜。

十七日（10月10日），我们由平坦（潭）动身前往白芒花，于十九日（10月12日）抵达该地，当地村民赠饼备茶，携带猪肉

---

① 龙江应为龙岗。

② 指革命军进入惠州首战：秋长之役。

慰劳我们，乱党皆付钱给他们。乱党未抢劫任何东西。这些村民没有参加我们的队伍。因为当地许多村民早已在马笼头山加入我们的队伍。十九、二十日（10 月 12、13 日），我们在白芒花停留，二十一日（14 日）向三角湖开进。我们穿过清军刘军门、莫善积部下 1500 人的防线。大约 200 名勇丁被打死，200 名勇丁死在河中。乱党死亡 5 人。我们获大约 500 支枪，500 箱弹药，17 匹马和一些旗帜、铜锣。清军朝 20 里外的惠州撤去。清军勇丁被俘 42 人，多金头之子，归善县丞亦被俘，他随即被放，18 名勇丁被斩首，他们皆是湘勇，未斩首者是惠州人。他们被剪去辫子，充当挑夫。

十三日（10 月 15 日）①，我们开往杨花墟，并于次日晚抵达该地，杨发仔在三角湖率 300 人加入我们的队伍。他是归善上洋墟当地人。三角湖和杨花墟之间的村民为我们提供给养。

奉郑士良、黄福和何祥命令，19 名勇丁在杨花墟被处死。二十五日（10 月 18 日），我们动身前往平冈墟，并于次日晨抵达该地。二十七日（10 月 20 日），我们到达三多祝，我们焚烧了萧村，该村居民有 3000 人，皆与我们作对。该村筑有围墙，乱党强行进攻该村，死亡十二人，村民死亡百余人，房屋被烧 200 间，发生了洗劫之事，乱党竟拿走该村万余元和许多贵重物品。我与作战的人不在一起，未参加洗劫。我统带的 100 人是郑士良的保镖，此次还缴获 300 支旧步枪、4 匹马。

二十八日（10 月 21 日），大约三四千名清军由广州赶来，战斗于当天上午 10 时开始，延续两小时，直到中午，乱党初战失利。清军的炮弹使他们架不住。但他们又重整队伍，一直坚持到下午 5

---

①　闰八月十三日是阳历 10 月 6 日，此处写错了时间。

时，才被迫撤往三多祝。此次战斗发生在离三多祝二三里之处，勇丁死亡 200 人，乱党死亡 30 人。乱党处于隐蔽之地，清军处于暴露之地，因而清军损失惨重，乱党因缺乏弹药才被迫撤离，他们约计 5000 人，拥有步枪，但无大炮。清军既有步枪，又有大炮，此次无人被俘，但有乱党一二百人携带赃物逃往几个小村，试图溜走，被村民抓获处死。乱党被赶回三多祝，引起一片惊慌。许多首领逃走，部众离散。大约 3000 名分子聚集在七石、公平和捻山附近，这些地方皆在海丰县境内。二十八日（10 月 21 日）晚，清军撤往白芒花。次日，清军听说乱党撤离后，又向前推进，并开始屠杀三多祝附近的村民。这些村民最初帮助乱党，但当看出何方可能取胜之后，他们即站在强者一边。清军知道这些村民曾协助乱党洗劫萧村，决意惩办他们。一百余名村民被处死，村民们于是对清军进行了抵抗。

我不知道，二十九日（10 月 22 日）晨，当我们抵达距三多祝 10 里的双金墟时，发生了什么事。我与黄福、郑士良和其他一些人同行。我们经过海丰、归善到海边。我们在盐州江乘帆船前往香港。黄福、何祥和我同乘一只船，郑士良乘另一只船，我于 11 月 2 日到达香港。黄福和其他一些人则继续前往澳门，黄福和其他 6 人曾被香港警察拘捕，是中国日报社的人延聘律师才使他们获释。乱党打算再组织一支队伍进行活动，孙中山正在澳门。这是郑士良对我所说的，孙中山要杨衢云将返港人员聚集起来，大约四五百名乱党分子回到香港，他们大部分在土瓜湾、九龙城、深水埗和油麻地，多半是客家人，杨衢云付钱给他们。我每月 20 两银子，我的部下每月 10 元。我那 100 人已经分散。

八月十五日（9 月 8 日）三合会众试图在本港玩火龙时利用此机会进行洗劫，他们察觉当局已有充分准备，便取消此种打算，他们原计划放火焚烧一些屋宇，然后趁乱洗劫，这想法是郑士良、杨衢云和黄福提出的，黄福负责执行。郑士良、杨衢云告诉我不必担心，如果违法行为是政治性的，香港当局不能处治我们。他们还说，已经聘请了律师，当我们遇到麻烦时，会得到保护。他们告诉我不必担心，如果被捕，律师会使我们获释。

以上供词系 1900 年 11 月 7 日向我供述的。

辅政司骆克

吴亚发供词

吴亚发，年三十岁，新安县盐田人。小的向在香港苦瓜湾同义兴三点会公司，管理职事，头人何崇飘手下招有万余人。前数月，康有为、孙文到港，嘱咐广惠公司郑士良师爷，招集会内兄弟，图谋大事，伊由外洋缴济军火。于是看得三洲田马栏头地方险隘，可为山寨。到七月初间，小的随同统兵大元帅黄远香，督理元帅何崇飘，左先锋黄耀庭，右先锋李跂谭，军师胡炳章、张炳光，总管廖庆发、廖五等，各带会党四百余人，同到三洲田聚集。郑士良在香港转运军火五次，付到快枪四百杆，六口连手枪六百杆，大小码子二十箱，均系廖庆发、廖五管理。小的与何元帅之侄何娇支理库项，随即致信各路会内之兄弟陆续到来，共约千余人，就择闰八月十三日子时竖旗起马，即时往攻沙湾墟，随即仍回横岗，议定五虎将廖受仔等留二百余人守寨，其余大队由龙岗进发。十五日，在打禾岗山凹打一仗，杀毙兵官一名，又在麻溪与团练打仗，攻破麻溪乡，打败乡民，焚烧房屋，随到上洋围。杨亚发带本村兄弟五六百人来合伙，黄元帅就封杨亚发为副元帅，管带本村兄弟，自为一营。歇宿一夜，即由永湖到白芒花，又到平潭与官兵打仗，捉得一位师爷，留办笔墨，并捉带官兵与兵勇共三十余人，打死兵勇约一百余人。所到乡府，均有义兄弟随带枪、刀牌前来入伙，约有二三千人。二十四日到梁化扎营，次日到三多祝，攻破黄沙洋，打仗伤毙乡民无数，并烧房屋数十间。无奈各人攻破黄沙洋，抢取财物，奸淫妇女，搅乱章程，人心离散。二十七日官兵又到，慌忙接仗，码子用完，各自逃走。小的跟随黄元帅带二百人走到赤石墟，一二天又分散，小的与同获的旗头黄亚科、方亚究共三人，到不识地名近海山岭藏匿，欲等到夜静雇船回港，不想就被兵勇搜获。所供是实。

广东巡抚兼两广总督德寿奏报惠匪平折 ①

1900 年 12 月 30 日、31 日

（光绪二十六年十一月初九、初十日）

广东巡抚兼两广总督臣德寿跪奏：为广东惠州会匪被外匪勾结起事，派营剿办获胜，并仍饬搜补余匪情形，籍折具陈，仰祈鉴事。

窃照惠州会匪肆扰，钦奉电旨垂询，奴才将康孙各逆勾结土匪起事及咨饬水陆各军办情形，于闰八月十八日先行电奏，二十三日钦奉电旨，此起土匪仍才督饬何长清等各营合力痛剿，迅速扑灭，毋任蔓延，钦此。钦遵严督剿办。嗣据该文武先后报，屡次接仗获胜，大股匪类业已扑灭等情，续经奴才于九月初七日电奏，十一日钦奉电旨，惠州土匪办理尚为迅速，仍著严饬搜捕，毋留余孽，钦此。又经恭录转行，并严催各营钦遵办理在案。兹该土匪勾结起事及副营办详细情形，谨缕晰陈之。

查广东惠州府属民情强悍，聚众、拜会、械斗、抢掳习以故常，近海之归善、海丰等县尤多洋盗、盐枭，以故啸聚甚易，动辄滋事。即归善一属，十余年来稔山会匪黄亚春、烟墩会匪黄狂成拒敌官军，抢劫墟市，屡经派营剿散，迄未净绝根株。

本年闰八月初间，奴才访闻归善县属三洲田地方，有孙康逆党勾结土匪起事，并在外洋私运军火，至隐僻海汉转入内地，当以逆党主谋意图大举，实非寻常土匪可比。

且查三洲田地方，山深林密，路径纤回，南抵新安，紧通九龙

---

① 《深港边界档案史料选编》第一集（明清时期）。

租界，西北与东莞县接壤，北通府县二城，均可窜出东洋，直达省会；东与海丰毗连，亦系会匪出没之处，非多派营勇面面顾到，难期迅速扑灭。妥咨水师提督何长清抽拨新旧靖勇及各台炮勇共足一千五百余人，先由新安之深圳墟向北兜截，直捣三洲田老巢，防扰界，复派大小兵轮在洋面游弋，断贼接济。西北一路派介勇一营驻扎，归善、东莞交界要隘，又派总兵黄金福所统信勇一营，提督刁经明所带广安水军一营分扼东江水陆，防窜江面。东路为海丰、陆丰二县，原派都司吴祥达带哲勇左营驻扎，即饬回归善并移潮州。信勇一营镇扎海丰，三面兜截，而以惠州、归善县二城为进步之路。陆路提督邓万林原统哲字中左右三营、练兵正副两营、广毅军一营，分赴惠州十属办理缉捕。在归善县仅哲勇练兵数哨，一闻匪警，各属震动，不能捕回。奴才先派补有副将莫善积管带喜勇一营，由省驰往会剿，一面咨会邓万林添募一勇，名曰立捷军，又派北海镇总兵刘邦盛另募一营，名曰静字营，均由府城直攻则剿穴。

莫善积喜勇于闰八月初十日驰抵归善，维时匪党未齐，猝闻兵到，遂定于十三日竖旗起事，先以数百人猛扑新安，沙湾墟，欲扰租界，幸何长清靖勇已抵深圳，乃回攻横岗，进踞龙岗。喜哲各勇连次接战，互有胜负，凶焰益张，警报日至。奴才以总兵黄金福所统信勇已拨两营分驻东西两路，因令再带一营由府城进，并令记名总兵陈维熊带熊勇两营继进，以壮声援，此奴才添调营勇分投防剿之情形也。

逆首孙文伏处香港，时施诡计，而三洲田匪巢则以郑士良、刘运荣等充伪军师，蔡景福、陈亚怡等充伪先锋，何崇飘、黄大幅、黄耀庭等充伪元帅，黄杨充伪副元帅，旗帜伪书"大秦国"及"日月"等逆字样，各匪头缠红巾，身穿白布镶红号褂，甫于闰八月初八、九日聚集，既据龙岗，四出焚抢，附胁日众。

总兵刘邦盛新募静勇成军，惠州储知府沈传义募士勇二百名，委归善县县丞杜凤梧管带，二十二日会同喜哲各军齐赴前敌，行至距城十余里之平潭地方，匪队麇至，莫善积奋勇当先，阵斩伪先锋蔡亚生、陈亚福等，毙匪数十名，正期得手，讵附近匪乡纠约千余人，各带快枪牌刀，齐来助匪，分路包抄，我军被困，阵亡勇丁数十人，县丞杜凤梧被掳，府县两城同时戒业。幸是日都司吴祥达哲字左营由海丰来，邓万林所招立捷新军亦同时抵惠之横沥，森柏洞团练适又诱获伪副元帅黄杨，讯明正法，兵气稍振。连日匪窜附城之梁化雷公岭，意图直出东江，各军力扼其前，不得上窜。此闰八月二十八日以前归善匪势猖獗之情形也。

匪既不得窜出江面，乃折而向东，欲与海丰，陆丰股匪联为一气。三多祝者，归著名匪乡，与海丰交界之要隘也。先派哲勇练兵预防勾结。二十六日，匪攻三多祝相近之黄沙洋，管带练兵副将朱义胜竭力救援，吴祥达亦由闻道赶到，而匪已进踞三多祝。二十七日明，吴祥达率哲字左营及哲字中、右营各哨并立捷军三路进剿，莫善积率喜字营勇援应，匪亦分路拒敌，自晨刻战至日昃，枪炮齐施，匪不少退，吴祥达持枪血捕，当场杀毙伪军师刘运荣、伪元帅何崇飘、杨发等多名，匪势渐觉披靡，遂挥众掩杀，毙匪五六百名，夺获旗帜、马匹、枪炮无算，救拔县城杜凤梧及被掳妇孺数百人，乘胜克复三多祝、黄沙洋两处，查验阵斩匪尸内有一具系服外洋衣裤，询之生擒各匪均指断伪军师郑士良，未知是否确实。

同日，何长清率队进攻三洲田，覆其巢穴，缴获枪支、红巾等件，余党溃散，此闰八月二十七日剿办归善会匪获胜之实在情形也。

当归善匪势鸱张之日，海丰县大樟山聚匪数千，河源、和平两县亦有匪千余人、数百人不等，同时扑城，息欲乘我惶遽之际，逞彼狡谋。幸海丰先派信勇镇扎，又调署碣石镇总兵莫善积率队兜剿，匪遂闻风溃散，河源、和平两县先派参将石玉山带广毅军策应。闰八月二十五夜，匪攻河源县城，经知县唐镜沅竭力抵御，匪退黄沙砖瓦密。二十七日黎明，石玉山带队掩至，纵火围攻，斩首百余，焚毙无算。和平本驻广毅军勇一哨，匪首曾金养率众焚烧南门，城楼营勇兵团齐出力战，四斩匪首曾金养，生擒数十名，匪始溃散，此又惠州各属会匪响应，各营勇先后获胜之实在情形也。

奴才伏查逆首孙文，以漏网余凶游魂海外，乃敢潜沿回香港，勾结惠州会匪潜谋不轨，军火购自外洋，煽诱遍及各属，竖旗叛逆，先扰逼近租界之沙湾墟，意在挑启中外衅端，从中取事，其凶险诡谲实与康梁逆党勾结长江、两湖会匪同时作乱情形遥遥相应，虽官军乘其未定，先已兜截，使各路之匪不能联合一气，归善之匪不能窜越一步。然犹豕突狼奔，横厉无比，戕杀弁勇，掳捉印官，各路会匪仍敢同时并举，云集响应，罪大恶极，无以逾比。幸仰仗朝廷威福，将士用命，旬日之间，群凶授首，胁从逐渐解散，地方转危为安，城池租界均未扰及，不致贻外人口实，尤为始料所不及。其伪军师、伪元帅等半已伏诛，而首逆孙文与同之康梁各党初则伏匿港粤，继闻窜迹外洋，前已照会港澳各洋官密拿惩办，即不能克日就网，亦不敢潜回。

惟是惠州各属本多匪乡，散则为民，聚则为匪，此次当会匪猖獗之时，竟敢树旗助战，甘心助逆，尤为狂悖。现大股匪徒虽已击败，仍当凛遵电旨，严饬搜捕。已分咨水师提督何长清、陆路提督邓万林督率营勇，分赴各乡挨村清查，如有当时助匪之犯，擒获严办，无留余孽。务使根株悉除，以仰副圣主绥靖海疆之至意。

至此次出力员弁，冲锋陷阵，擒斩渠魁，实有微劳足录，且于外衅方张之日，力除内患，其裨益大局尤非浅鲜，可否俟事竣后，由奴才查明，择尤奏请优奖，以示鼓励，出自鸿慈，分咨军机处吏、兵、刑三部查明，及俟各属匪乡肃清另行奏报外，所有惠州会匪勾结滋事、剿办获胜情形，理合缮折具陈，仗乞皇太后、皇上圣鉴训示。

再，广东巡抚系奴才本任，无庸会衔，合并陈明，谨奏。再，惠州各属大股会匪虽已扑灭，而首要尚多逃匿，必须彻底清查，庶绝后患。惟清查之策首在严设海防，以杜绝内外勾结，详查匪族，以免萌蘖复生，所有沿海一带汉港、岛屿，拟即责成水师提督何长清督率端勇兵轮切实清办，内地匪乡挨村按族即责成陆路提督邓万林督率各营分投搜捕。倘清查不实，余烬复燃，即惟该水陆提督是问。至由省拨往营勇，本系各有专汛，移缓就急，权宜调派。现在碙石镇总兵刘永福已带福军回粤，拟俟抵省后，即令调驻归善之稔山范和盐背等乡，用资镇慑，俾前派各勇营得以陆续调回，不致顾此失彼，是否有当，理合附片陈明，伏乞圣鉴训示，谨奏。

参考书目

1. 陈少白：《兴中会革命史要》，中国文化服务社（重庆）1941年版。

2. 中国人民政治协商会议全国委员会文史资料研究委员会编：《辛亥革命回忆录》第二集，中华书局1962年版。

3. 金冲及、胡绳武：《辛亥革命史稿》第一卷，上海人民出版社1980年版。

4. [美] 史扶邻：《孙中山与中国革命的起源》，中国社会科学出版社1981年版。

5. 谢缵泰：《中华民国革命秘史》，江煦棠、马颂明译；[日] 车田让治：《孙中山与梅屋庄吉》，李择邻译，《广东文史资料——孙中山与辛亥革命史料专辑》，广东人民出版社1981年版。

6. 广东省哲学社会科学研究所历史研究室等合编：《孙中山年谱》，中华书局1980年版。

7. 王怡：《侠骨忠魂——郑士良传》，近代中国出版社1983年版。

8. 彭泽周：《近代中国之革命与日本》，（台湾）商务印书馆1989年版。

9. 林家有主编：《辛亥革命运动史》，中山大学出版社1991年版；林家有：《孙中山与辛亥革命史研究的新审视》，广东教育出版社2007

年版。

10. 陈锡祺主编：《孙中山年谱长编》，中华书局 1991 年版。

11. 何博儒：《三洲田首义》，《阳台烽火》，海天出版社 1994 年版。

12. 俞辛焞：《孙中山与日本关系研究》，人民出版社 1996 年版。

13. 李吉奎：《孙中山与日本》，广东人民出版社 1996 年版；《孙中山研究丛录》，中山大学出版社 2014 年版。

14.《宝安县志》，广东人民出版社 1997 年版。

15. 深圳博物馆编：《深圳近代简史》，文物出版社 1997 年版。

16. 刘中国：《打响世纪第一枪——三洲田庚子首义纪略》，香港公元出版社 2001 年版。

17.《深圳文史》第四辑，海天出版社 2002 年版。

18.《惠东县志》，中华书局 2003 年版。

19.《惠阳县志》，广东人民出版社 2003 年版。

20. 易惠莉：《关于山田良政的研究》，《中国近代》（第十七辑）2007 年 6 月 1 日。

21. 冯自由：《革命逸史》，新星出版社 2009 年版。

22.《刘蜀永香港史文集》，（香港）中华书局 2010 年版。

23. 孙中山：《建国方略》，中国长安出版社 2011 年版。

24. 张磊、张苹：《孙中山传》，人民出版社 2011 年版。

25. 杨天石：《帝制的终结——简明辛亥革命史》，岳麓书社 2011 年版；《从帝制走向共和》，重庆出版社 2016 年版。

26.［日］宫崎滔天：《三十三年之梦》，林启彦译注，广西师范大学出版社 2011 年版。

27. 广东省社会科学院历史研究室等合编：《孙中山全集》，中华书局 2011 年版。

28. 段云章编著：《孙文与日本史事编年》（增订本），广东人民出版社 2011 年版。

29. 李恭忠、黄云龙：《发现底层：孙中山与清末会党起义》，中国致公出版社 2011 年版。

30.《深圳市盐田区志（1998—2005）》，方志出版社 2011 年版。

31. 王卫宾：《深圳掌故》，海天出版社 2013 年版。

32. 深圳博物馆编著：《宝安三十年史（1949—1979 年）》，文物出版社 2014 年版。

33. 深圳档案馆编：《深港边界档案史料选编》第一集（明清时期），深圳市档案馆 2015 年版。

34.《深圳市档案馆历史档案资料》第五卷"烈士供词"，2015 年版。

35. 彭全民：《深圳掌故漫谈》，深圳报业集团出版社 2015 年版。

36. 王杰等：《孙中山革命与华侨精英》，暨南大学出版社 2018 年版。

37. 朱育和：《关于辛亥革命史研究的几个问题》，《清华大学学报（哲学社会科学版）》2002 年第 1 期。

后　记

　　孙中山学说在我国是一门热门研究课题，被公认为"显学"。著名学者中山大学陈锡祺教授指出："孙中山不仅在中国，而且在世界范围内都是具有影响的历史人物。要认识中国的昨天和今天，都不能不研究孙中山。"孙中山一生最重要的贡献就是辛亥革命。他领导的庚子革命则是辛亥革命运动准备阶段规模最大、影响极为深远的一次武装起义。

　　如何客观准确把握孙中山于辛亥革命初期阶段在极其复杂多变的国内外历史背景中运筹帷幄，筹划庚子革命的历史脉络，再现革命党人发动和东进决战的历史进程，我深感这段历史的复杂和课题难度较大，不好驾驭。但"开弓没有回头箭"。经过对史料的梳理、调查和对亲历者及见证人记忆"碎片"的拼接，对"口述历史材料"的证史价值有了新的认识。

　　2005年的一次偶然机会让我走近了孙中山家族，孙中山女儿孙婉养女、美籍华人司徒倩女士把她陆续完成的《孙婉回忆录》手稿交给我，委托我撰写《孙氏家族一脉》一书。初稿完成时，有幸得到了广东省社会科学院原院长张磊研究员给予的悉心指导，并为拙著题写了序言。

2019 年，我有幸获邀参加深圳市盐田区文化广电旅游体育局制定的"纪念庚子首义 120 周年课题规划"，并得以编著《四方风动——孙中山与庚子革命首义》一书。

2020 年 3 月，正当国内新冠疫情肆虐居家隔离时，我接到张磊院长打来的电话，他说：关于"惠州起义"在广东仍属薄弱环节。此书比《孙氏家族一脉》更显得重要。你可大胆放开去写，要注意保持写作中的个人风格。同时，他还强调了"惠州起义"研究中需要注意的历史问题，并应允作序。张磊院长言谈谦虚，治学严谨的科学精神和超前眼光让我受益匪浅，值得我永远学习。

20 世纪 60 年代初广东省文史馆张友仁馆长前往宝安和惠州，对 21 位亲历者和见证人采访的资料是珍贵的材料。但从已出版的著作和文章看，这批口述历史材料被忽略了，即使采用，也少与文献史料作详尽对比分析；当我把这批材料与早期历史文献进行比较时发现，这些材料对于恢复历史真相具有重要的证史价值。它让我产生了"追寻历史亲历者和见证人的回忆，重新认识庚子首义历史"的想法。尽管其中有的回忆只是一些"碎片"，但如果像考古学家拼接修补残破的瓷器那样，仍可恢复真实的历史面貌。这种"记忆碎片"还遗留在"烈士供词"中。这无疑是一件十分艰苦的工作。但却值得尝试。比如：郑士良为解决武器弹药问题铤而走险，亲赴九龙土瓜湾；戴焕扬回忆的沙湾首捷的三面包抄；毛冬回忆的平潭西枝江伏击战并非是革命军在永湖与清军的遭遇战；蔡心遐回忆的有两个日本人来到三多祝；等等，其事例客观真实，且生动鲜活。这些经过拼接恢复的历史片断在冯自由《革命逸史》等早期著作和文章中是不易看到的。它说明，口述历史材料在历史研究中具有的证史价值不容忽视。

另外，结合地方史的研究不能只看过去，更要与时俱进，着眼于未来。并争取对研究成果进行转化，给地方文化规划、文物保护和旅游事业提供科学借鉴。于是，根据中共中央和国务院制定

的《粤港澳大湾区发展规划纲要》提出的"共建人文湾区"的精神，
树立文化自信，整合庚子首义资源，提出建设"深圳辛亥革命庚子
首义纪念园"的思路；意在对分散盐田区和坪山区的庚子首义历史
资源进行整合，促使深圳庚子首义历史文化资源经过整合得到新的
提升，争取融入"人文湾区"的"孙中山文化圈"。

  2018 年 8 月，习近平总书记在全国宣传思想工作会议上提出
了"四个坚持"。他指出："学术研究也不能是'象牙塔'和枯燥的
文章"。"需要以'士以弘道'的价值追求，把责任放在首位。""脱
离了人民，哲学社会科学就不会有吸引力、感染力、影响力、生命
力。就不能搞出有价值、有意义的文艺创作和学术研究……""学术
怎样创新，的确需要不断进行探索。书是写给读者看的。如何在学
术研究中重视可读性，做到图文并茂、雅俗共赏，前人已做尝试。
但如何进一步让"学术"著作贴近读者则尚须深入研究。

  一个多世纪以来，深圳作为庚子首义爆发地，其课题研究曾得
到了国内外研究者的广泛参与。其研究成果极大地丰富了人们对深
圳近代历史的认知。在拙著付梓出版之际，我谨以个人名义向所有
参与庚子首义历史调查和研究的学者、专家和地方史工作者致以崇
高敬意！

  2020 年是深圳经济特区成立 40 周年。感谢人民出版社编审及业
务人员付出的辛劳。另外，深切怀念老领导、英年早逝的盐田区委
常委、宣传部长罗为平。当年，他提出了建设"孙中山庚子首义雕
塑园"的文化创意，以及他为盐田区宣传文化事业作出的重要贡献。

  对于 2019 年岭南大学香港与华南历史研究中心资深教授刘蜀
永、深圳方志馆黄玲馆长和深圳本土文化艺术研究会原会长廖虹雷
不辞辛苦来盐田区出席了课题评审会，以及由刘蜀永教授担任顾
问，盐田区委常委、区委宣传部长董秀，区政府罗毅副区长、彭洁
局长、王智华副局长及福田区一城文化交流中心郝纪柳理事长等人
组成的课题编委会，以及该中心在项目推进中给予的帮助，我表示

衷心感谢!

2015 年我从行政管理岗位转型,成为学术研究的一名"新兵",由于水平有限,错误和疏漏在所难免。希望读者提出批评意见。在与田武军、王亮新同事外出调研中,得到了深圳马峦社区,惠阳上洋围、惠东县皇思扬村和白沙村党群中心以及同事、朋友给予的热情帮助,一并在下列名单中表示鸣谢!

(以姓氏笔画为序)

马存宏　王亮新　田武军　卢当应　李文臣　朱伟华
朱振华　刘中国　刘 深　肖德强　肖联合　杨守强　杨光华
杨日贵　杨天锡　杨寿棠　杨伟豪　陈顺得　段建仁　胡文迪
罗林虎　罗天应　罗日星　罗碧雁　罗秀丽　徐富俊　蒋 斌
彭全民　赖德绍

责任编辑：陈建萍

封面设计：汪　莹

版式设计：吴　桐

图书在版编目（CIP）数据

四方风动：孙中山与庚子革命首义 / 孙霄 编著 . — 北京：人民出版社，2021.5

ISBN 978 - 7 - 01 - 022675 - 0

I.①四…　II.①孙…　III.①孙中山（1866—1925）- 人物研究 ②辛亥革命 -
研究　IV.① K827=6 ② K257.07

中国版本图书馆 CIP 数据核字（2020）第 228625 号

四方风动

SIFANG FENGDONG

——孙中山与庚子革命首义

孙　霄　编著

人民出版社 出版发行

（100706　北京市东城区隆福寺街 99 号）

中煤（北京）印务有限公司印刷　新华书店经销

2021 年 5 月第 1 版　2021 年 5 月北京第 1 次印刷

开本：710 毫米 ×1000 毫米 1/16　印张：21.75

字数：280 千字

ISBN 978 - 7 - 01 - 022675 - 0　定价：68.00 元

邮购地址 100706　北京市东城区隆福寺街 99 号

人民东方图书销售中心　电话（010）65250042　65289539